ペンの自由を貫いて

伝説の記者・須田禎一

小笠原信之 著

緑風出版

目次

ペンの自由を貫いて

伝説の記者・須田禎一

ペンの自由を貫いて——伝説の記者・須田禎一●目次

序章
須田禎一と私

この本で私は、須田禎一という傑出したジャーナリストの人生を描こうと思う。だが、まだ大方の読者にこの人物はなじみがない。そこで、読者への案内として須田禎一と私の出会いから説き起こし、執筆の経緯、この評伝の内容について概説を試みておきたい。

須田は私が一四年間の記者生活を過ごした北海道新聞社（通称・道新）の大先輩であるが、私は須田と一度も会ったことがない。彼は一九六五年（昭和四〇年）に道新を退職し、八年後の七三年（昭和四八年）に六四歳の若さで生涯を閉じている。私の入社が七二年なので、その七年も前に退職しているのだ。今年（二〇〇九年）で生誕一〇〇年の年回りに当たる大先達である。

須田の存在を私に最初に教えてくれたのは、道新時代の私の上司、池川包男だった。私が入社して五年で、三カ所目の任地・帯広支社報道部にいた時、池川は東京政経部からデスク職として転勤してきた。私はちょうど三〇歳、池川はそれより一五歳も上のベテランである。彼は物事の本質を鋭く追求する記者で、筆が立つことでは全社でも三本指に入るという定評があった。

夕刊業務が一段落した日中に、たまたま私が出先から報道部に上がって行くと、彼は前任地の仲間と電話で話していることがよくあった。何やらぼやいていることが多い。だいたいが、今のデスク職への不満である。要するに「他人の原稿なんぞ見ていても面白くない。俺も取材したいよ」と嘆いているのだ。そのぼやきどおり、デスク職でありながらチャンスを見つけては積極的に外に取材に出ようとした。

こんな姿が私には実に新鮮に映った。デスク、職階でいえば部次長職は、出稿部門の要であり、日々の紙面はデスクの采配で作られていると言ってもよい。そして、その働きぶりが後の昇進にもつながる。私がそれまで接してきたデスク連中には、上昇志向が強く、直属の上司である部長の顔色ばかり窺っているような者が少なくなかった。

ところが池川デスクは違った。農業担当だった私が、帯広・十勝地方の日本一の畑作・酪農をテーマに、その歴史を振り返り現状の課題をあぶりだす年間企画を地方版に連載したいと提案すると、彼は企画のコンテ作りから加わってきた。十勝が生んだ天才夭折画家・神田日勝の人生と画業を紹介する連載企画をやった時には、自ら日勝ゆかりの人々を訪ね歩いて取材した。根っからのジャーナリストであり、生涯書き続けようとする志が、現実の言動からびしびしと伝わってくる人だった。

また、若手と接するのが好きで、夕方になると「一杯どう?」とよく誘ってくれた。社を離れると「はたち過ぎたら人間みな同じ。対等な立場で話そう」というのが口癖であり、それをその言葉どおりに実践した。私たち若手が自らの未熟を棚に上げて好き勝手な議論を始めても、それを正面から受け止め、より深い議論へと導いてくれた。どこまでも誠実な人だった。

その池川デスクがある日、一冊の本をプレゼントしてくれた。舟田次郎著『千島問題を考える』(たいまつ新書、一九七九年刊)。舟田次郎とは池川のペンネームで、その三年ほど前には『異境の虹　花岡事件―もう一つの戦後』(たいまつ社。後に『花岡事件 異境の虹―企業の戦争犯罪』と改題して社会思想社の現代教養文庫入り)という作品も上梓している。池川デスクは、舟田次郎という名のノンフィクション・ライターでもあったのだ。多忙な日常の記者業務を人並み以上にこなしながら、自身のテーマも追い続けてそれを形にしていく。そんなことが可能なのだ、と知らされた。これも私には目からウロコの体験だった。

私が今、ジャーナリストとしての筆を生涯手放さぬつもりで本を書き続けているのも、この舟田次郎との出会いなしには語れない。それほどの大きな影響があった。ジャーナリスト、つまりは物書きたるものの根本姿勢を、ここで教えてもらった気がする。

さて、ここからが本書の主役・須田禎一と私との出会いとなる。舟田次郎著『千島問題を考える』はこの頃、全国的に盛り上がってきた「北方領土を返せ！」という大合唱の背後に何があるのかを明らかにした本である。そこにあるのはデマゴギッシュな「国論」「世論」であり、それに対してより筋の通った北方領土返還運動の在り方を著者は訴えている。この新書の巻末に参考資料として、須田禎一が一九六〇年に書いた「千島問題を考えるために」という論文をそのまま掲載している。舟田の千島問題理解はこの須田論文をベースにしているのだ。池川は須田の「一番弟子」ともいえる存在だった。この時、私は初めて須田禎一という大先輩のことを知った。

須田論文は「北方領土返還運動」を考える際、今でも基本として押さえておくべき論点を的確に指摘し、論壇の注目を集めた。その内容は本編の中で触れるとして、ここでは須田と池川との関係をさらに説明しよう。

須田は戦後、道新の東京駐在の論説委員として主に社説と一面下コラム「卓上四季」に健筆を振るった。これは戦後の経歴だが、戦前・戦中は朝日新聞にいて、浜松支局を振り出しに東京本社東亜部を経て上海支局の特派員を経験。戦後、引き揚げ後に辞職し、故郷の近くで高校教師をした後に道新の論説委員になっている。

道新入社後しばらくしてから須田は、「鮭の回遊」と称して北海道内の旅行を随時行うようになった。道内の本社、支社、支局を回って各地方の現実を視察するとともに、労組の青年部を中心とした若手たちとの交流の場を積極的に持ったのだ。東京駐在ゆえに道内の実情から疎くなるのを懸念してのことである。交流には記者だけでなく、印刷や広告などの部門の者や時に他社の若手らも参加した。日中は職場で、夜はアルコールを交えてその折り折りの社会問題について率直な談論を楽しんだという。

この「鮭の回遊」で須田の素顔に接した若手たちは、須田の古今東西に通じた博識とそれに裏打ちされたスケールの大きな考え、鋭い現状分析に引き込まれ、いつしか須田シンパとなっていった。そして、この良き薫陶を最も強く受けたのが池川だったのである。池川は、私たち若手を対等な存在として扱い、その上で真剣に議論をした。その中で見せる池川らしい視野の広さ、鋭い見方が私たち若手に大きな刺激になった。この姿は本書のための取材で私が知りえた須田の姿と二重写しになる。池川はかつての須田の姿そのものだったのだ。こうして私は、池川を通じて須田のジャーナリスト精神と出会うことになった。

そのジャーナリスト精神を一言で表現するなら、「人間主義ジャーナリズム」と言える。彼の日常の文筆活動のどこがどう「人間主義」的だったのか、ここでごくかいつまんでいえば、彼は権力者にではなく、その対極にある市井の人の立場に常に視点を置いて考え続けた。この反骨精神は徹底していた。無神論者ではあるが、「神」なる存在を畏れる目も併せ持っていた。党派には属さないが、容共の姿勢を貫いた。論理を大事にするが、人間らしい心情に裏打ちされた論理の構築を目指した。心情も大事にしたが、ファナティック（狂信的）になることを最も強く警戒した。こんな特徴を挙げることができる。それが言論活動にどう具体的に現れたかは、次章以下に譲ろう。

池川の言を借りれば、「須田さんは、とにかくスケールが大きく、多面的な人物だった」という。ジャーナリストでありながら、評論家であり、思想家でもある。時に運動家であり、詩人であり、中国文学者でもあるという具合にいろいろな面をもっていた。それだけに多方面に通じており、その分、たいへんな博学であった。

たとえば、歴史・文化については『印度五千年通史』『世界文化史読本』なる本を上梓する一方、中国の作家・郭沫若の「屈原」を戦後の日本にいち早く翻訳紹介するとともに以後、郭の戯曲や詩集を紹介し続け、郭研究をリードし続けた。そんな人が論説記者として、日本の、そして世界の政治、経済、社会、文化などの問題に硬派の筆を縦横にふるったのである。今、こんな記者が日本のどこにいるだろう。

たとえば、戦後の対日講和条約については一貫して全面講和論を掲げ、以後も「サンフランシスコ体制からの脱却」を求め続けた。今日の対米追随外交を根っこの部分で当初から批判し続けてきたのである。また、「革命前夜」の雰囲気さえあった六〇年の日米安保改定時には、二〇万人のデモ隊が国会を取り巻き警官隊との衝突で東大生の樺美智子が殺された際、在京のマスコミ七社が共同宣言を出して「理由のいかんを問わず、国会を正常化せよ」と事態の沈静化を求めたのに対し、「よってきたるゆえん」こそ大事だと説き、マスコミの腰抜けぶりを徹底的に批判した。

日本全国の新聞で、全国紙では朝日、ブロック紙では道新、県紙では信濃毎日や沖縄の新聞あたりがリベラル派の代表と見られている。たとえば、今挙げた二つの事例——対日講和条約、六〇年安保闘争――でも、朝日新聞は途中まで道新と同様な主張を掲げていた。すなわち対日講和では全面講和論を主張し、六〇年安保では岸内閣の政治姿勢を批判し続けていた。しかし、ぎりぎりの段階になると、朝日は現実への妥協を図り、どちらにおいても論説が腰砕けを起こしている。

一方、須田の論説は、そしてそれは須田以外にも有能な人材を擁した道新論説陣総体の力量に支えられてのことだが、ここぞという問題で主張がぶれることがなかった。その姿勢はその都度、マスコミ界で全国的に注目された。須田の筆鋒はあくまで切れ味鋭く、ぐいぐいと物事の核心に迫った。本質をつかんでいるから、ぶれない。戦前・戦中の修羅場体験を通じて権力批判というジャーナリズムの要諦を徹底的に自覚しているので、須田は権力を恐れない。

その須田のジャーナリストとしての器を、池川は「桐生悠々に優るとも劣らない。いや、それ以上のジャーナリストでないか」と高く評価する。具体的なエピソードを交えて須田のことをよく聞かされていた私は、定年退職間もない池川に「ぜひ須田さんの評伝を書いてほしい」と持ちかけたことがある。須田のことをいちばんよく知る人物、しかも須田直伝の鋭い筆をもっている池川に書いてもらうのが、最良と考えてのことだ。

だが、この願いはかなわぬものとなった。池川が九九年六月、がんにより亡くなってしまったからだ。池川は退職後ほどなく咽頭がんを発症。治療が成功したかに見えたが、数年後の春、肺への転移が見つかり、それからわずか二カ月余りで旅立ってしまった。そのぎりぎりの段階で池川から私に託されたのがこの本の執筆だった。池川の自宅に伺った私に、池川はなかなかとれない咳に苦しみながら、所蔵している須田の著書、須田執筆記事の切り抜き、関連資料などのすべてを私の前に並べ、「これをすべて上げるから、キミの手で書いてほしい」と私に執筆を託した。

それからもう一〇年の歳月が流れた。この間、私はさらに関連文献や資料を集め、読み込みを続ける一方、道新や朝日新聞の関係者で須田を知る人たち、須田の肉親、関係者たちへのインタビューを続けてきた。いわばその集大成が本書である。冒頭に述べたように、私は須田を直接知らない。生きていれば一〇〇歳にもなろうという人である。彼が生きた時代・社会、マスコミの状況は今と大きく異なる。若い読者たちに須田の話をしてどこまで通じるか不安でもある。しかし、須田の文章を読み込み、関係者の取材を続けるにつれ、私は須田を今日紹介する意味がとても大きいものであると確信するようになった。

そう思うのも、今日のマスコミ・ジャーナリズムの絶望的といえる腐敗、堕落があるからだ。今でもジャーナリズムの最重要部分を担っているのは、新聞だと思う。その新聞ははたして読者とともにあるだろうか。「読者とともに」というのは新聞週間の飾り文句としてだけ生き残っているのではないか。権力の腐敗や暴走をどのマスコミが筋を通して徹底的に批判し、是正させただろうか。社会の木鐸たる使命をどれほどの新聞ジャーナリストが自覚し、わが身を削ってでもその使命を果たそうとしているだろうか。

こんな寒々とした現状があるからこそ、須田の足跡を紹介することが大きな意味をもってくる、と私は考えた。須田のジャーナリストとしての足跡をたどることは、無謀な戦争を経て、敗戦後の日本がどのように立ち直ってきたかという私たちの社会の歩みを振り返ることに重なる。焼け跡の中から、日本人は自分たちの手で必死に未来を切り開こうとしてきた。反省すべき過去の考え方を自己批判し、新たな価値を求め、望ましい社会とはどんなものかを一人ひとりの国民が模索し続けてきた。

その一翼をジャーナリズムも担っていた。新聞の読者は社説や一面下コラム、評論などを読み、日々生起する事件、事故、事象をどう解釈したらよいのか考えるよすがとした。新聞の作り手である記者と受け手である読者の間に、紙面を通じての確かなキャッチボールがあった。読者の励ましや叱正を受けて書き手は成長していった。読者の声援を背に記者は時の権力にひるむことなく切り込んでいった。それがまた読者の喝采を浴びた。

なんという理想的な姿だろう。それが現実のものとして、かつて、この日本に存在したのである。その最たる実例が須田の筆と読者とのコラボレーションではないか、と私は思う。その歴史的事実を私はできるだけ忠実に再現し、伝えたい。そうすることが、今日の行き詰まったマスコミ・ジャーナリズムの状況改善に役立ち、それがひいては閉塞的な社会状況に突破口を開けることにもつながると確信するからだ。

その意味で私はこの本を、多くの一般読者とともに、今マスコミ・ジャーナリズムの内部にいて現実と格闘しているジャーナリスト、これからジャーナリズムの世界を目指そうと考えている若者たちにも広く読んでいただきたい。読んでもらうことで、須田から池川へ、そして池川から私へとバトンタッチされてきた大事なことを、現実のジャーナリズムの中に還元できるのではないかと思う。

第1章
生い立ち

須田禎一は一九〇九年（明治四二年）一月二一日、水郷の牛堀（当時・茨城県行方郡香澄村、現・茨城県潮来市牛堀）で父誠太郎、母節子の長男として生まれた。生名を俊一といい（一二歳の時、姓名判断で禎一と改名）、男四人、女二人のきょうだい六人の総領だった。男二人は小さくして亡くなっており、順調に育ったきょうだいは四人である。

牛堀は霞ヶ浦（西浦）最南端の入口にあり、内水路の交通の要衝として栄えた。赤松宗旦（初代恵・二代目義知）親子が二代がかりで幕末に完成させた『利根川図誌』の巻六では、次のように牛堀を紹介している。

「霞ヶ浦入口なり。霞ヶ浦は至って渡り難き海なれば、此所に滞船して風をまつ故に、出入りの船多く此河岸に集まり、また鹿島に至るに、利根川より横利根川に入り、北利根川を経て浪逆《なさか》の海にいたる」

江戸時代、徳川幕府は利根川の流れを付け替える大改修事業を何度も行っている。それ以前は、仙台や津軽の東北諸藩、水戸藩が江戸へ物資を運ぶには鹿島灘から房総沖へ下り、そして房総半島をぐるりと回って東京湾に入っていた。だが、このルートは荒天や複雑な潮の流れの影響をもろに受ける難所だった。そこで幕府は利根川の水路を付け替え、外海から霞ヶ浦の北浦に入り西浦を経由して江戸へ達する「内川廻し」ルートを設けたのだった。

それにより牛堀は交通の要衝となった。風待ちの船が集まる舟休堀が掘られ、道路沿いに屋敷が並び、水路は河岸として、陸路は宿場として、船や人々がにぎやかに行き交う土地となった。須田家は中世には土豪的存在としてあり、近世になると同家の主導でこの一帯の開発が始まったという。そして、寛永一八年（一六四一年）の検地ごろまでに、須田家が隣村の永山から牛堀に住居を移し、以後三〇〇年以上続く庄屋の家系として、「牛堀の歴史は須田家の歴史」とまで言われる名家となった。

単純に言えば禎一はその須田家の総領息子となるのだが、正確に記すと「本家」ではなく分家された「新宅」の総領だった。しかし、本家は幕末の水戸藩の内乱・天狗党騒乱の折に財産・領地没収の「闕所《けっしょ》」に処せられている。そのあたりを少し説明しておこう。前段に紹介した牛堀の発展史も含め、須田家の歴史、天狗党騒乱などについては、潮来市に合併される前の牛堀町がまとめた『ふるさと牛堀――人と水の歴史』（ふるさと牛堀刊行委員会、二〇〇一年）に詳しいので、その記述を参考に話を進める。


水戸藩の水戸学は尊王思想として知られ、幕末には攘夷思想と結び付けられ、有力な尊皇攘夷思想となった。藩主の徳川斉明はその具体化のために積極的な藩政改革を行い、中下士層を登用し、それがそれまで藩政の中心にいた保守層との軋轢を生み、保守層は改革派を成り上がりとの意をこめて「天狗」と呼んだ。この対立はやがて朝廷、幕府を巻き込む大きなうねりとなったが、安政五年（一八五八年）、日米修好条約が結ばれたことにより局面が急変する。大老・井伊直弼は「安政の大獄」で斉明らを蟄居謹慎させたのだ。これに怒った水戸藩などの尊皇攘夷派が直弼を殺害する。「桜田門外の変」である。幕府はこれを機に尊攘派を厳しく追い込むが、桜田門外の変の半年後、斉明が急死し、重しを失った尊攘派の動きはいっそう急進的になる。

水戸藩内部ではまず、尊攘派が武力に訴える「急進派」と武田耕雲斎らの「鎮派」に分かれ、この急進派が「天狗党」を名乗って筑波山に挙兵した。一方、保守派は藩校の若い藩士らで「諸生派」を作り、鎮派の一部とともに斉明の次の藩主・慶篤《よしあつ》を動かして武力制圧に乗り出し、これに幕府の追討軍も加わった。慶篤は宍戸藩主の松平頼徳に鎮圧を命じ、頼徳らの派である「大発勢《だいはっせい》」は鎮派と合流して水戸城へ向かった。ところが、ここで諸生派軍に入城を拒否されたため那珂湊に移動し、これに天狗党が加わった。こうして、幕府軍・諸生派と天狗党・鎮派・大発勢とが、複雑なねじれを内包しながら大きく対立する構図となった。

両派の戦闘は領内全域に及び、大発勢は大半が投降、天狗党は京都へ向かったが手前の敦賀で投降し、大半が斬首刑に処せられた。しかし、諸生派も明治維新には一転して「朝敵」となり、敦賀で生き残った天狗党も加わった新・政府軍に滅ぼされる。なんとも皮肉な結末であるが、武士だけでなく農民層まで巻き込んだこの一大騒乱は、水戸藩南領の牛堀にもその爪痕を後々まで残した。

さて、須田家である。須田家は水戸藩で進めた天保の改革の分家政策で、一八四四年（天保一五年）に分家した。この二〇〇年ほど前の寛永検地（一六四一年）時の牛堀村内で最大の耕地保有者は初代・須田源之丞であり、以後代々にわたって庄屋を務めてきたのだが、分家時に第九代当主だった喜源治（当主は代々源之丞を襲名したうえにそれぞれの名ももっていた）は庄屋の中から選ばれて藩有林を管理する「大山守」（潮来領担当）の職にあり、彼はその先代以来、苗字帯刀御免、二人扶持下賜という恵まれた待遇にあった。そして、喜源治の代からは郷士にも列せられている。身分は武士並みだったのである。

喜源治の次の代から本家を茂十郎、分家（「新宅」と称した）を重作が継ぎ、父親の喜源治は重作の新宅に入った。そして、天狗党騒乱では本家が諸生派、新宅が天狗党という、お互いに対立する陣営に属した。本家・茂十郎の長男・内蔵八は諸生派として弘道館の戦いに加わり、敗れて獄中死した。そして、本家は財産と領地を没収される。この遺恨があってか、今でも本家と分家との交流は無い。「本家と仲良くしてはいけない、と言われてきた」(禎一の長男・大春の話)のだそうだ。

ざっと三七〇年に近い歴史をもつ須田家ではあるが、正確に表現すれば、禎一につながる分家側の歴史は天保以来の一六〇年余ということになる。そして、維新後の近現代にあって牛堀の歴史に名を残すのは、ユニークな人材を輩出した分家筋である。そうした人物たちの豊かな資質・能力を受け継ぎ、ジャーナリズムの世界で才能を発揮したのが禎一だった。そんな観点から、分家筋の先祖たちの足跡をたどってみよう。

分家するまでの当主・喜源治(一七八三~一八五七年)は為則ともいい、さらに柿磨という俳号をもつ、常総を代表する俳人であった。「窓形に長閑になりぬ草の庵」の句を冒頭に掲げた『窓形集』など多数の句集を残し、門人もたくさん擁した。牛堀の三熊野神社境内には「雲よりも軽き手際や初さくら」の柿磨句碑があり、その石碑の裏には梅七本、桜と松各百本を寄付したことが書かれてある。これが同神社裏の権現山公園を会場に現在恒例化している「桜まつり」の原点とされている。さらに、鹿島神宮の奥宮前には芭蕉の句碑と対をなすように「月下に和らぎし夜や常陸帯」という柿磨句碑が建っており、その地位のほどがしのばれる。

喜源治の孫にして、重作の子である幹三(一八六〇~一九二二年)は、近代農政学者として知られ、明治政府の観農推進役を担った。漢詩文の素養にもすぐれ、なんとわずか一二歳で牛堀村と永山村の初代村長となり、二三歳で改進党から県議会議員に当選、三五歳で県議会副議長になっている。この政治家の顔とともに農政学者の顔も併せ持ち、一九一八年（大正七年）に『帝国農会報』に「天保初年の農家経済」なる論文を発表している。これは「近世農業経営資料紹介の嚆矢」と評価される論文で、須田家に伝わる文書をもとに天保期における潮来郷二カ村の一年間の収支を分析し、税負担が軽くなり農産物収量が増加したのになぜ農家の暮らしが楽にならないのかを解明する資料を提示したものという。また一九一〇年（明治四三年。韓国併合年）には、東洋拓殖会社嘱託として朝鮮の農事状況を視察し、「朝鮮農事一班」としてまとめている。

この幹三の長男が誠太郎（一八八一〜一九六九年）で、禎一の父である。「治水の父」と称えられ、北利根橋のたもとに誠太郎の穏やかな顔のレリーフが付いた顕彰碑が建てられ、今でも地元の人々の敬愛を集めている。誠太郎が霞ヶ浦の治水に関わるきっかけとなったのは、一九一〇年八月に霞ヶ浦一帯を襲った大洪水だった。誠太郎は明治大学を卒業し、高等文官試験の準備をしていたが、この洪水で牛堀に呼び戻される。この時、父の幹三は朝鮮半島への農事視察で不在、妻が洪水対策に追われ、その疲れから心臓を病み、冬に亡くなっている。この母の死を契機に治水対策に本格的に取り組むことを決意したのだった。

須田家のあった牛堀は、霞ヶ浦が利根川水系に注ぐ「落し口」にある。北利根川（歴史的呼称。現在は常総利根川）と横利根川の合流部分にもあたり、「釜の口」と呼ばれた。その名のとおり、流れがひどく狭まり、江戸時代に利根川の改流をした結果、利根上流の土砂が霞ヶ浦下流一帯にもたらされるようになったためで、これがたびたび大洪水を起こす原因ともなった。もちろん、江戸時代から幕府や水戸藩の手で治水事業が行われてきたが芳しい成果に結びつかず、明治に入って新政府と茨城県の事業と

牛堀・三熊野神社境内の柿麿句碑

して本格的な治水が行われた。地元でその中心となって功績を挙げたのが誠太郎だった。

彼は三八歳で香澄村村長に就任後、合併後の牛堀町長まで七期にわたり通算三〇年間、首長を務めた。この途中、四六歳で県議に当選し、そちらも三期務めている。また、治水協会長として利根川、霞ヶ浦、北浦地方一帯で、たとえば利根堤防や横利根川閘門、常陸川導流堤などを完成させている。そしてこんなことを書けば、生前の禎一が嫌な顔をしたことだろうが、長年の功績が認められて誠太郎は紫綬褒章や勲五等雙光旭日章など数々の受章をしており、牛堀町の名誉参与にもなっている。亡くなった時に牛堀第一小学校の校庭で行われた町葬には、政財界から一般町民まで約一〇〇〇人が参列したという。

以上概観した先祖を、禎一の立ち位置から紹介し直せば、代々の当主は苗字と帯刀を許された庄屋、四代上の喜源治は柿磨の俳号をもつ常総を代表する俳人、祖父の幹三は政治家にして農政学者、さらに地元銀行の頭取も務めていたという。ただし、社交面で派手な人で、この人がかなり財産を蕩尽したともいわれる。そして、父は政治家にして「治水の父」となり、地元の尊敬を一身に集めた。

禎一の二男・春海によれば、「幹三は一本気な人で、女癖と金癖が悪かった。誠太郎は調整型の優等生タイプだったが、子どもたちを型にはめるようなことはしなかった。でも、誠太郎も樺太の開発事業に出資して大損したことがあり、〝ふらふらする家系〟なのかもしれない。禎一も一本気なところがあり、あれこれと調整する人ではなかったですね」という。

禎一の気性は祖父ゆずりの面が強かったようだ。だが、謹厳な生き方は父親ゆずりとも思える。詩人としての才は柿磨からの血か。禎一が、間に高校教師体験も入れながら、朝日から道新へと移ってジャーナリスト活動を続けたのは、「ふらふらする家系」のゆえか。政治や社会への強い関心は、庄屋から政治家へと脈々と引き継がれてきた伝統あってのこと。禎一はこうした名門の血筋を引き継ぎ、しかもその重圧をひしひしと感じ、時に反発しながら、自らの人生を切り開いて行く。

さて、禎一の人生へ入ろう。種々の記録では禎一の生年は一九〇九年（明治四二年）一月となっているのだが、異説がある。長女の杉本眞理子はこう話す。

「本当は前の年の一九〇八年一二月に生まれたと私たちは聞いています。一九三八年生まれの私とちょうど三〇歳違うと思っていたのですよ。母が言うには、八年はサル年で、サルが嫌いな父はトリ年生まれと言いたかったそうで、そんな変なところにこだわっていたみたいです」

禎一の性格の一面をよく表している話だ。好き嫌いがはっきりしていて、とことんこだわる。その気性がまずは故郷へと向けられ、そこに渦巻く封建的なものへ反発を重ねて行った。、長男の大春はこう語る。

「禎一は『牛堀天皇制』という言葉を使って、それに反発していました。そして、自分は牛堀の人間ではないと言っていましたね。牛堀と言っただけで、カーッ。水戸藩と言うとまた、カーッ。大嫌いだったのです」

歴史と伝統の重圧を感じながら育つことで、逆にとことん権威や権力を嫌う。つまりは反骨精神の塊となり、長じてジャーナリストになってからそれが大輪の花として開くことになるのだが、幼少時の禎一はそれとは裏腹に絵に描いたようなお坊ちゃま育ちだった。

まず、生誕時である。〝若様〟誕生とあって、三日三晩、五〇人分ほどの祝い膳が並び、祝い客が絶えなかったという。祖父幹三の代でだいぶ財産を減らしたとはいえ、誠太郎の代になってもまだ使用人が二〇人近くもいた。母節子は千葉県香取郡の出身で、誠太郎といとこ同士だった。井上公爵家の奥女中として仕えたとあって、風呂の順番も父親、長男……最後に女性、と決まっているなど、厳格な家風を重んじたという。

禎一には担当の女中（※今は「お手伝いさん」と言い換えられるが、歴史的な呼称として用いさせてもらう）がついた。食事の際には、「女中さんが魚の骨をとってくれた」と、禎一のきょうだいでただ一人存命の末っ子・五十嵐孝子（一九二〇年生まれ）は語る。それだけではない。やがて香澄第一尋常小学校（現・牛堀小）に入っても手厚い特別扱いが待っていた。

学校にも送り迎えがついた。それも年端の行かない男の子で、須田家の使用人の息子だった。その子が授業中も禎一の横にぴたりと付き添った。「父が椅子に座るのに、その子は床にぺたんと座って、授業が終わるまでずっとそうしていたそうです」。長女の眞理子はこう証言し、「自分だけどうして勉強するんだと思ったのでしょう。そういうのに耐えられなかったんでしょうね」と禎一の切ない気持も推し量る。校長も担任教師も親戚で、体操が苦手だった禎一は頭が良いこともあり、大目に見られたという話もある。

勉強といえば、祖父の幹三は自宅で漢学塾（といっても中身は宋学＝朱子学）を開いていた。禎一も小学校五年から自宅で素読をやらされたが、孝養を解くその内容に禎一は懐疑的だった。そのあたりを本人が次のように書いている。

「ナントカという人が老いた母を喜ばすために自ら赤ん坊みたいな格好をするのが孝の範とされていたが、アホらしく思えてならなかった。祖父は妻（ぼくの祖母）を早く亡くしたせいで、だいぶお道楽がすぎた。そういう所業が朱子学とどうかかわるのか、幼いぼくにも納得できなかった」（須田禎一『思想を創る読書』三省堂新書）

孝養を説く幹三自身の生き方自体がおよそそれからは遠かったようだ。禎一の反発はまずは幹三に向けられ、そこから幹三が強制する朱子学にも向けられた。一九二一年（大正一〇年）、禎一は小学校を卒業すると、利根川対岸の千葉県立佐原中学校（現・佐原高校）へ進んだ。質実剛健・文武両道を校訓とし、北総の名門として知られる公立校だが、禎一が進学した時は創立から二一年しか経っていなかった。ここへ進んだのは牛堀に中学校が無かったからで、佐原にあった母方の親戚の造り酒屋に下宿し、実家には週末に舟に乗って帰った。この年の禎一には大きな出来事が二つ起きている。

一つは自身の改名であり、それまで用いていた生名の俊一から禎一へと改めた。幼少時から腸が弱く医者にかかりきりだったので、高島易断で姓名判断してもらった結果という。もう一つは祖父・幹三の死である。この葬儀時にも、禎一が子どものころからずっと心を痛めてきた光景に再び出会う。「葬儀のあった夜、ずらりとならんだ座敷で、遺族・親戚の食膳に、大きな鯉の切身が供された。弟妹や幼い従弟たちのために、小学校を出たか出ないかの小作人のむすめが一人ひとりのそのそばについて骨をほぐしてやっていた。水郷といっても鯉はめったに口にはいるものではない。ぼくは一人の小むすめが骨をほぐしてやりながら涎をたらしているのを目にしてしまった。これは拷問である。ぼくはその夜、父母に抗議したが、父母には、ぼくが何を怒っているのか理解できなかったようだ」（同人格者として知られる父・誠太郎にしても、子どもの世界にまで平気で差別を持ち込む名門のしきたりをおかしいとは思わなかったのだ。禎一が小作人の娘の悲哀に思いを馳せられたのは、中学進学後の下宿生活が影響していたのかもしれない。彼はほどなく親戚の家を出、下宿先を中学の英語教師の家に変えている。そこはごくふつうの庶民の家であり、見聞きするすべてが禎一には珍しいことばかりだった。フライパンを買ってきてくれと頼まれ、フライパンを「揚げパン」の一種だろうと勘違いし、ドーナッツを買って来て笑われるという微笑ましいエピソードも残している。

こうして社会への目を開かれていった禎一は、名門の格式にこだわる誠太郎の姿にも疑問を感じるようになった。

「祖父は大きな負債をあとに残した。父はそれを処理するために家計を切りつめた。それでいながら〝名門〟の格式だけは保とうとした。ぼくは〝いっそ文房具店か駄菓子屋でもやったらどうですか、ぼくも学校をやめて労働者になる〟と言って父母からこっぴどくしかられた」（同）

この頃、読書好きの禎一は文学へと入り込み始めている。名門に生まれたことに悩み続け、それを「負の遺産」ととらえるところに、作家・有島武郎の色濃い影響を見てとることができるだろう。須田自身が「ぼくの精神史の第一ページ」と位置づける出来事が、一九二三年（大正一二年）六月、起きている。有島武郎が美貌の女性記者と情死したのだ。禎一が中学三年の多感な時期で、すでに有島の『カインの末裔』や『ドモ又の死』などを読んでいた。有島の情死に衝撃を受けた禎一はさらに有島の著作をむさぼり読む。そして、『惜しみなく愛は奪う』に行き着く。この中で有島が、習性的生活の上に知的生活を、そしてその上に本能的生活を置いていることを、禎一は「ぼくにとって啓示となった」（同）

と振り返っている。

「愛は与える本能であるかわりに奪う本能であり、放射するエネルギーであるかわりに吸引するエネルギーである」「私が愛するものをすべて奪い取り、愛せられるものが私をすべて奪い取るに至れば、その時に二人は一人だ。その場合、彼が死ぬことは私が死ぬことだ。殉死とか情死とかは、かくのごとくしてきわめて自然でありうることだ」と説いた有島の言葉が、禎一の全身を「いなづまのごとく貫流した」(同)という。

一本気で癇癖が強かった禎一が有島にぐんぐんとのめり込んで行くのを、父親の誠太郎は相当に心配したようだ。下宿先に手紙を書いては、「中庸」を説いてきた。しかし、禎一はすでに有島の「二つの道」を読んでいた。有島は中庸をこう説明している(須田同書より)。

「中庸の徳が説かれる所には、その背後に必ず一つの低級な目的が隠されている。それは群集の平和ということである。二つの道をいかにすべきかを究めあぐんだ時、人はたまりかねて解決以外の解決に走る。なんでもいいから気の落ち着く方法を作りたい。人と人とが互いに不安の眼を張って顔を合わせたくない。長閑な日和だと祝し合いたい。そこで一つの迷信に満足せねばならなくなる」

中学生にして、中庸が現実的妥協の産物であって、いかに物事の本質から眼をそらせるものかを知ってしまった彼には、父の説諭も「迷信」としてしか受け取りようがなかったという。人がその思春期にどんな哲学や文学と出会うか、そしてそれを「啓示」と感じるか否かは、人それぞれの感性によるだろう。その意味から、禎一が有島の作品群に稲妻に遭ったようなショックを受けたというのは面白い。というのも、有島が「二つの道」で展開したような、物事を原理や本質レベルで把握し、そこから現実への指針をつかみとるという姿勢は、ジャーナリストとなった禎一の真骨頂ともなっているからだ。元々の資質にふさわしい先達と出会い、その卓見に触発され、資質をいっそう磨く。そうして広がった世界でまた新たな先達と出会い、強い刺激を受ける。こんなことを繰り返して人は人格や思想を形成していくのだろうが、それだからこそ、吸収力の強い思春期の出会いはいっそう大事なものとなる。その点で、有島とともにこの頃の禎一が出会った重要な人物が、もう一人いる。大杉栄である。

有島の情死から三カ月ほどたった一九二三年九月一日、関東大震災が発生する。神奈川県相模湾北西沖八〇キロを震源とするマグニチュード七・九の大地震が南関東地方一帯を襲った。死者・行方不明者一四万人、負傷者一〇万人、全壊、半壊家屋各約一三万戸、消失住家約四五万戸を出し、一九〇万人もの人々が避難を余儀なくされた未曾有の災害だ。

当時、禎一が下宿していた佐原は、国鉄の総武支線終着駅だった。東京から焼け出された避難者たちが列車の着くたびにどっと吐き出された。翌二日の昼過ぎからは、朝鮮人が暴動を起こすという不穏な噂が被災地一帯に広がり、佐原でも自警団の大人たちが朝鮮アメ屋を包囲して叩きのめす光景が見られた。この暴動説に禎一は最初から懐疑的だった。有島の作品による思想的影響ゆえという。

無政府主義者の大杉栄と伊藤野枝らが拘留中の淀橋警察署から麹町憲兵分隊に移送され、甘粕正彦憲兵大尉らによって虐殺されたのは、震災の余塵がなおくすぶる九月一六日のことだった。朝鮮人暴動計画云々の流言は社会主義者らの陰謀によるものだ、と権力側が容疑をでっち上げての逮捕・虐殺だった。この混乱に乗じて社会主義の指導者らを一掃しようとするねらいがあった。

それまで禎一は「無政府主義」が何たるかも知らなければ、大杉栄の著作を読んだこともなかった。

当時の一般的空気では「〝シュギシャ〟が殺されるのは当然だ〟とする傾向が強く、東京でも各町内会が、甘粕のための減刑歎願書を各戸から集めたりしていた」（須田『思想を創る読書』）が、禎一は「憲兵の所業をはげしく憎んだ」という。それから大杉栄にのめり込むことになる。数カ月後に上京した折、早稲田大学の学生だった中学の先輩の下宿に泊まり、神楽坂の夜店で大杉の『自叙伝』『日本脱出記』『クロポトキン研究』などを手に入れた。こうした著書をむさぼり読み、大杉にどっぷりと心酔していった。

大杉が妻ある身で神近市子、伊藤野枝という二人の女性と交渉があったことについて、禎一は反道徳的とは思わなかったという。「大杉の思想的行動のほうがはるかに強い衝撃を与えたので素行上の瑕瑾など気にならなかったのか、それとも有島の〝本能的生活〟論に影響されたゆえか」（同）と振り返っている。

さらに禎一が強く心引かれたのは、『日本脱出記』で大杉が上海に逃れるくだりだ。大杉は一九二二年、神戸から上海へ密航する。翌年にベルリンで開かれる国際アナキスト大会に出席するためだった。しかし、官憲の追跡が執拗だったので上海で捕まると覚悟していたのだが、案に相違して何も起こらない。そして悠然と馬車で「フランス租界」へ向かう。『日本脱出記』にはこうある（須田同書より）。

「『フランス租界へ』――御者にはただこう言っただけなのだが、上海の銀座通り大馬路《ダマル》を通り抜けて、二大歓楽場の新世界の角から大世界《ダスカ》の方へ、馬車は先年初めてここに来た時と同じ道を走っていく」

「先年」とあるのは、二年前の一九二〇年一〇月に上海で開催の極東社会主義者会議に出席するため、最初に密航した時のことを指す。禎一は後年、朝日新聞社に入社し、戦時中の上海に特派員として赴任した時、上海に上陸した瞬間に大杉のこの一文を思い出し、目の前の光景が旧知のように懐しかったという。そして、大杉よろしく「フランス租界へ」と黄包車《ワンポーツ》（人力車）に命じ、挙句に着いた先のフランス租界に住み着く。その傾倒ぶりは並み大抵のものではなく、かつ生涯続くのである。

では、禎一は大杉の思想のどんなところに引かれたのだろうか。有名な「生の拡充」論をはじめ「個人的思索」「社会的理想論」などに心動かされ、大杉の思想を一生の財産にしている。禎一は「ぼくの生涯を通じて、ぼくが一切の外的権威に盲従することを好まず、多くの人に臍まがりのように見られてきた（真実ぼくの臍はまっすぐだ）のは、なんといっても大杉の影響だろう」（須田『思想を創る読書』）と自認している。同書では大杉論文「生の拡充」の次のくだりを引用紹介している。

「久しく主人と奴隷との社会にあった人類は、主人のない、奴隷のない社会を想像する事ができなかった。人の上の人の権威を排除して、我みずから我を主宰する事が、生の拡充の手段である事に想い至らなかった。

彼らはただ主人を選んだ。主人の名を変えた。そしてついに根本の征服の事実そのものに斧を触れる事をあえてしなかった。これが人類の最大の誤謬である。

われわれはもうこの歴史の繰り返しを終らねばならぬ。数千数万年間のピルグリメージ［行脚］は、既にわれわれにこの繰り返しの愚を教えた。われわれはこの繰り返しを終るために、最後の絶大なる繰り返しを行わねばならぬ。個人としての生の真の拡充のために、人類としての生の真の拡充のために」

（『大杉栄評論集』岩波文庫所収「生の拡充」より）

これが「生の拡充」論の第四章最終部分。有名な「征服の事実がその頂上に達した今日においては、諧調はもはや美ではない。美はただ乱調にある。諧調は偽りである。真はただ乱調にある」のくだりは、次の第五章に登場する。リズムをもって畳み掛ける大杉の心地よいアジテーションに、思春期の禎一は相当に心揺さぶられ、酔い知れたことだろう。そして、大杉の「社会的理想論」からは自らの行動規範的な教えも受け取っている。大杉は、ヨーロッパの労働者たちが未来社会の観念や理想として求めてきた無政府主義や社会民主主義などは彼らの築いた力や光であるかもしれないと述べた上で、それらが日本の労働者が築いて来た現実との間に大きな距離があることも指摘し、次のように締めくくる。「僕らはやはり、僕ら自身の気質と周囲の状況とに応じて、僕らの現実を高める事に努力しつつ、それによって僕ら相応の観念と理想を求めるほかはないのだ。

そしてそこに、僕らのいわゆる、信者のごとくに行動しつつ、懐疑者の如くに思索する、という標言が出て来るのだ」（同書「社会的理想論」より）

禎一はとりわけ「信者のごとくに行動しつつ、懐疑者の如くに思索する」という標言に強く共感した。彼は「血気さかんなころ、ぼくはずいぶん生一本な行動もしてきたが、一度だってファナティックになったことはなかった。これは大杉のくれたプラスである」（須田『思想を創る読書』）と振り返る。禎一は以後一貫して「作風におけるファナティズム（狂信主義）」と「思想におけるプラグマティズム（実利主義）」を嫌った。それを禎一自身の行動規範とするにとどめず、論説の筆のなかでもしばしば持論として展開している。若き日の思想体験が言論人としての糧となっている一例だ。

関東大震災から丸一年後の二四年九月、禎一が中学四年の時、「震災一周年を迎えて」という課題作文が出された。禎一は得意げに「大杉栄先生を想う」と題した作文を書いた。すると、牛堀の父・誠太郎のもとへ、校長から「令息禎一君のことについて至急ご相談いたしたし」との電報が届いた。「それいらい父は、ぼくが聖書を読むことにすら心配そうな様子を見せるようになった。それはぼくの反抗心をますますつのらせた」（同）という。

禎一は、祖父・幹三の説く朱子学に陳腐な道徳を見、さらに現実の祖父の行動との乖離に疑問をもった。穏やかな人格者の父・誠太郎には、名門の格式やしきたりをただ遵守する姿勢に反発した。そうして禎一は有島や大杉のラディカルな思想に強く引かれていった。ちょうど精神的自立を目指す時期でもあった。高校進学を機に門閥の重圧うずまく故郷から遠く離れようと考えてもおかしくはない。

長男の大春によれば、禎一は最初、北海道大学予科に進もうと考えていたらしい。その理由は今となっては定かでないが、故郷から一番遠い学校であること、有島の母校（札幌農学校＝北海道大学）であることが関係しているのではないか、と私は推測する。というのも、ある共通点を須田と有島の間に見るからだ。有島の父・武は薩摩藩士で、明治維新後に大蔵省の官僚となり、後には政府が支援した日本郵船、日本鉄道会社などで高い地位に就いた。その「エリートの父」から武郎は離れようとして北海道へ渡った。加藤周一は有島の心理背景をこう読む。

「要するにこういう父親は、明治社会の『エリート』で、息子の眼からみれば、国家権力の象徴であったにちがいない。息子がその父親に対して自己主張しようとしたとすれば、国家とその指導者層に対して距離を措くしか他はなかったはずだろう。有島武郎は学習院の中等科を卒業すると、一八歳で北海道

へ逃れた」（加藤周一『日本文学史序説　下』ちくま学芸文庫）

一つの図式として見れば、禎一の場合も有島によく似ている。しかし、禎一の父は津軽海峡を越えることを断じて許さなかった。そこで禎一が次に選んだのは、津軽海峡の手前ではあるが本州最北端の青森県にある弘前高校への進学だった。

二六年（大正一五年、昭和元年）、弘前高校文科乙類へ進学。旧制高校は文科、理科とも、履修する第一外国語によって、英語の甲類、ドイツ語の乙類、フランス語の丙類という三類に分かれていた。フランスのプールドンの思想に始まるアナキズムや大杉の影響を思えばフランス語を選ぶと考えられるが、弘前高校には丙類がなかった。そこで乙類を選んだのであり、それ以外の特別な理由は何もないという。

入ると、二年上に田中清玄がいた。田中は高校入学後から左翼活動を始め、二七年に東大入学後に日本共産党に入党、三〇年に党書記長に就任して党の武装化を進めた人物だ。だが、同年七月には治安維持法で逮捕され、三四年、獄中で転向。戦後は右翼活動家、実業家として名を馳せた。その田中が弘前高校の社会科学研究会のキャップであり、早速、寮の禎一の部屋にオルグに来た。「ぼくは大杉ばりのアナ理論で刃向かったが、このアナ・ボル論争はぼくの負けとなり」という経緯で、禎一は研究会のメンバーとなった。

「アナ・ボル」論争とは、大杉栄らのアナキストとソヴィエト権力を支持するマルクス主義のボルシェビキ派が二二年から二三年にかけて『前衛』（当時のプロレタリア文学運動の組織・前衛芸術家同盟の機関誌）誌上で展開した論争である。大杉は、フランス、スペインなどで盛んとなった、労働組合（サンディカ）を基盤とした無政府主義（アナキズム）のアナルコ・サンディカリズムを主張したが、大杉が虐殺された後はマルクス主義が左翼運動の主流となった。須田は大杉の理論を借りて立ち向かったのだろうが、すでに活動家として理論武装もしていた田中の前に、歯が立たなかったようだ。

こうして禎一はマルクス主義の洗礼も受けることになるのだが、当時日本の共産党内部では福本イズムが支配的だった。同党は二二年（大正一一年）、コミンテルン（共産主義インターナショナル）日本支部として設立されたが二四年にいったん解党（第一次解党）され、二六年に再建されている。禎一の弘前高入学の年である。その新執行部は徳田球一や福本和夫らであり、福本は天皇を絶対君主と見なし、まず天皇制を無くす政治革命を実施し、それから普通選挙や言論の自由などを実現する社会革命を経て社会主義に至るという「二段階革命論」を主張していた。

田中清玄は禎一に福本の著書やエンゲルスの『空想から科学へ』『フォイエルバッハ論』などを読むようさかんに勧めた。禎一はエンゲルスの「これまでのすべての唯物論の主要な欠陥は、対象・現実・感性をただ客体の形式または直観の形式で把握しただけで、人間の感性的な活動・実践として、主体的に把握しないことである」といった箴言めいたテーゼには感心することが多かった。だが、福本イズムは「どうしても好きになれなかった」という。

当時の福本は「日本のレーニン」とか「日本のブハーリン（一九一七年のロシア革命に参加。コミンテルン議長や「プラウダ」編集長を務めたが、スターリンに粛清された）」ともてはやされたが、再建後に徳田や福本の党幹部がモスクワに呼ばれ、当のブハーリンを含むコミンテルン指導部から福本イズムが批判され、福本、徳田らは中央委員から解任されている。その批判と禎一の嫌悪感は質の異なるものだろうが、禎一の直感的洞察力を知るよすがにはなる。

この頃の禎一が心ひそかに悩んでいたのは、さまざまな革命史を読むにつけ必ず顔を出す「同志打ち」であり、それがあまりに多いことだった。田中清玄とも、ある米国在住の二人のイタリア系アナキストを巡って議論している。このアナキスト二人は靴工場の会計係を殺したという容疑で投獄されたが、アリバイは明らかだった。二人の思想をターゲットにした権力の弾圧であり、この米国支配層の姿

弘前高校時代の禎一（左）

勢に対して世界的に抗議が起こった。しかし、日本のマルクス主義者たちはこのフレームアップに冷淡だった。

田中は「アナキズムのようなプチ・ブルジョア・イデオロギーは、結局は敵への協力者だ」と言い放った。禎一は「この二人も敵への協力者なのか」と懸命に反論した。だが、翌年、二人は処刑されてしまった。マルキストにとってアナキストは「同志」ではないのだろうが、禎一にすれば反権力という面で共闘すべき同志と考えられたのだろう。禎一が大杉の影響から革命に心引かれながらも、そのもつ血生ぐささに疑念を抱いたのは有島の次のような言葉の影響もあったようだ。

「主義者といわれる人は、自分が授かっただけの天分を提《さ》げて人間全体をただ一つの色に塗りつぶそうとする人ではないか。その意気の尊さはいうまでもない。しかしその尊さの陰には尊さそのものをも凍らせるような淋しさが潜んでいる」（有島武郎『惜しみなく愛は奪う』）

その現実をリアルに教えてくれたのは、ロマン・ロランの革命連作劇だった。ロランはフランス革命を題材に「七月一四日」「狼」「愛と死の戯れ」など八編の連作劇を書き、そこで革命の素晴らしさだけでなく、それが抱える暗さ、血で血を洗う同志打ちをも生々しく描いている。それを禎一はむさぼり読んだ。たまたま二七年には築地小劇場の地方公演が弘前であり、「狼」と「愛と死の戯れ」が舞台にかけられた。これにすっかり魅せられた禎一は、自分たちで劇団との座談会を催すほど入れ込んだ。以来、禎一は築地小劇場のファンとなり、その縁は長く続く。

それはともかく禎一は、革命の重要性と、それが自らの大義に反する残酷な要素を内包していることの狭間に立って悩んだ。それを本人は「ぼくの精神史は、この双頭の蛇にからめられる歴史である」

と表現している。禎一は「革命は必要だ。敵を殺したり殺されたりする革命を〝残酷〟と非難するのは、支配層のなしくずしの残酷を容認することであり、客観的にはそれに加担することである」と認めながらも、「革命史を読んで、ぼくがどうにもやりきれなくなるのは〝同志打ち〟があまりに多いことだ」と正直な気持を明かしている。そして、当時のマルキストたちに率直な疑問を呈する。「マルクス主義者たちは〝結合の前の分離〟などと気やすく口にして地下の指令に盲従していたし、なまじ革命の内包する暗さを問題にすれば、それは革命運動からの脱落、現状維持への加担に安んずる口実とされてしまう」（須田『思想を創る読書』）

人間の感性に根ざして考え行動することの大切さの認識、組織至上主義への懐疑、理念と現実の乖離に対するナイーブな受け止め――。こうしたことが当時の禎一の思想的な悩みであることがうかがえる。そしてそれはこの頃の一時的な懊悩ではなく、いわば禎一の原点としてその後のジャーナリスト人生においても抱え続けた課題であった。禎一は「そのような峡間にあって、ぼくは、有島と大杉とロマン・ロランとをいわば三角点として、思想の彷徨を続けた」（同）と締めくくっている。

当時の禎一の様子を伝える貴重な証言がある。ある同級生の回顧談だ。

「須田君は、思い出しますと、実に質問の多い生徒であり、質問魔といってもいいような人でありました。どの時間でも必ず教授に質問を発するわけです。その中では、あるいはこれは教授をからかっているのではないかというようなものもありました。しかし、これは須田君のもの事を徹底的に掘り下げまして、それを自分のものにしようということ、あるいは読書をする場合でも、きわめて知識が広くかつ深い。そういった底の深いものが須田君を質問魔にしたのではないかと私は察するのでございます」

(『月刊たいまつ』臨時増刊号「須田禎一 人と思想」、生原誠三郎「高等学校時代の思い出」)

「教授をからかっているのではないか」というあたりでは、すでに須田の学識が部分的にせよ教師をしのぐようなことがあったのではないかとさえ想像できる。故郷を遠く離れ、自由闊達に自らの才能を伸ばしていたようだ。論客としても仲間から一目置かれるようになっていた。卒業を控えた一月、校長が公金を使い込んだのが露呈し、ストライキとなった。禎一はクラスのストライキ委員に選ばれ、ある段階では全学のスト委員会議長も務めている。だが、その背後におかしな動きをかぎとる。ストに最も熱心だった共産党の青年組織である共産主義青年同盟系の学生が表に出ず、ノンセクトの禎一を表面に押し出して躍らせようとしていたのだ。そして禎一は前掲の著書のこのくだりの最後に思わせぶりな次の一文を書いている。「一年下の津島(太宰治)がそのころ共青のメンバーだったかどうかは、さだかには知らぬ」(須田『思想を創る読書』)

突然、後の作家・太宰治の名前が出て来る。太宰治こと津島修二は一年下の文科甲類(英語履修クラス)におり、弘前高校在学時に左翼活動に傾倒していたことが知られている。「さだかには知らぬ」とあえて書いているということは、むしろ不自然である。文筆のプロの文であることを考えれば、実際はほぼ「定か」だったと解釈するのが自然ではないか。禎一の妹・五十嵐孝子の話によれば、禎一は在学中の太宰のことをあまり快く思っていなかったという。何か確執があったのかもしれない。

一九二九年(昭和四年)春、禎一は東京帝国大学文学部独文科へ進む。出身の香澄村始まって以来の東大生だった。父・誠太郎は法学部ゆきを勧めた。村長や町長、県議を長年にわたって務めた誠太郎が、跡取り息子を政治や行政の道へ進めたがったのも当然だろう。「末は次官か大臣か」と思い描いたのかもしれない。禎一も「文学や思想の研究は法学部へ入ってもできる。父の希望する法学部へ行こうか」と当初は思っていた。だが、父の望むものが要するに〝立身出世〟であることに思い至った禎一は、「その種の期待の糸を早期に断ってもらうほうがむしろ親孝行」と考え、文学部を志望した。ドイツ文学にしたのにはさしたる理由はなかったという。

同期には、社会学科に坂本徳松、国文学科に本多秋五、美術史科に吉沢忠、哲学科に松村一人がいた。教師ではまだ助教授だった木村謹治や出隆、団伊能の三人の講義に熱心に耳を傾けた。中でも木村の講義「若きゲーテとその時代」で一八世紀ドイツの「シュトルム・ウント・ドランク（疾風怒濤）」を知り、心惹かれた。

当時のドイツは三〇年戦争（一六一八〜四八年）で国土が荒廃し、ハプスブルグ家やバイエルン家を皇帝とする神聖ローマ帝国はあったが、選帝伯領や教会領、さらにはイギリス王やフランス王の領土までが混在し、奇怪な形に分裂されていた。すでに民族国家への道を着実に歩み出したイギリス、フランスと比べ、経済・社会面でも大きな遅れをとっていた。そこへ立ち上がったのが、ヘルダー、ゲーテ、シラーらの若き天才たちであり、彼らは特権層や官僚たちを激しく軽侮し、嵐の歌を高らかに歌った。それが「シュトルム」と「ドランク」だった。

須田は中でもシラーを好み、シラー二二歳の処女作「群盗」をはじめ「フィエスコの陰謀」など四つの作品を「シラーの青春戯曲」と題して後に卒論のテーマにしている。専門家らは、シラーの作品は初期のものより後年のものを評価していたが、禎一はそれとはまったく異なる見方をしている。

「ドイツでは（日本でも）アカデミックな学者たちは『マリア・スチュアート』（一八〇〇年作）以下の

後年の作品を〝内面的な自由への希求〟として高く評価し、それにくらべて青春戯曲を〝外面的な自由にとらわれたもの〟として低く評価する。ぼくは、それとは反対に後年のシルラア（注・「シラー」の須田流表記）を〝権力と妥協して保守的になった〟と非難し、青春戯曲をその思想的、社会的内容ゆえに讃美した。すでに満州事変がはじまり思想統制の手がのびていた時期だから、そのような卒業論文がよくパスしたものだと木村先生に今でも感謝している」（『北方文芸』一九七三年一一月号「須田禎一小特集」の須田論文「シルラアと久保と三好と」）

反権力の生涯を貫いた禎一らしいシラー観である。その思想が中学、高校を経て、大学でさらに強固なものへ練り上げられていったことがうかがえる。さらに禎一の思想形成に大きな影響を与えたのが、ロシア文学だった。この頃、岩波文庫が創刊され、そこに入ったロシア関係の本は片端から読破していった。ドストエフスキー、トルストイはもちろん、ガルシン、チェホフ、ゴーリキーなどを手当たり次第によみ、さらにベリンスキー、レーニン、ベルジェーエフなど文学以外にまで手を広げた。

大学入学の二九年は世界大恐慌勃発の年でもあった。一〇月二四日の「暗黒の木曜日」にニューヨーク株式市場が大暴落。それをきっかけに恐慌がたちまち全世界を覆い尽くし、日本でも社会不安がにわかに高まった。当時、日本の学生運動は、一九一八年（大正七年）に結成された東京帝国大学の「新人会」が中核的な存在になっていたが、二九年一一月に解散させられている。新人会に代わる組織を、学部別・学科別に編成することが、運動内部で検討されていた。弘前高校出身の新人会メンバー先輩から「須田という男がいる」という申し送りがあり、須田にも運動に参加するよう誘いがあった。

三一年（昭和六年）頃、禎一は日本共産党の指導下にあった反帝同盟の運動に積極的に関わっていた。

そして、小林多喜二、中野重治らの作品を愛読した。特に中野はドイツ文学科の先輩に当たったので、その作品はほぼすべて読むほどだった。だが、幾人かの友人が共産党員に推薦されたのに、禎一は推薦されなかった。「アナーキズム臭い」とか「個人主義くさい」と見られていたゆえらしい。そう見られたのには、こんなエピソードがあった。

「配布されてきた非合法の機関紙に、ボルシェビキ革命の逸話がのっていた。ある党員が四年間も地下室にこもって、ただひたすら〝上部〟から手渡される原稿のガリ版刷りを続け、機関紙の刊行を中絶させなかった、という話である。ぼくたちに配布されたものにも、それが〝革命の模範〟として絶賛されており、ぼくたちのなかまの多くもこれを絶賛した。ぼく独り一つの疑義を出した、彼自身はそれでよい、しかし彼の〝上部〟は、彼に彼自身のオピニオンを表明する機会を与えただろうか、彼は他人のオピニオンを刷ることだけに真っ黒になっていたのだろうか」(須田禎一評論集『葡萄に歯は疼くとも』田畑書店)

一人ひとりの人間のことを大事にするこんな捉え方も、禎一の面目躍如といった感が強い。ここまでに紹介してきたさまざまなエピソードの端々に、後にジャーナリストとしての彼を支える基本的な社会観や人間観がすでに顔を覗かせており、興味深い。この時の党の最高幹部は風間丈吉だった。「のちに無恥な転向をした」(同) 人物をトップに抱く「党の無謬」などは、禎一にはとうてい信じられなかったのだ。だが三二年 (昭和七年)、禎一は反帝同盟の「シナから手を引け運動」に深く関わり、警視庁に逮捕され、「ブタ箱生活」を経験している。

前年の三一年九月に満州事変が起きている。三〇年一一月には浜口雄幸首相が東京駅頭で右翼青年に銃撃され、重傷を負っている。ロンドン軍縮会議の主力艦協定で日本の海軍力が弱められたことを憤っての凶行だった。幣原喜重郎外相の軟弱外交への批判の高まりが背景にあった。他方、緊縮財政を掲げて世界大恐慌に立ち向かおうとした井上準之助蔵相の財政政策もまったく無力だった。昂進するデフレに対する国民の反感も高まるばかりだった。こうした行き詰まりからの突破口を「満蒙の天地」に求める気運が、関東軍の活発な「生命線キャンペーン」（張学良の国民政府が力を伸ばして日本の在満権益が脅かされるとの宣伝）によっていよいよ高まった。そして、関東軍の謀略による柳条溝事件、すなわち満州事変の勃発へと繋がる。

反帝同盟の「シナから手を引け運動」はこの動きを正面から批判したものだった。だが幸いなことに、禎一は二九日間の勾留で釈放された。意外な人物がもらい下げてくれたのだ。三〇年の総選挙で茨城三区から初当選したばかりの新人代議士・風見章である。風見は桐生悠々の前任者として信濃毎日新聞の主筆を五年間務めてから四五歳で政界入りしたリベラルな主張の持ち主で、やがて戦中の近衛内閣では書記翰長（官房長官）の要職につく。戦後は社会党の重鎮ともなるのだが、満州開拓についてはそれを日本の農業恐慌の抜け道と考えていた。しかも、政権与党の立憲民政党の代議士である。

日頃の禎一の言動からすると、すっきりしない矛盾を抱えた釈放劇ではある。もちろん、地元名士として政界に人脈をもっていた父・誠太郎の働きかけが背後であったのは間違いない。風見にもらい下げられた禎一は、起訴も免れている。この風見との出会いについて、禎一は著書でこう触れている。

「反戦運動をして警視庁にとらわれた二十二歳の東大生須田禎一の釈放に努力し、須田の〝反帝国主義論〟に耳を傾ける一夕も、風見は持ったのである」（須田禎一『風見章とその時代』みすず書房反権力の運動にのめりこんでいた禎一にとって、政権党の代議士にもらい下げられたという事実は、あまり恰好の良いものではないはずだ。満蒙開拓について肯定的な意見をもつ政治家でもあった。だが、この出会い時にすでに禎一は、風見の度量の広さに心打たれるところがあった。それはやがて崇敬の念へと高まり、禎一は終生、風見を尊敬し続ける。

ところで、この逮捕と釈放を間近に目撃した人がいる。本郷・白山の下宿の女主人が後にこう語っている。

「いつもニコニコ、甘いものが好きないい人だったのですよ。検挙された日、刑事二人に連れて行かれました。私が白ばっくれようとしたら、お前も同罪だ！　とおどかされて……。出所の日、うれしそうにアンコを食べて……」(『月刊たいまつ』臨時増刊号「須田禎一　人と思想」所収、渡辺克己・小島信一作成の「須田禎一・生涯譜」より)

「うれしそうにアンコを」のくだりからは、出所後もめげていない、ちょっと微笑ましい姿が目に浮かぶ。だが、禎一は起訴を免れたものの、大学からは停学処分にされた。半年間、郷里で「謹慎」して出直すこととなり、そのあおりで卒業も一年遅れることとなった。この間も禎一は読書に熱中する。マルクスの『資本論』、レーニンの『ロシアにおける資本主義の発達』を読破し、日本の著作では野呂栄太郎の『日本資本主義発達史』、羽仁五郎の『東洋における資本主義の形成』なども読んだ。禎一は社会主義の勉強にいっそう励み、謹慎後にふたたび上京すると、また反戦運動に身を投じた。

そうして、ますます風間が指導する共産党の方針には疑問を募らせ、一方、神山茂夫らの「全協刷新同盟」の運動に心を寄せるようになる。須田は全協刷新同盟を、禎一と同じように風間ら党執行部を批判する勢力と見ており、実は禎一が党員に推薦されなかったのも、「刷新同盟寄り」と見られていた節があるからという。しかし、当の神山はこうした刷新同盟に対する理解を否定する。つまり、「須田のような見方は、一般的な通説にもとづく事実誤認」（神山茂夫『わが遺書』現代評論社）だというのだ。同書の神山の説明によると、刷新同盟が対抗しようとしていたのは、田中清玄らの「極左冒険主義的方針」だったのだという。

「田中は上京後、日本共産党のオルグとなり、四・一六（注・一九二九年四月一六日に全国的に行われた日本共産党に対する検挙事件。前年の二八年三月一五日には治安維持法による全国一斉検挙事件もあった）後には、党の委員長（注・書記長の誤り）になっている。折しも、世界経済恐慌が日本をもまきこんだ。彼の特徴は、大衆的ストライキで対応すべき正にその時に、極左冒険主義的方針をおしつけ、労働運動を機械的に再編成したところにあった。それに抗して、佐藤秀一、南巌、私を最高指導部とする全協刷新同盟を組織したのであった。それがコミンテルン（注・共産主義インターナショナル）とプロフィンテルン（注・コミンテルンの指導で組織された赤色労働組合インターナショナル）の勧告と決議によって訂正され、統一の方向についたのは、一九三〇年一一月以降のことである。田中らの中央部は七月に一斉検挙。風間丈吉が日本に帰り本格的再建したのは、一九三一年一月であり、以後各種の方針は少しずつ訂正されていった」（同）

だから、刷新同盟はけっして風間らに全面的対決していたわけではなかったというのだ。田中らが武装闘争に走ろうとして逮捕された後の党を再建しようとした風間らに、刷新同盟は協力的ですらあったという。

「もちろん、風間的指導方針と部分的に闘ったり、内在的批判をもちながら、積極的に協力していた実態の一部は、適当な時期に明らかにするつもりである」（同）

ただし、こうした事実は同志のごく一部しか知らないことであり、禎一の「誤認」も当然と見ている。そして、それは「その後、同志的関係になっても、須田には話さなかった」と書いている。ここは気になる表現だ。神山は禎一を「同志」だったと認めているようなのである。だが、「党の無謬など信じたことはなかった」と公言する禎一自身は、「それいらい今日までぼくはずっと無党無派できている」と断言している（須田禎一『独弦のペン　交響のペン』勁草書房）。

ここからは家族との関わりなどを述べる場合以外には、「禎一」ではなく「須田」と表現しよう。学生時代の須田は神山らの動きに「心を寄せる」にとどまり、神山との直接のつきあいは新聞記者になってから始まり、終生続く。須田の言論の最大特徴は、まさに無党無派の立場にあった。「一貫して容共の立場を採りながら、組織的にはノンセクト」というのが、須田の立ち位置である。そこから物事の核心に迫り、どんな権力に対しても歯に衣着せぬ鋭い迫り方をする、そこに持ち味がある。しかし、神山の言うように須田が共産党員だったら、つまり「無党無派」の看板が偽りであったなら、須田の数々の論説に対する評価も割り引く必要に迫られる。神山が須田を「同志」と言い切る理由も著書で明らかにしているのだが、それを語るにはもう少し、時間の経過が必要である。そこでまた、この問題を再考することにする。

さて、三三年（昭和八年）春、須田は一年遅れで東大を卒業する。もともとは教師になろうと考えていたようだが、反戦運動の経験者、しかも検挙歴もある須田にはその道が閉ざされていた。そこで朝日新聞社を受験することになるのだが、ここでも風見の世話になっている。風見は当時の東京の編集局長だった緒方竹虎と知り合いだった。そこで、風見から須田に「ぼくから緒方君に話しておいてやるから入社試験を受けてみろ」と勧めてくれた。不況で就職難の時代だった。前出の「須田禎一・生涯譜」によれば、この年、朝日新聞になんと一二〇〇人の大学生が応募し、合格したのは須田を入れてたったの二人だったという。そんな超難関なのに政治家のコネで採用したのかと言えば、そうではなかったようだ。入社後、緒方が須田に「頼まれたから採ったのではない、論文が気にいった」と言ってくれたそうだ。須田の前歴についても緒方は自分の肚にしまいこんだらしく、他の幹部はいっさい知らなかった。

こうして須田は、ジャーナリストの第一歩を踏み出す。

第２章
ジャーナリストに

須田が朝日新聞社に入社した一九三三年には、日本でも世界でも「非常時色」が一段と強まっている。作家・小林多喜二が拷問により虐殺され、共産党の地下運動に入っていた河上肇が検挙され、京都大学の滝川幸辰教授らを思想弾圧する「滝川事件」が起きた。世界ではヒトラーがドイツの首相の座に就き、やがて一党独裁も成立。日本は国際連盟を脱退。そして米国では二九年の「暗黒の木曜日」といわれるニューヨーク株式市場大暴落から始まった世界恐慌による不況脱出策として、新大統領F・ルーズベルトが「ニューディール政策」を始めている。

入社が決まった須田を囲んで、学友たちが「祝宴」を開いてくれた。この席で「ニュースとは何ぞや」をめぐって面白い議論をしている。これは、ずっと時代を下って私が記者に成り立ての頃、あるいはもしかしたら現在にまでも引き継がれている類の議論である。その祝宴で誰かが「犬が人を咬んだのではニュースにならないが、人が犬を咬んだのはニュースになる」と言った。この頃からすでによく用いられていた説明だという。ところが、須田はこれに猛然と反論した。

「犬が人を咬むような、頻度の高いアクシデントこそがニュースではないか、狂犬病予防あるいは野犬撲滅のキャンペーンをもりあげてゆけば……」

須田がこう意見を述べだすと、誰かがまぜっかえした。

「須田君がイヌを嫌うのも無理はないさ」

須田が反戦運動で捕まったことに引っかけてイヌを権力と重ねた冗談で、哄笑とともに議論はそれで終ってしまった。須田同様、犬が人を咬むことを引き合いにニュースの要諦を説明する人物は、ほかにもいる。朝日新聞で須田より二年後輩の扇谷正造が、自著でこんな持論を展開している。

「犬がかみついた、ではニュースではない、人が犬に噛みついた、こいつはニュースだ。――しかし現代は、『犬がかみついて』もニュースである。その犬は狂犬病かも知れないから」（扇谷正造『現代ジャーナリズム入門』角川文庫、一九七一年刊）

扇谷は『週刊朝日』の編集長を務め、定年退職後にはフリーとなり、洒脱なエッセイなどで知られたジャーナリストだ。扇谷のニュース観も須田と似ているが、注意深く読むと内容は大きく異なる。扇谷は「人が犬に噛みついた、こいつはニュースだ」と通説的見方を否定していない。「しかし現代は」と「現代」を強調し、時代によってニュース観が変わってきていることを言おうとしている。しかも、「犬がかみついても」と「も」を入れて、従来の「通説」も暗に肯定している。そして、新説を主張する理由を「その犬は狂犬病かも知れないから」と述べる。つまりは平凡な「犬が人をかむ」場合にも注意すべき例外的ケースがあるよ、それは狂犬病のときだ、と警句を吐いているのである。通説をちょいとひっくり返して盲点をえぐる、そこに少々気のきいた洒脱な味もにじませる扇谷一流の展開だ。

だが、この見方は、須田の「頻度の高いものこそニュース」という見方とは似て非なるものである。物事の本質に迫るという点で須田のほうがずっと優れているし、須田の議論が入社直前のものであり、扇谷のそれが定年退職後のものであることを思うと、須田の鋭さに改めて敬服する。そして、もっとすごいのは、この持論を入社後直ちに記事にして実践したことである。

入社すると、須田は浜松支局に配属された。支局長（正確には「通信部主任」）と支局員の須田だけという職場だ。記者修行の第一歩はサツ回りからというのが常識だったが、彼は学生時代に反体制運動をやったこともあり、刑事たちとなかなかなじむことができなかった。この感覚は、ノンポリながら一九七〇年代の大学闘争を経て新聞記者になった私にもよくわかる。警察署内は回るけど、あまり権力的でない部署についつい足が向いたものだ。

須田も、犯罪捜査とは直接関係のない部門の署員と親しむようになったという。そして、彼は浜松周辺の豊村で幼児の事故死が多いことに気づく。親しくなった中年の係官に手伝ってもらい、彼は警察署の書類から過去三年間の幼児事故死のグラフを作った。すると、ある現象がくっきりと浮かび上がってきた。農繁期の五、六月と九、一〇月に事故死が増えていた。親たちが農作業に追われているすきに、幼児が事故に遭っていたのだ。そこで須田は、「農繁期託児所を作れ」と訴える記事を書き、地方版に大きく載った。これが彼の新聞記者としての初原稿だった。持論を第一号の原稿に生かすとは、なんとも恐れ入った新人記者である。

新人とは思えぬ活躍ぶりはまだまだある。

「派出看護婦会ストライキ事件」がその一つ。浜松周辺の窮乏農家から「人買い同然に」連れてこられた派出看護婦たちが、経営者の思うままに搾取されていた。看護婦の一人が知り合いの若い牧師に実情を訴えた。たまたま散歩の途中に教会の庭で咲いていたヒメアカシアの花に惹かれて教会に立ち寄った須田は、牧師からその話を聞かされる。「断固闘うべし」。若い男二人の結論は図らずも一致した。早速、看護婦の代表を加えて作戦会議がもたれた。二〇人ほどの看護婦が集まって争議団を結成することになった。集団討議などをして団結を固めるために本部を設けなくてはいけない。浜松で須田と知り合った友人に、地元の名門の御曹司Kがいた。一緒に酒を飲んでいる時、ひょんなことからKが神山茂夫と成城中学で同級生だった（注・須田の著書では「同級生」とあるが、神山の著書『わが遺書』現代評論社によると、Kは神山の一年上級）ことがわかり、以来、二人は親しくなった。Kは浜松城址の一角にコテージを持っており、須田も休日などに利用させてもらっていた。ちょうどKが夏休み中で不在だったが、須田の独断でコテージを本部にすることにした。夏休みから帰ったKも話を聞くとニコニコと同意してくれた。

浜松支局時代の禎一

ストライキは長引いた。新聞紙面でも取り上げた。須田は争議団の〝顧問〟なのだから、終始、報道では須田がリードを続けた。だが、やがて特高刑事や他社の記者に気づかれ、地元紙に争議の黒幕には「赤い記者がいるようだ」と書かれた。脅迫電話も何回か、かかってきた。ある日、須田がビヤホールを出ると、一〇人ほどの男に取り囲まれた。やくざだった。生命の恐怖は感じなかったが、さてどうしたものかと須田が考えあぐねていると、突然、「これは俺の親友だぞ」と声がかかった。Kの声だった。やくざの「隊長」格が以前に上京して食い詰めていた時に、早稲田の学生だったKの世話になったことがあるのだという。「隊長」はすっかり恐縮し、やくざはみんな引き下がった。

こんなことも含め、支局長に報告しておいたほうがよいと考え、翌朝、須田は支局に出社した。すると、須田が報告する前に、支局長のほうから「看護婦会争議の件はこのへんで打ち切ろう」と話しかけてきた。「社会への警鐘を鳴らすという役割は果たしたのだから。これ以上争議が長引いて社会不安を醸すようになると、穏健中正という朝日の社是にもそむくことになるから」という理屈だった。

支局長は退役憲兵曹長だった。支局へは助手として入ったのだが、時の支局長にうまく取り入ったのか、その人が転勤する時に「自分の後任に」と本社へ推薦してくれたので支局長になれた人物だ。須田が浜松へ配属される前に本社の通信部長（内信部長）が「昔風の男だから、なじみにくいかもしれない」と言ってくれたが、元憲兵だとは教えてくれなかった。憲兵上がりであることは、着任後、支局長本人の口から聞かされた。しかも前歴をさも誇らしげに語ったのである。それればかりか、現役の憲兵たちに社の交際費で飲ませたりもしていた。

権力嫌いの須田とは、そりの合うはずがなかった。支局長から看護婦会争議の記事化打ち切りを聞かされた須田は黙って支局を出て、その足で争議団本部へ向かった。ある看護婦の弟に調査を頼んでいた一件があった。看護婦会の強欲な経営者夫婦が墓地の死体を掘り出して金歯を集めていたのである。その動かぬ証拠をカメラに収め、看護婦の弟に現像してもらい、それを記事にした。猟奇的な事件ではあったが、これが人々の関心を集め、争議団側を決定的に有利に導いた。

須田は支局長の提案を聞き流し、当てこすりのような記事を書いたわけだ。しかも、その記事を本社に送稿する際にちょっとした知恵を働かせている。当時、浜松支局から本社への記事送稿は支局長が本社の速記者に電話で吹き込むやり方と、夜の列車便に乗せる二つの方法があった。どちらにしても、本来、支局員の書いた原稿は出稿前に支局長が目を通すことになっているのだが、この支局長は列車便に乗せる分のデスク作業はさぼっていた。列車便は一日遅れになるが、須田はこの「死角」を突いた。

列車便に、原稿、写真とともに、地方版担当者宛ての手紙に支局長との経緯なども書き、ぜひ掲載してくれるよう頼んだ。本社でも支局長の評判は悪く、受け取った部員が「支局長より須田君のほうが正しい」と通信部長を説得し、大きく紙面に載せてくれた。この列車便を使って、支局長に対するもっと露骨なツラ当て記事を送ったこともある。

たまたま豪雨があった時だ。被害の記事は昼間送ったが、須田はその後、測候所に行って過去のデータを調べた。すると、三年前にあった豪雨よりも今度の豪雨は単位面積あたりの雨量が少ないのに、被害は大きかった。原因を探ったら、陸軍の飛行場拡張のために保安林を伐採した事実が浮かび上がってきた。「水害の罪は陸軍にあり」という記事を列車便に乗せ、これまた翌々日の地方版に大きく掲載された。元憲兵の支局長が驚いたのは言うまでもない。こんなことの連続だった。支局長も黙っていなかった。須田を露骨にいじめだした。須田はヤケ酒を飲み、とうとう痔疾で半年も病臥するまで追い込まれた。しかし、二人の確執は収まらなかった。

三六年(昭和一一年)には「二・二六事件」が勃発。陸軍皇道派の青年将校ら一四〇〇人余の兵を率いて首相官邸、陸相官邸、警視庁などを襲撃し、高橋是清蔵相らを殺害して国家改造を要求した。朝日新聞の本社も襲われたが、数日間、浜松支局には何の情報も入らなかった。他の支局にはかなり正確な情報が本社から送られていたのだが、「浜松支局に知らせると、憲兵隊に筒抜けになり、軍と朝日の微妙な関係にマイナスになる」との配慮から「蚊帳の外」に置かれたのだった。そんなこともあってか、ある時、須田が思いあまって支局長を「バカ」と面罵した。支局長は烈火のごとくに怒った。

「だれに向かってバカと言うのか、きみは」

「あなたをバカと言うのではありません。あなたの言うことがバカらしいという意味です」

須田はこう冷然と言い放った。支局長は須田を転任させるよう本社に要請した。しかし、本社の通信部長は支局長を一人支局へ転勤させ、須田を浜松に残した。二人のトラブルの実相は通信部長も察していたようだ。だが、残した須田にも制裁は加えた。ふつう支局員の任期は二年か三年だったのに、須田は四年目を迎えるまで居残されたのだ。

彼は、次に来る支局長が同じような人物だったら記者を辞めようとまで思いつめていた。ところが、まったく正反対といってよい人格者だった。柴田清一郎と言い、この人が須田にジャーナリストとして生き抜く自信を与えてくれた。「頻度が高いものこそがニュース」「常に権力批判の立場を」という須田の二本柱といってよい信条も、全面的に支持してくれた。小さな失敗は大目に見てくれた。しかし、こんなこともあった。

近隣の町で事件が起き、須田が取材に出張した。出先から電話で記事を支局長に送り終えた須田は、途中でビールを飲み、晩飯を食べてから悠々と支局へ戻った。すると、柴田支局長は須田の赤ら顔をじろりと見てから、奥の妻に向かって「おい、めしだ」と呼びかけた。出張に出た記者が帰るまでは自分も食事をとらないという誠実で律儀な人だったのである。須田が恥じ入ったのは言うまでもない。

そんな厳格さから「鬼柴田」とあだ名がつけられていたが、筆の自由は最大限に保障してくれた。

須田は生きがいを感じながらイキイキと仕事に励んだ。柴田支局長のことを須田は、「いっしょに働いたのはわずか一年であるが、記者魂――ペンの重さについて実践をもって教えてくれたのはこの人だ」（須田『独弦のペン　交響のペン』）と書いている。

須田がこの支局長に出会えたのは僥倖だったと言える。それは私たちにとっても幸いなことだ。この人に出会わなければ、須田は新聞記者を辞めていたのかもしれないのだから。須田に限らず、新聞記者が大きく育つには、良き先輩や優れた取材対象者に出会うことも大事な要素といえる。ちょうどこの時、須田に重大な転機をもたらす一通の手紙が舞い込む。

大陸旅行中の風見章が上海のホテルで投函したもので、「情勢は重大だ。これまでのシナ（中国大陸）浪人などではダメだ。シナ問題は日本国民の運命にかかわる性質のものだから、君たち若い者が真剣に研究してほしい」と呼びかける内容だった。それからほどなく、西安事件が起きた（一九三六年一二月一二日）。西安事件は、中国東北の軍閥・張学良、楊虎城らが国民政府主席の蒋介石を監禁し、諸勢力が一致協力して救国に向かうことを呼びかける八項目の要求を突きつけた事件である。日本の大陸侵攻に対する警戒が中国国内で一段と強まり、事態が風雲急を告げだしたことを示すものであり、この事件に多くの日本人も驚いた。

須田が大学時代に反帝同盟の「シナから手を引け運動」に深く関わって逮捕されたことはすでに述べたが、この運動を須田自身は「日本の軍国主義に反対するだけのことで、中国人民との連帯の意識は希薄だった」（同）と振り返っている。浜松支局時代の須田の認識もこれとそう違いがなかった。つまり須田の視野には、日本が「手を引く」対象の中国自体の動向がほとんど入っていなかったのだ。その原因を本人は、祖父が漢学塾を開いていたがゆえに敬遠し、ヨーロッパ思想一辺倒になっていたからと弁明しているが、風見から手紙をもらったのを機に猛烈な勢いで中国研究を始める。

では、当時の日本と中国はどんな関係にあったのか、とりわけ中国国内ではどのような動きがあったのか。かんたんにスケッチしておこう（以下の記述内容は、天児慧『中華人民共和国』岩波新書、前坂俊之『太平洋戦争と新聞』講談社学術文庫、加藤陽子『満州事変から日中戦争へ』岩波新書、保阪正康『蔣介石』文春新書などを参考にした）。

大杉栄が上海に密航した前年の二一年七月、中国共産党がコミンテルンの強い影響で結成され、第一回党大会が上海で開かれている。この背後には、北京の学生らの大規模な反日デモが全国に波及した「五・四運動」（一九一九年。第一次世界大戦後、日本が袁世凱政権に突きつけた屈辱的な「対華二一カ条要求」の取り消しなどを求めた）や、大都市部で社会主義・共産主義に共鳴する青年層が急速に増えたことなどがあったが、参加代表者はわずか一三人という小さな非合法組織に過ぎなかった。思想的にもさまざまな傾向を含み、当初は最大政党だった国民党との協力・合作を追求した。その国民党もロシア革命後にはソ連に接近しだし、「連ソ、容共、労農扶助」「反帝、反封建」などを掲げていた。そして第一次の国共合作の下、不平等条約や主権の回復とともに全国統一を目指す一大運動へと発展していった。

しかし、二五年三月に孫文が亡くなると、国民党は右派と左派が主導権を争い、右派の蔣介石が実権を握る。二六年、蔣介石は国民革命軍を率い、北京を拠点とする張作霖らの東北軍閥を制圧する「北伐」を開始した。その途中、上海では共産党を徹底弾圧する「四・一二クーデター」を起こし、共産党は辺境の農村部に拠点を移し、国民党と全面対決するようになった。蔣の北伐は二八年六月の北京占領で完成し、蔣は国民政府主席に就任、形の上で全国統一を果たす。こうして中国ではナショナリズムが高揚し、抗日救国へと熱が高まっていく。

一方、日本もこの時期に対中国政策を大きく変えている。一九二〇年の原敬内閣以降、高橋是清、第一次若槻礼次郎までの歴代内閣は国際協調主義に立ち、「満蒙権益」は手放さないものの、内政干渉や直接的な軍事介入を避ける方針をとってきた。この政策を中心的に担ったのが幣原喜重郎外相で「幣原外交」と称された。ところが、二七年（昭和二年）四月、衆院予算委員会で蔵相が「東京渡辺銀行が破綻」と失言したことに端を発する金融恐慌で若槻内閣が倒れて田中義一内閣に替わると、幣原外交は「軟弱外交」と批判され、強硬外交へと一転する。恐慌から抜け出すため、満蒙権益をさらに拡大する路線へとかじを切ったのだ。

それには蔣介石の中国統一の動きが邪魔になる。これを牽制するため二七年から二八年にかけて田中内閣は二度の山東出兵をし、二八年五月に山東省済南で国民政府軍と衝突した済南事件では中国側に約五〇〇〇人の死傷者が出ている。田中は東北政権の張作霖の傀儡化と満州鉄道を通じて北満開発と対ソ国防を図ろうとしていたのだが、翌六月、関東軍が暴走し、張作霖を爆殺してしまった。蔣介石が北京入城する四日前のことだった。こうして三一年九月の満州事変、三二年三月の「満州国」の樹立と日本は中国大陸侵略を一段と加速していった。

須田に中国研究を促すもととなった西安事件は、張作霖の息子・張学良らが起こした事件である。学良は父の死後、東北軍閥の頭領を継いだが、父を暗殺した日本への憎悪を募らせたことで、敵対する蔣介石の下に走り、国民党の晴天白日旗を掲げる易幟《えきし》と引き換えに東三省（吉林省、黒龍江省、奉天省）の保安総司令官の地位を得た。田中首相の目論見に反し、関東軍の張作霖爆殺が蔣介石の全国統一を促進するという皮肉な結果をもたらしたのである。その蔣の統治下に入ったはずの張学良が、今度は蔣を監禁して要求を突きつけたというのだから、当時の日本人には何がどうなっているのか不可思議だったことだろう。その背後には、国内で勢力を拡大しつつあった共産党との戦いを取るか、日本との戦いをとるかという戦略をめぐる争いがあった。

蔣介石は三〇年一〇月、「国民に告げる書」を発表し、そこで初めて「剿共《そうきょう》」という言葉を用い、朱徳や毛沢東を軍事指導者にすえた中国共産党・紅軍の「討伐」に乗り出した。農村に根拠地を移した共産党は三一年一一月、江西省瑞金を首都に毛沢東を主席とする中華ソビエト共和国臨時中央政府を樹立した。この政府は三四年時点で計三六〇〇万人、一〇万平方キロメートルを支配下に置き、中国に二重権力が出現する事態となっていた。しかし、同年、蔣介石自らが最高司令官となった第五次討伐作戦では紅軍が苦戦し、瑞金の中央根拠地を放棄、それから一年余、一万二五〇〇キロに及ぶ「長征」を経て陝西省の山岳地（呉起鎮、のちの延安）にたどり着く。そして毛らは、三五年七月のコミンテルン第七回党大会の「反ファシズム国際統一戦線」結成呼びかけに応じ、内戦の停止と一致抗日を呼びかけた。ところが、蔣介石は共産党攻撃の手をいっこうに緩めなかった。

三六年の西安事件は第六次の討伐作戦を実施している最中のことであり、張学良らはひそかに共産党の周恩来と通じていて内戦よりも抗日戦を重視すべきと確認していた。蔣が張らと会談のため西安に入った時には一万人以上の学生デモが抗日戦に集中せよと激しく突き上げ、市内から二〇キロも離れた温泉地の蒋介石の宿舎まで押しかけるほどだった。あくまで紅軍討伐を命令する蒋と張らの言い分は平行線をたどり、挙げ句に張らが蒋を監禁したのだった。そして、蒋は共産党との和解を条件に解放され、内戦が停止した。三七年八月には紅軍が「国民革命軍抗日第八路軍」と改められ、国民政府下

禎一とヒサの結婚記念写真

に編入された。ただし、その根拠地は「特別区」として扱われ、この地区では引き続き実質権力を握っていたが、翌九月には第二次国共合作が成立している。

これにより中国内の諸勢力は挙国一致体制を築き、今まさに全力を抗日に集中させようとしたのである。須田に手紙を送った代議士の風見章は、帰国すると政治家との交際はむしろ避け、アジアの新たな動向を研究している学者、知識人とのつきあいを重視した。「風見人脈」といわれるグループであり、大原社会問題研究所の細川嘉六、満鉄の伊藤武雄、朝日新聞の関口泰、尾崎秀実らがメンバーだった。ここに須田も「最若輩」として名を連ねることになる。ちょうど三七年（昭和一二年）四月に須田に転勤辞令が下り、浜松支局から東京本社の整理部に異動したのが幸いしたのだ。

その転勤辞令が下りた日、須田は結婚している。新妻の増淵ヒサは栃木県宇都宮市のごく平凡な庶民の家庭に育った。須田の長女・眞理子によると、「祖父母、特に祖母が厳しかったようで、父に、家を取るか、嫁を取るかと迫る修羅場があったらしい。そう母から聞かされました」という。家格を重んじる須田家らしい話だが、禎一は意に介さず、「家は弟に継がせてほしい」と言ったという。禎一とヒサのなれ初めは浜松支局時代のことである。ヒサ本人に経緯をインタビューした文章が残っている。

「私の兄が浜松の東電に勤めていた。そこで朝日新聞浜松支局の主人と、同県人ということで兄夫婦と話が合った。兄たちの最初の子が生れた年、私は四月から寒くなるまで手伝いに行った。帰るとき、親切にしてもらって、その後四年間、よくもあきずに手紙をくれたもの。結婚するときの言葉がふるっている。『ボクは決して幸せにしないけどいいか。自分には〝望み〞があるのだから……』と。考えてみたら、〝貧乏で通すこと〞の約束なんてずるいわネ」（『須田禎一追悼文集』二十五日会、渡辺克己「素顔

筑波山頂で。左から２人目が風見、次いで尾崎、１人おいて須田の順。右端が関口。

の須田さん」中のヒサ談）

長女・眞理子の話によると、「兄」とあるのは義兄のことで、この人が茨城県出身であり、その妻がヒサの姉だった。その家がマルクス研究会のような溜まり場になっていて、禎一もそのメンバーだったという。四年間の交際があったということは、須田が浜松支局に赴任してまもなくヒサと知り合ったことになる。マメに手紙を書いたことから推して、須田がヒサをかなり一方的に見染めたのだろう。それでいて、自らの望み、つまりは志のためにビンボー暮らしをプロポーズ時にヒサに承知させるとは、須田らしい。同志的なつながりがあったのかもしれない。

転勤した須田が風見グループのメンバーと一堂に会したのは、五月に実施した筑波山への登山時だった。風見がメンバーを、鬼怒川べりの自らの故郷に招いた。風見を慕ってこの地に住み着いた「信濃毎日」時代の部下が寺の住職になっていたので、その寺に一泊し、翌日、一行で筑波山に登ったのだった。最年長者が風見で五〇歳、次いで関口泰の四七歳、尾崎秀実は三六歳で最年少者の須田は二八歳だった。このメンバーとの出会いは、須田のこの後の人生にとって決定的なものとなった。

山頂で撮った記念写真が残っている。向かって左から二人目が風見。白髪頭に口ひげをたくわえている。その隣の三人目が尾崎。コート姿にサングラスをかけている。そして一人おいた隣で脚を広げて立つ細身の青年が須田である。この頃から須田は尾崎への傾倒を強めており、著書にこう書いている。

「尾崎さんがその前後に雑誌に書いた『対支政策の推進力とその限界』や『転換期支那の基本問題』は、この大きな隣邦民族を見るぼくの眼から鱗をおとしてくれた。筑波山へいっしょに登ったときには、ぼくに〝何日君再来〟（注・一九三七年に上海で制作した映画『三星伴月』の挿入歌で大ヒットした。日本語の曲名は『いつの日君帰る』）を教えてくれた。そのころ撮った写真を見ると、ぼくはいつも彼のそばに立っていたから、よほど私淑していたのだろう」（須田『独弦のペン　交響のペン』）

尾崎は須田より七年早い二六年（大正一五年、昭和元年）に朝日新聞に入社。上海通信部、大阪朝日外報部などを経て、三四年に東京朝日の東亜問題調査会に転勤していた。上海時代の三〇年に米国人女性ジャーナリストのスメドレーを通じてゾルゲ事件主犯でコミンテルン情報局やソ連赤軍に属するスパイ、リヒャルト・ゾルゲとも知り合い、ゾルゲの組織する諜報機関への協力を約束していた。三六年一二月には西安事件について「張学良クーデターの意義」という論文を『中央公論』に発表、「かつての東三省王の豪華な夢を回想しつつ、ルンペン軍閥に転落した張学良が乾坤一擲の大芝居を試みた」と論評し、一躍、中国評論家として広く知られるようになった。

須田が引用文中に示した論文は盧溝橋事変（三七年七月七日。盧溝橋で日中両軍が衝突し、これにより全面的な日中戦争が始まる）前に雑誌論文として書かれ、三七年九月に『嵐に立つ支那』という単行本にまとめられた。須田は「それは中国問題について最初に開眼させてくれた本だ」（須田『思想を創る読書』）と絶賛している。この本で尾崎は、日本の大陸進出について日本財政の弱み、中国の新しい民族運動の波、日本への反攻の機会を待つ英・米の競争力を指摘するなど、従来の中国通に欠けていた新しい視覚からの論を展開している。こうして中国の内部事情に通じた鋭い評論活動で、尾崎はその地歩を固めつつあった。登山には前日帰国した上海特派員と連れ立って参加し、最新の中国情勢を詳しく話してくれたという。

もう一人、須田に大きな影響を与えたのは関口泰（戦後に文部大臣を経て横浜市立大初代学長）だった。須田は、自身が生涯を通して最も尊敬しているジャーナリストと公言する関口について、当時の様子をこう書いている。

「関口さんはいちばん小柄だったが、すでにして長者の風格をもっていた。この人の教育論や憲法論には、風見さんが熱心に耳を傾けていたのを憶えている。博識で、東洋美術のみか西洋美術にも詳しかった。ぼくはこの人からボッティチェリとサヴォナローラの話を聴き、感銘を受けた」（同）

関口は当時、東京朝日の論説委員だった。同僚の前田多門と親交があり、また政治部長から編集局長となった緒方竹虎（戦後に副総理、自由党総裁）とも親しく、緒方を通じて「信濃毎日」主筆だった風見章とも知り合っていた。峻烈といってよいほど自分にも他者にも厳しい人で、その論説はいっさいの妥協を拒んだ。須田はその筆を、「このきびしさこそ、先輩の前田多門にも後輩の笠信太郎にも欠けており、関口論説をユニークなものたらしめていた特質である」（須田禎一『ペンの自由を支えるために』評論社）と評す。

たとえば、三一年秋の満州事変勃発直後には、「外務当局が軍部に引きずられたか、軍が外交におさへられたか、それは一国内部の事である。外部に対する国家の意思は、一つに出でなければならぬ。軍が統帥大権によってその独自の行動を主張するならば、外交大権の尊重と共に、兵政分離の精神に徹底するところがなければならぬ。それが国憲にしたがひ、国法を守る皇軍将士の責務である」と書いた。これを須田は「当時〝飛ぶ鳥を落とす〟関東軍に対してこれだけの警告を発し得たものは、他になかった」と高く評価している。この関口の特質はまちがいなく須田に継承された、と私は見る。

風見グループの面々が筑波山に登った前年の三六年一一月には、貴族院議長の近衛文麿の元学友でブレーンだった後藤隆之助が三年前に作った昭和研究会が、正式発足している。元々は私的勉強会的な性格だったが、三六年に近衛が首相候補と目されるようになってからは、非常時局を円滑に刷新する政策を研究する組織として正式結成された。蝋山政道、賀屋興宣、後藤文夫、三木清、牛場信彦、笠信太郎、吉田茂、宇都宮徳馬など、左右を問わず、「近衛内閣」への政策提言をしようとする人たちが集まった。風見はその支那問題研究部会の幹事を務め、尾崎も有力なメンバーとして参加した。さらに三七年には昭和研究会から発展する形で昭和塾が結成され、尾崎はその幹事を務めた。

東京の本社整理部勤務となった須田は、この研究会に参加するチャンスはあったが、昭和研究会にも昭和塾にも無関係で通した。「後藤隆之助という人に一度逢ってどうにも好きになれなかったせいもあるが、それのみではない。当時保釈出獄して、官憲の眼をかすめて再び活動を始めようとしていたコミュニストKと接触していたぼくは、最悪の場合に風見さんに迷惑の及ぶのを恐れたからである」（須田『独弦のペン　交響のペン』）。こんな配慮からだった。Kというのは神山茂夫のことである。神山は三五年に検挙されて獄中に入り、そこから出獄して間もない頃のことであり、共産党の再建に奔走していた。そして、神山との「接触」の内容をこう説明する。

「Kと接触したといっても、ぼくが参加したのは、実践の面よりもむしろ研究の面を主とした。講座派理論と労農派理論の双方に弱点があるとしたぼくたちは、視野をひろげる必要から、とぼしい資料を集めてスペイン内乱の調査などまでした。そういう〝研究〟だけでも治安維持法に問われる危険があるほど、情勢はきびしくなっていた。それでぼくは、風見さんが翰長や閣僚をしているときは訪問をなるべくひかえた。ぼくが風見さんの〝側近〟だったのはむしろ在野時代である」

筑波登山の翌月の三七年六月、林銑十郎内閣が軍部・政党の支持を失い、総選挙に敗北、総辞職をした。それを受け、天皇から〝大命〟が近衛文麿に降り、第一次近衛内閣が組まれた。近衛は五摂家筆頭の長男という血筋で、その端正な容貌もあって大衆的人気があった。風見は近衛に請われて書記翰長に就いている。風見は就任祝賀を一切断ったが、親しい言論人らが催した席には喜んで出席した。その中には関口泰、笠信太郎、尾崎秀実らの朝日人脈もおり、末席に須田が名を連ねている。しかし、これ以後、須田は風見への訪問はなるべくひかえたというのだ。

一方、神山と須田との関わりは、東大生時代の須田が神山茂夫らの「全協刷新同盟」の運動に心を寄せるようになった時から始まる。そして、神山が須田のことを「同志」として認めている、つまり須田は共産党員だった、と神山が著書で強調していることをすでに指摘しておいた。そうであるなら、ジャーナリストとして須田が終生貫いた「無党無派」の看板も偽りとなる恐れがある。神山の著書から、須田のいう「コミュニストKと接触していた」中身がどんなものであるのかを、見ておく。

「須田を、出獄直後から、再度党再建運動をはじめていた私に紹介したのは、『朝日新聞』のC記者だった。彼らに協力を求めた点の一つが理論的問題であったことは事実だ。その結節点は、労農派理論および講座派、とくに労農派理論にたいする全体的総括と批判であった」（神山茂夫『わが遺書』）

朝日の同僚記者の紹介で須田は神山と知り合い、党再建運動に協力したというのだ。そして、共産党内で対立する二大理論に対する総括と批判をするための調査に乗り出す。それは『日本資本主義分析の基本問題』（岩崎書店版）などの数冊の出版に結実するのだが、神山は「これらの作成に当たって重要な資料を集めるうえで、彼らは積極的な役割をしてくれた」と高く評価する。具体的には、須田は東京近郊の農村調査に神山と同行したり、海外資料の蒐集と保持をしたという。須田が「スペイン内乱の調査などまでした」と軽く表現するようなものではなく、「朝日その他のメンバーをふくめ、ソ連、中国、英、独、仏、とくに米国関係の資料をあつめ、対策をたてていた。その焦点が人民戦線運動、とくにスペイン人民戦線の動向だったのである」と強調する。

そして、「須田が、『Kとの接触』といっているのは、このようなものであり、同時にわれわれは朝日の工場内のメンバー、とくにHらとの活動とを統一的に扱っていたのである。したがって『接触』の実態は同志的なものであった。だからこそ、一九四一年二月一日に、進行中のわれわれの党再建運動にたいして全国一斉検挙が行われ、私が全国指名手配下で逃げ廻る時、彼とその家族は、顔色もかえずかくまってくれたのであろう」（神山茂夫『わが遺書』）

朝日新聞社内に編集部門だけでなく工場部門にも共産党の「細胞」があり、須田もその有力メンバーだったという捉え方をする一方、「同志的」とも表現している。「同志」とまで断言していないのは、須田を党員だったと断定する根拠もなかったからではないのか。須田がその後の著書で「無党無派」を貫いたことを強調しているのも、本人の気持の中ではあくまでも党員ではなかったという認識があってのことだろう。たとえ、神山らの運動に強いシンパシーをもっていたとしても……。だが須田は、やがて神山と離れることになる。それは上海支局の特派員として赴任したためだが、そこに至るまでの流れを紹介しよう。

須田が着任した整理部は、記事の見出しをつけたり紙面のレイアウトをする内勤部門である。締め切り時間に合わせて実際の紙面を作り上げていかなければならず、それはそれで外勤とは異なる忙しさに追われる。須田は、風見が近衛内閣入りしてからは風見本人への訪問を差し控えていたが、尾崎とは付き合っていたようで、彼からアジア農業の特質などを教えてもらったりした。私事では、三八年に長女の眞理子が誕生している。

翌三九年（昭和一四年）になると、戦況に大きな動きがあった。三七年七月の盧溝橋事件以来、日中両国は四一年まで宣戦布告や最後通牒をしないまま事実上の戦争状態に突入していた。宣戦布告をしなかったのは、国際的孤立を懸念した日本、戦時中立による外国支援の停止を恐れた中国側という、それぞれの思惑が働いていたからだ。日本軍は中国大陸の北部から中部、そして南部へと勢力を伸ばし続け、三七年一一月に上海を占領、一二月に南京を陥落させた。三八年には一〇月に広東と武漢三鎮を占領、一二月に内陸部の拠点都市・重慶の爆撃を開始した。

「国際正義に基づく平和と、社会正義に基づく施策の実施に努める」との声明とともにスタートした近衛内閣だったが、その後の軌跡は軍部に押されっぱなしだった。南京陥落の折に須田は久しぶりに風見を書記翰長公邸に訪ねているが、「風見の頬はいたましくやつれ、戦勝とはおよそうらはらの沈痛さを見せていた」（須田『風見章とその時代』）という。近衛が唱えた戦線不拡大路線は次々とつぶされ、挙句に国家総動員法や電力国家管理法を成立させ、経済の戦時体制が導入された。そして三九年一月には総辞職へと追い込まれたのだった。だが、こうして勢いを増す日本軍の攻勢に対し中国側の粘り強い抗戦が続き、事態は長期化する様相を見せていた。

いつ何が起きてもおかしくない状況であり、新聞各社も即応体制をとる必要に迫られた。それまでは政治部や社会部から特派員が出されていたが、中国に詳しいわけではなかった。朝日は同年八月、大阪にあった東亜部を東京へ移し、中国問題の専門家の養成にとりかかった。内勤記者を増やし、特派前にみっちり勉強させるという方針であり、この時、須田も東亜部に配属された。部長は中村桃太郎、次長は園田次郎と後に政治家となった橋本登美三郎だった。

東亜部の内勤記者の主な仕事は、海外通信社から配信される特電の翻訳とその文章の添削、そして解説記事の執筆だった。一方、同部の幹部には、軍の参謀接待という仕事もあった。新しい部隊が日本から出動するとき、新聞社も従軍記者、写真班、無線技師、雑務担当の連絡員のワンセットを派遣しなくてはならなかった。そうして「郷土部隊」の輝かしい「戦績」を報道するのであり、それが新聞の売り上げに直結した。部隊出動の「軍事機密」を他社より早く知るために軍参謀を接待していた。須田もある日、急に都合のつかなくなった橋本次長の代役として、築地の料亭へ出かけたことがあるという。

この三九年は八月にスターリンとヒットラーが手を結び、独ソ不可侵条約を調印し、世界を仰天させた。そして、翌九月一日にドイツ軍がポーランドに侵攻を開始し、第二次世界大戦が始まっている。これに先立つ五月、満州と外蒙古の国境に近いノモンハンで、満州国軍と外蒙軍とが、つまりは日本とソ連が武力衝突する「ノモンハン事件」が起きている。近衛の後を受けた前枢密院議長の平沼騏一郎は対ソ防衛をにらんだドイツとの防共同盟を模索しており、独ソ不可侵条約に大ショックを受ける。「欧州情勢は複雑怪奇」との声明を発表し、総辞職してしまった。

この後は陸軍出身の阿部信行、海軍出身の米内光政が短期政権を担い、翌四〇年（昭和一五年）七月、再び近衛が第二次内閣を発足させる。近衛は初会合で「新体制とは承詔必謹の大義に帰一することにほかならない」との声明を発表し、全政党を自主的に解散させた。これで政党が存在しなくなり、日本の議会制民主主義はここでいったん幕を閉じさせられた。「承詔必謹」とは聖徳太子の一七条憲法にもある言葉で、「天皇の詔を必ず謹んで承れ」との意で、一〇月には大政翼賛会が発足している。

近衛とともに「新体制運動」を提唱した風見も司法大臣に入ったが、半年足らずで辞任し、下野している。風見は、「東亜新秩序の建設」という構想をもっていた。独伊防共枢軸に深入りせず、ソ連とは相互不可侵の関係を樹立することを前提に、皇室財産の国有化、家族制度の廃止などを盛り込んだものだった。それには、軍部を抑え得る国民組織を作る必要がある。良質な代議士を糾合し、民間の運動を組織し、そこから政治の新体制を発足させるしかないと考えていたのだが、結果的にはナチスばりの親軍党の結集という内容に変質させられていった。風見はそれに耐えられなかったのだ。

須田の身辺に話を移す。東亜部に移った三九年、長男の大春が誕生している。中国問題専門家への道に入った須田はこの頃、神田の古本屋街で中国の政治家にして作家である郭沫若の『浮士徳』を入手している。後に直接親交を深める作家との、著作を通しての出合いである。『浮士徳』とは「ファウスト」の音訳で、郭が中国語に翻訳した本である。郭は一高の特設予科、岡山の六高、九大医学部に留学した経歴をもち、国民革命軍の「北伐」にも参加したが、蔣介石と対立し、追われて日本に亡命、家族とともに千葉の市川市で暮らしていた。だが、三七年に日中戦争が勃発すると、妻らを残し、祖国救亡の義戦に馳せ参じた。以後、革命文学界の中心的指導者の地位についている。須田はさらに『郭沫若詩集』なども入手し、最初の試訳を試みている。直接本人に会いたい気が募ったが、それは戦後に持ち越されることになった。

四一年（昭和一六年）二月、日本国内で進んでいた共産党の再建運動に対して全国的な一斉検挙が行われ、須田は神山の著書にあるとおり、神山を自宅に匿った。だが、この後（五月）に神山は警視庁に捕まっている。この年秋、須田は上海の特派員となることが内定したが、病気で三カ月寝込んでしまい、回復してから出社すると政治情勢はいっそうめまぐるしく展開しだしていた。

六月、ドイツが突然、独ソ不可侵条約を破ってソ連に侵入した。第二次近衛内閣の外相・松岡洋右はドイツと協力してソ連と戦うこと、英米とも一戦を交えねばならないことを天皇に奏上した。しかし、近衛はドイツの不信を責め、日独伊の三国同盟の破棄を主張した。そして、対米交渉をうまくまとめようと考え、強硬外交を唱える松岡を更迭するため、内閣総辞職をした。旧憲法下では首相に閣僚の罷免権がなかったための便法であり、七月、引き続き第三次近衛内閣を発足させた。

しかし、米国はすでに態度を硬化させており、東アジアに権益をもつ米英とオランダ、それに中華民国の頭文字をとった「ＡＢＣＤ包囲網」による貿易制限が強化された。近衛は松岡の後任に海軍出身で第二次内閣の商工相も務めて経済に明るい豊田貞次郎を当てたが、対米交渉はまったく進まなかった。結局、対米（英・蘭）戦争の準備をすべきとの重大決定を御前会議でするところまで追い込まれてしまった。海軍の力で東條英機陸相らの強硬論を押さえ込もうとしたが、うまくいかず、一〇月、総辞職した。天皇は後任に東條英機を当て、東條は首相だけでなく陸相、内相も兼任、さらに大政翼賛会の総裁も務めることになった。

そして、何よりも須田を驚かせたのは、ゾルゲ・尾崎事件による尾崎の逮捕だった。上海で知り合ったリヒャルト・ゾルゲと尾崎秀実はこの時ともに東京にいた。ゾルゲは駐日ドイツ大使館顧問で、尾崎は朝日新聞記者から近衛内閣嘱託を経て満鉄調査部嘱託となっていた。この二人が日本の政治・軍事の機密情報をソ連に流していた「国際諜報団」として逮捕されたのである。尾崎の逮捕は彼に私淑する須田にとって大変なショックだった。

尾崎逮捕が近衛内閣総辞職前日の一〇月一五日、ゾルゲ逮捕が東條内閣成立の一八日だった。尾崎はすでに紹介したように「風見人脈」の有力メンバーである。風見は尾崎が発表した評論に注目していた。第一次近衛内閣が発足してからは、首相補佐官の牛場友彦が東京帝国大学の学生時代から尾崎の親友だったこともあり、風見と尾崎はよく顔を合わせるようになった。牛場が尾崎を内閣嘱託に推薦した時に風見も共同推薦人になり、尾崎はこれを機に朝日新聞社を退社している。尾崎が風見と、そして近衛と関係が深かったことは、この両者にとって瑕《きず》となることだった。だが、二人の受け取り方は違ったようだ。その対照的な姿を、須田は次のように描いている。

「その後の〝朝飯会〟でも共に日中関係の打開についてディスカッションをした。尾崎の情勢判断は多くの場合的確だったが、彼がコミュニストであること、ましてゾルゲの組織に属していることなど、牛場も風見もまるで知らなかった。近衛・風見の下野した三九年一月、尾崎も内閣嘱託をやめたが、やがて（同年六月）赤坂溜池に〝支那研究室〟をひらいた。その費用の大半は風見から出ている。この研究室が尾崎の活動拠点の一つとなったのは事実である。

東條陣営がこのゾルゲ・尾崎事件を奇貨居くべしとして、近衛・風見を政治的に葬る策謀に利用しようとしたことは否めない。近衛も風見も翌四二年にこの事件で予審判事の尋問を受けている。しかし尾崎は、近衛や風見に迷惑をかけるような供述は一つもしていなかった。

ともに衝撃を受けながらも、その受けとりかたにおいて近衛と風見は対照的なものがあった。自らを天皇家と切り離し得ぬものと信じてきた近衛は、身辺から尾崎のごとき人物が出たことに動顚した。のちに（四五年二月）〝共産革命をおそれる〟上奏文を出したのも、このときの動顚に無関係ではあるまい。しかし風見の方はただ深い沈思をもってこの衝撃に対処した。〝とんだ飛ばっちりを受けた〟というたぐいの愚痴さえ一言も洩らさなかった。むしろ、心をゆるした知人に対しては、言葉をつくして尾崎の識見と人柄を賞揚し、また尾崎の家族に対する救援をおしまなかった」（須田『風見章とその時代』）

たしかに尾崎が内閣嘱託となったことで、重要な国家情報が得られたことだろう。その内容について、次のような解説がある。

「その諜報内容には尾崎が、新聞記者として、あるいは内閣嘱託として、満鉄嘱託として、近衛公ないし風見章のブレーンの一人として、かつまた昭和研究会の役員として、各その地位を利用し、代議士・

汪政府顧問犬養健、外務省および内閣嘱託西園寺公一、東京朝日新聞政経部長田中慎次郎、満鉄社員宮西義雄、満鉄社員海江田久孝、同後藤憲章等より集めたる国家機密または軍事機密があり、また自ら組織せる諜報員川合貞吉、水野成、篠塚虎雄等を通じて探知蒐集せる政治・経済・外交・軍事各般にわたる諸機密は枚挙にいとまなしという状況であり（以下略）」（『尾崎秀実ゾルゲ事件上申書』小尾俊人解題、岩波現代文庫）

そうそうたる人物から最高級の国家機密情報を入手していたことになる。その情報を、尾崎はゾルゲを通じてソ連やコミンテルンに流していた。尾崎の検挙は、満鉄社員で共産党員の伊藤律が検挙され、拷問に遭って密告したことによるといわれている。この事件で検挙されたのは諜報団員一八人、機密漏洩の罪で問われたもの一八人の計三六人に上り、後者の中には西園寺公一（明治末期の首相西園寺公望の孫で、近衛内閣のブレーン）、犬養健（三二年の五・一五事件で青年将校に暗殺された首相犬養毅の三男。第一次近衛内閣の逓信参与官）等も含まれたという、前代未聞のスパイ事件だった。

東條内閣の出現によって、日本はいよいよ戦争の泥沼へと突っ込む。四一年一二月八日、真珠湾攻撃。ついに米国とも戦火を交えることになった。須田の勤める東亜部のデスクには連日、外電の山が築かれた。その処理に追われ、ようやく一段落がついた四二年一〇月、須田に上海特派員への転出辞令が下りた。この東亜部内勤時代、須田は中国やアジアに関する勉強を猛烈におこなった。その一つの成果が『印度五千年通史』（柏楊社、四二年九月刊行）の出版だった。しかし、初めて書いたこの書物の中で須田は後々悔やむ記述をしている。最終章の第八章「一九一九年以降」の最後のくだりだ。

「偉大なる一二月八日の朝、電波はここ印度半島にもその烈々たる『アジアの感情』を傳へた。長い搾取と欺瞞の上に寝そべってゐたイギリスの帝国主義者どもは色を失って慄えた。だが搾取され、欺瞞され、弾壓され續けてゐた印度民族にとっては、それはまさに天啓だったのである。印度四億の民は、いま新しい黎明の前に立ってゐる」

須田の長男・大春所蔵の本書には毛筆で「謹呈　父上様　禎一　昭和一七年初冬　上海行キ前一ケ月」と署名をしている。端正なすっきりとした筆跡だ。だが、本書の締めとも言うべき文章には、随所の強調表現もあって、須田らしからぬ気持の高揚と不自然さを感じる。そして、何より日本軍の「真珠湾攻撃」をアジア解放につながるものとして賛美しており、「大東亜共栄圏」構想に乗ってしまったとしか言えない。ここで「アジアの感情」という表現を用いたことについて、戦後の著書で須田は遠回しにこう弁明している。

「人間の歴史を、〝東〟とか〝西〟とかの区別なしに全一のものとして考察したい、という意図がぼくの胸に醸成していった。〝大アジア主義〟とか〝東洋の精神美〟とかは、ぼくの辞書にはなかった。たまに〝アジアの感情〟とか〝アジア人の心〟とかペンにすることはあったが、ぼくにとってそれは、時局の重圧に押されて、反帝国主義の心情を妥協的に表現せねばならぬ〝奴隷の言葉〟にすぎなかった。そういう表現をするとき、ぼくははずかしさに赤面した」（須田『思想を創る読書』）

「時局の重圧に押されて」妥協した「奴隷の言葉」だったというのだ。それにしても歯切れがよくない。須田三三歳の迷いであり勇み足だった、と私は見る。この年、二男の春海が誕生し、家族は妻と一女二男の五人となった。しかし、須田は一〇月、四歳の長女眞理子、三歳の長男大春、零歳の二男春海ら幼子を残し、単身で上海へ向かう。一家は都内の借家に住んでいたが、戦局が激しくなり、須田の「牛堀へ疎開しろ」との指示で須田の実家に身を寄せることになった。

ここで、当時の中国と上海の情勢について見ておく。中国は三九年九月の第二次国共合作以来、国民政府の下、挙国一致の抗日体制にあったが、それに先立つ三七年八月には第二次上海事変が勃発している。日中の軍隊の偶発的衝突をきっかけに、日本租界における市街戦から全面戦争に発展したのである。日本政府は戦闘を華北に限定するつもりだったが、これにより華中にも戦火が飛び火することになった。日本軍は上海を、さらに南京を陥落させた。対する国民政府は、首都を内陸の重慶に移して徹底抗戦の構えを見せた。負の歴史として深く刻印される、日本軍の「南京大虐殺」「重慶無差別爆撃」はこの時に起きている。

この攻撃の一方で日本は、国民政府で蒋介石に次ぐナンバー2の地位にあった汪兆銘の誘導工作を始めている。汪は日本との戦闘を負け戦と悲観し、それと同時に共産勢力の拡大を嫌い、国民を巻き込む蒋介石の戦法にも反発していた。近衛内閣（第一次）は、三八年一月、「帝国政府は爾後国民政府を対手とせず」との声明を発表。汪は三八年一二月、重慶を脱出、四〇年三月には南京に親日的な傀儡政権を作った。そして対日和平を呼びかけたのだが呼応する勢力はなく、もっぱら反共政権として、中国国内で勢力を伸ばす共産軍と闘うことになった。須田が上海に赴任した時、上海には日本軍の文武官僚とともに汪政権の要人らも常駐していた。

須田は、神戸から船で上海へ向かった。船は黄浦江を遡って上海の埠頭に着いた。朝日新聞の上海支局（後に総局に格上げ）は上海市北部、蘇州河の北側の虹口《ホンキュ》にあった。虹口地区は俗に「日本租界」と呼ばれていたが、正式の租界（中国の開港都市で外国人がその居留地区の警察・行政権を握っていた地域）ではなかった。日本人居留者が多いのでそう呼ばれており、日本の官僚や商社員たちもここに集まっていた。須田は、こうした日本人たちとだけつきあうのでは極東随一の国際都市上海に来たかいがないと考え、フランス租界に住むことにした。同租界は黄浦江の西側に位置し、繁華街の淮海路《ホワイルー》を中心に西欧的な美しい街並みを誇っていた。大杉栄が官憲の手から逃れて上海へ脱出した時に目指した地区であり、須田も大杉よろしく人力車をフランス租界へと走らせた。

須田が部屋を借りたのは、長期滞在をする外国人用のキャセイ・マンション（華夏公寓）の一室だ。ここでまず須田が始めたのは、中国語の学習だった。中国は国土が広いだけに、さまざまな方言があり、たとえば北京標準語と上海語ではかなり違い、須田が赴任した当時、北京語は上海市民になかなか通じなかったという。上海語にしても、蘇州や南京では通じない。さて何語を習うべきかと迷っているうちに任期が終ってしまうというのが、上海勤務の日本人記者たちの常だった。ましてや日本人居留地にたむろしているのだったら、本格的に中国語を習う必要性も感じなかったことだろう。

ところが、須田は違った。虹口を飛び出し、フランス租界に住んだ。とことん中国に入り込もうという気持だ。そして、中国はいずれ統一されると読んでいた。それならば北京語を習うのが当然と考え、『申報』という新聞に「北京語教師を求む」という広告を出した。上海で北京語教師を求めたのである。それでもたくさんの応募者があり、その中から須田は清芬《チンフェン》という名の震旦大学の女子学生を選んだ。

清芬は北京の生まれだが、三五年（昭和一〇年）に日本軍が北京、天津を「自治」の名のもとに「特殊地区」にしようとした時、これに反発した人たちとともに彼女の一家も北京を出て、上海に移り住んだ。陸軍、特に関東軍が満州国を独立国家にするだけでは飽き足らず、華北を国民政府の影響から分離させようと図ったことが背景にあった。こんな一家の歴史を背負っているだけに、彼女は授業には熱心だが、ムダ口を一切きかなかった。だが、やがて須田が軍国主義者でも日華親善派でもないことがわかると打ち解け、中国人の家庭生活を話したり、時に目に涙をたたえながら日本人の暴状を語り出したという。

この女性について須田は多くを書き残していないが、なかなか魅力的な人だったようだ。ユーモア交じりに、この個人レッスンのほほえましい情景を次のように紹介している。

「北京語には舌尖音とか翹舌音《ぎょうぜつ》とか、舌歯音とか、くちびると舌の微妙な作用による発音が多い。魅力的なくちびるや綺麗な歯なみを霊活な舌頭が出入することは、若いぼくには刺激が強すぎて、眼を伏せてしまう場合が多かった。すると彼女はぼくを叱った——〝よくみつめていないといつまでたってもおぼえられないじゃないの〟

ぼくの発音が今もっておぼつかなく、会話のつたないのは、この先生がアトラクティブすぎたゆえである」（須田『独弦のペン　交響のペン』）

このレッスンを二年半ほど続けたある日、彼女から「就職するから来られなくなる。妹に引き継ぎたい」との申し出があった。須田は「就職ではなく結婚だな」と直感したという。後任の妹は、姉とはちがってずっと子どもぽかった。姉とはそれで縁が切れたのだが、須田は清芬に相当な思い入れがあったのだろう。戦時中に須田が新聞以外のメディア、たとえば現地の邦字紙「大陸新報」に寄稿するようなときには「清川草介」というペンネームを用いており、これは彼女の名にちなんだものである。

さて、特派員としての須田の働きぶりはどうだっただろう。そのあたりを本人が率直に次のように明かしている。

「ぼくは上海特派員として記事は数えるほどしか書いていない。重慶で出している『大公報』や新四軍（注・第二次国共合作で紅軍が華南地区で再編された軍隊組織）地区の『解放日報』を素材にして抗日陣営の動向を記事にしたとき〝今や断末魔にあえぐ抗日支那は〟という、ぼくの書きもしないマクラが添えてあった。さっそく東京の東亜部あてに抗議したところ〝キミの記事は抗日陣営を褒めすぎているので、あのマクラを添えなければ大本営の検閲をパスしない〟との返事だった」（同）

確かに記事をあまり書かなかったようだ。それを裏付ける話を、私は朝日新聞のOBから直接聞くことができた。須田の当時のことを直接知っている朝日OBがいないかと探していた私の眼に、二〇〇七年七月二六日付夕刊「朝日新聞」の記事が飛び込んできた。企画「新聞と戦争」シリーズの「戦場の記者たち⑪」に上海総局員だったというOB記者・宮地健次郎（戦後は朝日新聞を定年退社後、武蔵大学人文学部教授。国際問題、現代アメリカ研究を専攻し、『ハル回顧録』の翻訳などもしている）の話が載っていたのだ。

記事中の宮地の年齢は九二歳となっているが、健在のようだ。一九四一年（昭和一六年）に入社したという宮地は、社歴で須田より八年後輩になる。記事によれば、宮地が上海総局に転勤したのは四四年（昭和一九年）五月。須田が上海総局に居たのは四二年一〇月から四四年一〇月の太原転勤までなので、わずか五カ月間ほどだが二人の在籍期間が重なる。私は僥倖にめぐり合えたとの思いで、記事掲載の翌月、埼玉県在住の宮地を訪ねた。宮地の口から聞かれた須田の姿は、本人が語るところと一致していた。宮地はこう語る。

「須田さんは何か超然としていて、支局の仕事はしなかったですね。彼は物事をよく見ていたから、日本の旗色が悪いと思っていた。筋の通った方で、原理原則をもっているという印象でした。少数派を応援する性格があったかもしれませんね」

やはり「書かない記者」であり、抗日勢力に肩入れする傾向もあったようだ。他方、この頃は書いてもなかなか紙面には掲載されなかった。紙の供給が滞り、紙面は四四年一一月からはわずか二ページだけとなり、夕刊も廃止されている。須田は「そのうちに新聞が紙不足でタブロイド版になったので、ぼくの怠けぶりも、それほど問題にされなくなった」（須田『独弦のペン　交響のペン』）と書いている。しかし、須田が記事を書かなかったのは、国策に協力しないという筋を通す面もあったのではないか。抵抗精神の須田流の表現、と私は見る。

「書かない」須田は日本の文武官僚らと付き合うのも嫌った。ましてや、汪政権の幹部らと話すのも好まなかった。こうした〝人種〟とは異なる人たちとの交友を広げていたようだ。大正のはじめに上海に店を開いた内山書店は、在上海の日中文化人のサロンとなっていた。創業者で店主の内山完造は魯迅との親交が厚く、完造の紹介で魯迅と面識を得た日本人は長谷川如是閑、金子光晴、鈴木大拙、横光利一、武者小路実篤、岩波茂雄らそうそうたる顔ぶれにのぼる（内山書店ホームページ「内山書店の歴史」より）。郭沫若の日本亡命を援助したのも完造だったという。もとより魯迅や郭沫若に関心が強かった須田が内山書店に出入りするようになったのは、ごく自然なことだった。

「内山書店へもたびたび行って完造さん（ぼくはいつもオジサンと呼んでいた）から話を聴いた。紅葉の坂道を薪背負って樵夫が行く〝南画〟をながめて魯迅が〝この人の感じているのは紅葉の美しさではなく、背の荷の重さだろうね〟と語ったという挿話は、感銘深く憶えている。内山のオバサン（四五年一月に上海で病死した）は、ぼくが単身で来任しているのを知って、こまかい身のまわりのことにまで気を配ってくれた」（同）

相当に親しくしていた様子がうかがえる。この内山書店に限らず、読書好きな須田は書店巡りもよくしていた。上海のフランス租界の南隣には城隍廟を中心とする「南市」と呼ばれる古いにぎやかな商店街があった。中国人だけの街であり、日本人からは「治安が良くない」と言われていたが、須田はこの街のごみごみとして曲がりくねった路地にまで入り込み、古本屋で『西行漫記』『続西行漫記』などを買い込んだ。前者は米国人ジャーナリスト、エドガー・スノーの『RED STAR OVER CHINA』、後者はスノーの妻、ニム・ウェールズの『INSIDE RED CHINA』のそれぞれ中国語訳本である。

スノーは三六年六月、西欧ジャーナリストとして初めて、「紅軍」として知られる中国共産党軍の指導者・毛沢東に会い、四カ月間にわたって取材している。三六年は西安事件の起きた年であり、八月に紅軍が国民政府下に編入され、九月に第二次国共合作が成立している。その直前から渦中の時期のインタビューである。国民政府軍に追いつめられた毛らの紅軍は江西省瑞金の根拠地を放棄、三四年から三六年にかけて陝西省延安まで一万二五〇〇キロに及ぶ行軍の「長征」を行っている。取材時には毛らの勢力圏は国民政府により封鎖されていたが、スノーは西安駐屯の東北軍の好意により封鎖を突破し、毛沢東の根拠地・保安（後の首都・延安よりもさらに西北の奥）に入り込んでいる。この書でスノーは、毛沢東と同志たちについて、各人の来歴やほとんど知られていなかった運動の歴史、その将来展望までを明らかにし、後にこの展望はことごとく的中もしている。須田はこう評価する。

「同じ中国人であっても、これら外国人の著書によってはじめて〝辺区〟（注・第二次国共合作期における解放区）の実情を知ることができた者が多かった。その意味でこの華訳は革命的な役割をもつ」（同）

中国人でさえ大方の人が知らない情報が、この本には盛り込まれていたのだ。須田もこれらの著作で目を開かされたことだろう。そうして中国を見る眼を養っていった。須田が上海でつきあった日本人の中に、村田孜郎というジャーナリストの大先輩がいた。須田と同じキャセイ・マンションの住人だった。村田は毎日新聞、読売新聞の東亜部長を歴任した人で、当時は日本大使館の嘱託をしていた。

村田は自分の部屋に来客があると、必ず須田の部屋に電話をかけてきて「何か食べに行こう」と誘った。若い女性のことが多かったが、ある日には総合雑誌『改造』の編集長・大森直道も村田、須田と食事を共にしている。「横浜事件」として知られる思想弾圧事件の発端とされた、ジャーナリストで政治学者・細川嘉六の論文「世界史の動向と日本」をその年の八月号、九月号に載せた雑誌『改造』の編集長その人である。会食時の様子を須田は、次のように記している。

「一九四二年の冬だったか、『改造』の大森直道君が東京から来た。村田さんと三人で深更まで痛飲した。あくる日村田さんから電話がかかってきた――〝大森君が警視庁からのお迎えで連れて行かれたよ〟。いうまでもなく横浜事件である。細川嘉六さんが『改造』に寄せた『世界史の動向と日本』は、ぼくもすでに読んで感銘を受けていた（細川さんとぼくが直接知りあったのは戦後のこと）。大森君の逮捕は、さすがに緊張させた」(須田『独弦のペン　交響のペン』)

雑誌はすでに発売されてどちらも売り切れとなっていたが、後から発禁処分とされ、細川嘉六が四二年九月一四日に検挙された。そして神奈川県警の特高警察は「細川グループ」なる組織が日本共産党の再建を図っているとでっちあげ、知識階級に広範な影響をもつ総合雑誌や思想関係の本を出版していた改造社、中央公論社、日本評論社、岩波書店などの編集者、細川の周辺にいた研究者ら計八〇人余を治安維持法違反の疑いで次々と逮捕した。凄惨な拷問により獄中で四人が死に多数が負傷するなど異常な取り調べがなされた、戦時中の一大思想弾圧事件である(裁判の判決は、敗戦後の四五年八月下旬から九月にかけての、治安維持法が廃止される一カ月前に出され、約三〇人が執行猶予付きながら有罪とされた。遺族らが今日までその再審を求めているが、二〇〇九年三月、横浜地裁は第四次再審請求に対して免訴の判断を下している)。

須田の表現は「一九四二年の冬だったか」とやや曖昧であり、一緒に痛飲した翌日に大森が逮捕されたことになっている。しかし、横浜事件関係の記録を調べると、大森は細川が検挙される前の四二年九月一日には編集長を引責辞任し、退社している。そして大森が検挙されたのは四四年三月のことだ。須田の「四二年冬」というのが四二年の一一月か一二月あたりを指すのなら、記録によれば大森は退社後に上海満鉄支局に勤務していて上海で逮捕されているので、ツジツマが何とか合いそうだ。しかし神奈川県警の事件なので「警視庁」とあるのは疑問だし、「逮捕」というのもまだ早すぎる。事情聴取のために連れていかれたのだろうか。

それはともかく、須田が緊張したのはまちがいない。国際都市・上海にはさまざまな情報が飛び交うとともに、進行中の「世界大戦の基調を巨視的につかむのにも好条件な土地」だった。そして須田は、「ドイツおよび日本の敗戦は必至だとぼくは感じたが、それが具体的にどんな形でくるか、見当がつかなかった。やっぱり日本は戦争継続派と和平派に分裂し内戦になるのではないか、とぼくには心配だった」（同）という。

須田と同様な思いをもつ日本人もいた。須田が中国に本格的な関心をもつきっかけは大陸旅行中の代議士・風見章からの一通の手紙だったことはすでに紹介した。三六年に上海を訪ねたその風見の案内役を買って出たのが、日森虎雄だった。日森は二〇年代のはじめに上海に来て以来、激動の中国情勢をずっと見続けてきた人物で、この時は満鉄と大使館から補助費をもらって日森研究所を主宰していた。上海転勤を知った風見が日森宛ての案内状を書いてくれていたので、須田はそれを持って日森を訪ねた。

研究所のスタッフには幾人かの日本人青年のほかに中国人もいた。この中国人が共産党の地下工作員とも連絡をとっており、日本の憲兵隊が警戒していた。日森を訪ねる須田に「憲兵隊ににらまれるぞ」と忠告する友人もいた。会うと、日森は腹を割ってざっくばらんな話をしてくれた。そして、いずれ中国は共産党の天下になると予言し、尾崎との親交があったことも打ち明けたが、ゾルゲの組織とは無関係だった。須田の評を借りれば、「古い大陸浪人のタイプから新しい容共インテリへの一つの過渡的人物像とも見ることができる」人間だった。

四三年（昭和一八年）九月二九日、尾崎秀実がゾルゲとともに一審で死刑判決を受ける。上海にもこのニュースは伝わり、須田は衝撃をもって受け止めた。五月以来計七回の公判を重ねた結果、尾崎らは治安維持法、国防保安法、軍機密保護法などの違反に該当し、極刑に値するとの判断だった。当時は、大審院―控訴院―地方裁判所という三審制をとっていたが、治安維持法違反事件は二審制だった。尾崎を尊敬していた須田は、遠く離れていて役に立てそうにない焦燥感に駆られていた。

一〇月のある夜、須田らは会合をもった。須田のほか村田、日森、さらに朝日の先輩で外交評論家だった千原楠蔵、朝日支局次長の宮崎世竜の五人が集まり、尾崎救援の方法を考えたのだ。まだ一審なのだから上告はできるだろうか、などと話をした。しかし、その場の空気はともすれば湿りがちで、意気が上がらない。すると突然、日森が「日本帝国主義の命脈はいまや尽きんとしている」と大きな声を出した。憲兵が眼を光らせている上海でのこと。須田は思わず周囲を見回した。日森の考えは、日本帝国主義はもう先が見えているのだから、何とかして死刑を回避させ「無期」へ持っていくことだというものだった。そして、同じように考えて動こうとしている尾崎の友人がきっと東京にもいるはずだから、そこと連絡をとろうという話になったが、いかんせん、その連絡すら困難な状況になっていた。結局、何もできなかったものの、須田は「憲兵政治下の上海で、こんな会合がもたれた事実は記録にとどめたい」(同)と書き残している。

須田が上海で交友を深めた中には中国人もいた。その一人が、郭沫若の義弟にあたる陶晶孫だ。陶は江蘇省の無錫出身で、父親は日本に留学して弁護士になり、子どもたちを日本に連れてきた。陶は東京の府立一中(現・都立日比谷高校)を卒業後、一高を経て九州帝国大学医学部へ進学。ここでやはり留学中だった先輩の郭沫若と文学活動を通じて知り合っている。九大卒業後は東北帝国大学へ入学し、理学部と医学部の教室に籍を置いて研究生活に入った。そして、一九二九年に上海の東南医学院に教授として招聘されている。

陶は毎日、フランス租界の西にある自然科学研究所へ通い、衛生学と細菌学の研究をしていた。須田はこの研究所を訪ねたり、陶の自宅に招かれたりした。一度会っただけで須田の人物を見抜いたのか、二度目の訪問の時にいきなり「尾崎さんを知っているか」と尋ねてきた。陶の弟が日本で病死した時に、その遺体を護って中国の陶家に送り届けたのが、当時の朝日新聞上海特派員の尾崎秀実だったのだ。突然の質問に須田は度肝を抜かれたが、そんな事実を知らされ、尾崎について知っていることを率直に陶に伝えたという。

須田と陶との交友の一端を、陶の息子の陶伊凡が次のように書いている。

「(須田が)上海の家によく来られたのを憶えている。ある寒い晩、ピアノのおさらいをしていると、内山老板(注・上海語で主人・旦那の意。内山完造のこと)と須田さんが、書物を抱えて入って来られた。父は丁度不在で母に『あの小父さん達は本を売りに来たの?』と訊いて笑われた。戦況が重篤な症状を呈し、特高がヒステリー状態になったので、内山老板のすすめで須田さんが赤本(注・共産主義関係の本だろう)を父の所に預けに来られたのであった」(『月刊たいまつ』臨時増刊号「須田禎一 人と思想」、陶伊凡「須田さんのこと」)

上海文化人のサロンとなっていた内山書店の店主・完造が出てくる。「内山老板のすすめ」とあるからには、これ以前にも内山—陶ルートで特高ににらまれそうな本の緊急避難がなされていたこと、須田がそうした「危ない」本をたくさん所有していたことがうかがえる。その恩恵に与ったのは須田だけではなかったことだろう。

日本から須田を訪ねて来る人も、しばしばいた。社の幹部のこともあるし、まったく関係のない人のこともあった。後者の中には作家の阿部知二がいる。上海に来るとキャセイ・マンションに泊まったので、二人はよく会った。その当時の須田のことを阿部自身が後にこう書いている。

「太平洋戦争末期の上海で、私は『朝日』の記者をしていた須田君とたびたび会った。彼はぶっきらぼうな男であった。そして、こんなことを言ったり書いたりしても大丈夫なのかな、と思わせるのであった。当時の軍官その他は魔都の毒気にあてられて、たがゆるんでいた点もあったが、それよりも、彼を独立自由たらしめたものは、彼の人柄である、と私はそのころから感じた」（戦後に須田が道新に移って初のコラム集『オリオンの楯』を出版した際、阿部が「図書新聞」五五年八月六日号で同書を書評した文章から）

須田は紙面に記事をほとんど書かなかったし紙面繰りも悪化していたが、口舌のほうは相変わらず活発で、鋭く時代の本質を衝いていたようだ。

朝日新聞の幹部としては、四四年春、緒方竹虎が上海を訪れ、須田を帯同して上海陸軍の下村定大将を訪ねている。緒方は「大正」の元号をスクープした記者であり、二・二六事件の際には東京朝日新聞の主筆を務め、社を襲った反乱軍を相手に悠然と対して反乱軍を引き揚げさせたというエピソードでも知られている。剛直な性格で、東京朝日の政治部長、編集局長、主筆からオール朝日の主筆兼専務取締役を歴任していた。ところが前年の四三年、社長の村山長挙と対立して主筆を解任され、副社長となった。四四年七月に退職しているので、上海を訪れたのはその直前のことである。

須田によれば、緒方は日本軍の満州以外を除く中国全土からの撤兵が必要と考えており、そうしない限り日本は戦争に負けると思いつめていた。緒方は下村大将とかねてより面識があり、緒方―下村会談には須田だけを連れて行った。須田は、突っ込んだ話がなされるものと期待をし緊張もしていたが、会談には東條内閣の参謀も同席したため、儀礼的な無内容なものになった。この後、緒方は帰国すると朝日を退職し、新発足した小磯内閣の国務相・情報局総裁に就任している。

この頃、日本の戦況はいよいよ悪化していた。東條英機は首相と陸相を兼任しており、四四年二月にはさらに参謀総長も兼任して権力を一手に握った。しかし、マリアナ沖海戦に敗北し、サイパン島陥落からグアム、テニアンと次々と失ったのをきっかけに、東條独占体制への不満が一気に爆発しだした。重臣、皇族らの内閣打倒工作により東條内閣は総辞職に追い込まれ、四四年七月、小磯国昭陸軍大将を首相とする内閣が成立している。緒方はその国務相に就いたのだった。

朝日関連の人物ではもう一人、須田が尊敬する大先輩の関口泰が、四四年秋に須田を訪ねている。関口は緒方と親しく、緒方を通して風見章とも知り合った。須田が筑波山で出会った当時は東京の論説委員をしており、三七年に風見が近衛内閣に翰長（官房長官）として加わった時には何くれと風見の相談に乗っていた。しかし、事態は逆方向に進むばかりで、うつ状態に陥った関口は三九年一一月に朝日新聞を退職している。以後、日本国内各地を旅して回る日々を過ごしていた。関口は父親が若くして上海に遊学していたこともあって、自身も子どもの頃から中国への関心が強かった。そこで、この機会にと上海の須田を訪ねたようだ。

須田は喜んで自ら案内役を買って出たのだが、ちょうどこの時に須田に辞令が出た。太原支局に支局長として転勤せよというものだった。太原は山西省の省都で、北方の要衝として栄えた二五〇〇年の

なかった。

支局長を経験させてやろうとの好意からだったのかもしれないが、須田にはけっして嬉しいものでは七年）に御家人から旗本にとりたてられるように感じた」というのだ。発令した本社側では、須田にも歴史をもつ古都である。この人事を須田は面白い表現で表している。すなわち「慶応三年（注・一八六

というのも、次のような読みがあったからだ。須田は抗日陣営の動きに関心を持ち続けていた。そして、いずれ戦争が終った時、山西省はかならず国民政府と共産党勢力間の内戦の主舞台になると見ていたのである。上海だったら日本人にも中国人にも、少数ながら心を許せる友人がいるし地理に詳しいから自分なりの仕事もできようが、太原で内戦に巻き込まれたらどうにもならない、と深刻に考えた。しかし「戦争終結」などと言うのは禁句だったのでそうとも言えず、ただこの人事に難色を示したのだが、本社には通じなかった。

それでも、「社費で華北見物をするつもりで一応赴任してみたまえ。秋の北京もいいぜ」と勧めてくれた友人があり、須田も「それもそうだな」という気になった。すでに航空便が少なくなっていたのと、関口が陸路で北京に向かうというので、須田も同行して赴任することにした。途中、南京に二泊し、関口とともに南京の北東郊外にある古刹・棲霞寺に寄っている。ここには〝五代〟の南唐の時に制作された舎利塔があり、釈迦八相図のレリーフがある。また砂岩質の岩壁に造営した石窟群も有名で、そんなあれこれを見物し、そこから長江をフェリーボートで渡り、浦口から津浦線の鉄道に乗った。そして、済南、天津を経て北京に向かったのだった。

鉄道に乗る際、須田たちにはある懸念があった。華北地方は第二次国共合作後に紅軍から改組され

た国民革命軍抗日第八路軍（以下、八路軍）の勢力圏内にあり、八路軍による列車妨害がしばしばあったのだ。上海を出る時、八路軍情報の収集を専門にやっていた友人が「最近は列車妨害などやらない。情勢が好転したからでしょうね」と奇妙な微笑を浮かべながら教えてくれた。実際に津浦線に乗って、友人の言葉の真意がわかった。誰にとっての「情勢好転」だったのか。もとより八路軍にとっての情勢好転だったのである。八路軍はもう列車妨害をする必要がなく、それと引き換えに列車は駅もない野原で長時間停車することがあった。中国人の乗客らはぞろぞろと降り、一キロも離れた売店へ焼餅や油条《ヨウティヤオ》を買いに行った。須田も一緒に買い出しに行き、こう悟った。名目上は日本の国策会社の管理下にあったが、事実上は八路軍によって動かされているのだな、と。

北京に着くと、須田は関口と別れ、友人たちを訪ねている。須田がペンネームで時々寄稿していた邦字紙「大陸新報」の親しい記者・小森武（須田が同業者では最も親しくしていた人物）が上海から北京の駐在員に転勤していた。小森に案内されて紫禁城を訪れ、武英殿の美術館に魅入られている。陶磁を主体とした展示内容で、その白磁、青磁の美しさに憑かれて幾日も通ったという。なぜ魅入られたのかを、須田はいささか感傷交じりにこう記している。

「これから赴任せねばならぬ山奥（上海や北京にくらべるなら、太原は山奥だ）、迫り来る日本の敗戦、それにどう対処すべきか、確たる方策も樹たないままに焦慮するぼくの心情に、きびしさと共にやさしみを帯びる青磁白磁がこよないものに映ったのであろう」（須田『独弦のペン　交響のペン』）

須田は朝日の北京支局（北支総局）にも顔を出した。支局員らと話すと、日本の敗戦を必至と考えてはいないようだった。須田の認識とは大きなずれがあり、それゆえに何を話してもザラザラとした違和感が生じ、その分、須田はイライラした。ひどく気難しい印象を与えたようだ。しかも、なかなか太原には向かおうとせず、北京でぶらぶらしている。支局長も気をもみだした。せっかくだから北京駐在の日本の文武官僚にも会っておいたほうがよかろうと忠告してくれたが、須田は苦笑を返すだけで、結局誰にも会わなかった。日本の敗戦必至との情勢判断についてはわずかに大陸新報の小森とは一致していたが、小森が辞表を出して帰国するつもりだと打ち明けたのに対し、須田はなお大陸に未練があった。残って何かやれる仕事があるのではないかと考えたのだ。

気は乗らなかったが、須田は太原に向かった。北京から京漢線に乗り、石家荘で石太線に乗り換え、西へ進んだ。太原の駅頭には若い支局員が迎えに来てくれた。この途中、須田は生々しい光景を目撃している。空地の凹みに赤ん坊の死体が捨ててあったのだ。これを須田は、日本軍の収奪の証拠と見ている。支局に着いても妙な光景に出くわした。支局の敷地内に防空壕があり、その前に「日本人専用」との札が立っているのだ。前の支局長が立てたのだろう。支局には中国人の使用人もいる。それなのにこの札はなんだ、と須田の顔面が引きつった。「立て札を捨てろ」。須田は支局員に怒鳴っていた。

上海や北京と異なり、太原の住民たちの生活は相当に困窮していた。ちょっと街を歩けば、それが手に取るようにわかった。日本人の記者クラブに行っても、みんなカーキ色の「国民服」を着ていた。背広姿は須田だけだった。反骨でちょっとヘソ曲がりの須田は、ふだんはネクタイを締めないのに、このときだけは意地になって派手なネクタイを着用して通した。

当時、国民服は戦争協力の象徴だった。記者たちも進んで背広を国民服に着替えた。だが、たとえば加藤周一は戦後（一九五九年）に書いた「戦争と知識人」という文章の中で、戦時中も戦争反対を貫いた知識人たち（作家の永井荷風、無協会派キリスト教信者で経済学者の矢内原忠雄、大内兵衛らマルクス経済学者ら）を「国民服」にからめて次のように評している。

「日本国中の積極的・消極的戦争賛美のただなかで、背広を国民服に着代えるように『思想』を脱ぎ捨てなかった人々である。『思想』は彼らの場合、国家に超越した。大熊信行流にいえば、彼らの場合、思想・価値・原則は映写幕に写る映像ではなく、かえって白昼の風景よりも現実的な現実であった。しかし総じてこの世代では、このように断乎としてその思想をまもりえた人々は、例外的な少数にすぎなかった」（加藤周一『日本人とは何か』講談社学術文庫）

加藤は「背広を国民服に着代えるように」と比喩的に使っているが、須田は実際、国民服に着代えなかった。そして、まさしく「思想」という背広も脱ぎ捨てなかったのだ。軋轢を恐れず筋を通した、その反骨ぶりはまだある。

山西開発という大きな国策会社があり、その総裁に張作霖爆破事件の首謀者として「勇名」をはせた河本大作大佐が退役して就いていた。退役したのに、周りは「閣下」と呼んでいる。着任時に河本の公館を挨拶に訪れてからは、須田は河本を訪ねることがなかった。ところが、元旦に河本の公館から支局に電話がかかってきた。元旦は、太原在住の日本人はみんな「閣下」に挨拶に出向くのが通例だという。支局には、日本軍の兵士で身内に朝日の社員と関係のある者たちが、次々と挨拶に訪ねてきていた。来る者は拒まず、と須田は酒を振舞っていた。公館からの誘いを「来客中だから」と何度も断ると、最後には秘書が直接やってきた。「来客というのはこの連中のことですか」と聞かれた須田が、「そうだ。ぼくにとっては大切な来客だ。来客をほっておいて外出はできない。御用なら閣下の方からこちらへお出でいただきたい」と断ったら、秘書は妙な顔つきで帰っていった。

こうしてあちこちでぶつかり、支局でも沈鬱な顔で通していた須田がただ一人、友人として付き合ったのが、洲之内徹だった。洲之内は戦後に美術エッセイスト、小説家、画商として名をなした人物だが、中国大陸へは軍属として来ていた。東京美術学校（現・東京藝術大学）建築科に在学中、プロレタリア運動に参加し、検挙されて退校処分となっている。そして故郷の松山に戻ってからも運動を続け、徴兵検査後に検挙・収監されたが、「転向」して釈放されている。中国へは軍の宣撫班員として渡り、対共工作と情報収集に携わった。しかし、須田が会った時には、軍から独立して「山西省農村問題研究所」を開き、中国人ばかりのスタッフを雇っていた。

こうした経歴からも、洲之内は華北の事情に詳しく、たとえば、太原から列車で半日あまり南にある臨汾という山西第二の都市が延安に通じる要衝で、彼我謀略の結節点になっていることなどを教えてくれた。洲之内の話を聴くにつれ須田は、毛沢東と蔣介石の路線が両立し難く、日本が敗れた後は大陸が国共内戦となる公算が大きいことを、以前にも増して確信するようになった。そうなれば、太原という土地は物騒きわまりないことになる。そこでどんな「太原特電」を打てるのかと疑問が募り、須田は本社の東亜部へ太原支局存続の意義がなくなったことを上申したが、どうやら幹部には通じなかったようだ。

四四年一一月七日、尾崎秀実がゾルゲとともに死刑に処せられた。四五年（昭和二〇年）になると、日本をはじめ枢軸側の敗色は覆いようもなくなった。年明け早々の一月、米軍はルソン島に上陸し、ソ連軍はナチス・ドイツの占領下にあったポーランドのワルシャワに入った。米軍は二月には硫黄島上陸作戦を開始し、三月には東京大空襲で日本本土に決定的な打撃を与えることになるのだが、須田は一月の時点で一大決心をしている。上海へ戻ろうと思い立ったのだ。太原ではやることがないが、「国際都市」上海ならこの大転形期に自分にも何かできることがある。いや、須田の表現を借りれば「任務」があると思ったのだ。そう思いつめた須田は朝日の社長宛てに辞表をしたためた。

太原を去るにあたって唯一の友人だった洲之内を訪ね、決意を伝えると、「今晩こちらから参上してお願いしたいことがある」と言う。夜になると、洲之内は温という中国人青年を伴ってやって来た。この青年・温廸泉は在米華僑を父にもち、抗日戦争が始まると父の郷里の広州に帰って運動に加わり、やがて延安の軍政大学に学び、八路軍の参謀長・左権の幕僚として戦線に立った人物だった。四三年に左権が戦死した際に温も傷ついて日本軍に捕われ、さらに重い熱病にかかった。しかし、八路軍の参謀という身分は日本側に知られなかったので、病気回復後の彼を日本側は病院の雑役夫として雇った。それを洲之内のスタッフが見つけて洲之内に紹介したのだった。

洲之内の研究所に引き取られた温青年は都会育ちだったせいもあったのか、山西の農村出身者が多かった同僚たちとはなかなか打ち解けなかった。すぐにも八路軍の戦線に復帰したかったのだろうが、日本の俘虜となった身ゆえにそうも行かない。しかし、革命への志はゆるぐことなく、そのうち同志たちとの連絡をつけたらしい。そんな動きを太原特別警備隊がかぎつけ、温は検挙されてしまった。洲之内は軍属だったので、軍には顔がきく。洲之内は軍司令部に出向いて頭を下げ、温を釈放してもらった。ただし、「温は参謀の公館に泊まるべし」という条件がつけられてきた。

温がこの条件をのむはずがなかった。太原脱出の賭けに出ることになった。洲之内は須田が辞表を書いたことを知っていた。辞表を出すには北京総局長経由でなければならない。須田がまずは北京に向かうことを知り、洲之内は温青年を須田の使用人ということにして途中まで同行させてやってほしいと頼んできた。須田はこれを快諾している。ただし、洲之内はこうした温の身分や事情について、この時点では須田に明らかにしていない。万一の場合に、事情を知っていて同伴したとなれば須田に迷惑が及ぶと心配し、語ろうとしなかったのだ。だが、温青年は須田を信頼し、自分が「八路軍」であることを隠そうとしなかった。須田は北京へ出てからその足で上海に行く予定だったので、温青年と上海で落ち合うことも約束した。

一月下旬の吹雪の夜、須田はリュック一つで温青年とともに太原駅から列車に乗った。洲之内が見送りに来てくれた。列車は石太線を東進し、石家荘を目指す。温青年は、河北・山西の省境にある娘子関を過ぎればあとは心配ないと言った。そこは岩や山が険しく聳え立つ大行山脈の真っ只中だった。その娘子関も過ぎ、石家荘に着くと二人は分かれ、温青年は南へ向かった。洲之内は、青年がもう南下したなと思われる頃合いを見計らって参謀部へ出かけた。「脱走した」と知らせに行ったのだ。日本軍は温青年が延安に逃げたと思い込み、追跡しようともしなかった。洲之内は戦後、この顚末を『鳶』という小説にし、横光利一賞候補になっている。私が洲之内の経歴にカッコ付きで「転向」と書いたのは、こんなエピソードゆえである。

北京総局では、局長が須田の辞意をひるがえさせようとした。しかし、須田に辞意を決意させた最大の要因は日本の敗戦が必至ということにあり、それを説明したかったが、それを率直に言うことはできなかった。そうして話がすれ違ったまま、中途半端な気持のまま、須田は北京を離れ、上海に向かって南下した。途中、南京支局に寄った。上海支局次長だった宮崎世竜がここの支局長になっていたからだ。この時の様子を宮崎は次のように書き残している。

「彼は太原時代のことを語り、また日本の敗戦近し、と時局についてズケズケと語った。当時はそれはすべて禁句だったのである。私は彼のはげしさがいささか気になり、上海は華北と事情が異なるから言動を慎んだ方がよいと注意した程である。また彼は朝日をやめるかも知れないと言ったので、私はそれは極力とめた」（『月刊たいまつ』臨時増刊号「須田禎一　人と思想」、宮崎世龍「朝日新聞の同僚として」）

須田の著書によれば、宮崎とのやりとりはこうだ。

「彼（注・宮崎）はぼくの謎のような言葉の真意を理解してくれたようである。そして最近とみにきびしくなった上海の憲兵政治の実情を話してくれた。〝朝日の社員であるあいだは憲兵も遠慮するだろうが、朝日を辞めたらキミはぶちこまれはしないか〟という憂慮を言外にほのめかしたもの、とぼくは受け取った。ばくは彼の友情に今でも感謝している」（須田『独弦のペン　交響のペン』）

須田本人の思いとしては、宮崎に対してもあけすけには話していないようなのだが、宮崎側の受け取りは違う。とうてい「言外にほのめかしたもの」とは言えない話しっぷりだったのではないか。晩年まで一貫している須田の一徹で率直な人柄が、ここでもうかがえる。

四五年一月下旬、須田は百余日ぶりに上海に戻った。このわずかな間に上海の状況も厳しくなっていた。戻ってほどなく、米軍の日本本土への空襲が始まり、硫黄島にも上陸してきた。補充兵の召集がなされ、召集のない須田ら記者に対する訓練も回数が増えた。宮崎の忠告もあったが、須田自身で考えても、定職のないままぶらぶらしていたのでは官憲に余計に警戒されるのは明白だ。自分の読みの甘さを思い知らされていたところに、朝日の本社から「出版局の上海駐在員にならないか」との勧めがあり、須田はそれを受け入れることにした。

以前に住んでいたキャセイ・マンションは日本軍に接収されていたので、須田は虹口の社宅の一室に住むことにした。上海で落ち合った温青年もここに一緒に住むことにした。温という名も本名ではなかったようだが、ここでは陳と名を変え、須田の中国語教師とふれこんでおいた。陳青年は朝食だけ社宅でとり、昼間は毎日外出した。食堂で社員と顔を合わせても青年から挨拶をすることは少なかったので、「無礼な奴だ」と須田にかみつく上長もいた。須田はその場では詫びたが、内心ではこう思っていた。「彼を食堂への闖入者扱いする者は、自分たちが中国への闖入者であることを忘れている」。そう考えたから、青年にはそんなトラブルについては一切話さなかった。陳青年は一カ月ほど同居した後、「ちょっと遠くへ旅をします」と断ったまま去って行った。

陳青年は若さに似合わず、いつも沈着冷静だった。日本の軍警と国民党の特務分子にはさまれ命の危険にさらされていたはずだが、立ち居振る舞いにギスギスしたところがなかった。筋金入りの革命家だったのかもしれない。須田にしても、この青年を匿っていたことが明るみに出れば容易ならぬ罪に問われかねないのに、多大な危険をあえて冒している。、上海で何かやらねばとの決意で来たのに、結局、朝日の社員から抜け出せなかったことへの埋め合わせの気持からだったという。

出版局の駐在員としての仕事は、出版局が出していた『大陸画報』という中国語のグラフ誌の取材と編集をすることだった。太原に赴任する前からその手伝いをしていて、たとえば陶晶孫の故郷の無錫へ行って有名な泥人形の制作工程を取材したこともある。もともと中国に限らず古今東西の文化への関心が強かった須田ではあるが、取材対象にはあえて戦争に無縁の風物を選んだ。宣撫的な色合いを極力出したくなかったからだ。須田の取材にはいつもカメラマンのS青年が同行した。

Sの母は日本人、父は中国人だった。Sは日本人と結婚し、妻の兄が朝日のカメラマンだった縁で朝日に入社した。蘇州語や寧波語も達者だったので、須田の取材パートナーとしては重宝な人材で、須田は取材と称してこのS青年と一緒にあちこちへ出かけた。Sに日本国籍はあったが、兵籍はなかった。ところが四五年春になると突然、Sにも現役として入営せよとの通知が来た。日本軍はそこまで追い込まれていたのだ。Sは自分の出自から入営後にいじめられることを懸念していた。須田は彼を励まし、妻と幼児を日本へ帰国させた。陸軍報道部を通じてSに「特別のはからい」を頼んでみたりもしたが、効果はなかったようだ。入営後に須田が訪ねると、Sはげっそりとやつれていた。

ある日、憲兵が支局（総局）に現れた。Sが兵営から脱走したというのだ。「朝日の社員だから、一〇日以内に復隊すれば何事もなかったことにする」という。さらに須田の顔をジロジロと眺めながら「あなたは手紙に、戦争はやがて終わるだろうから、とお書きになったが、どういう意味ですか」と尋ねてきた。Sが短気を起こさぬようにと心配して書いた、S宛ての手紙の文面を読まれていたのだ。須田は返答に窮した。朝日の社員だから不問にされたが、社員でなかったら重大な結果を招いていたことだろう。

憲兵が去ると、支局の責任者は「朝日の社員から多数の応召者が出たが、脱走者は初めてだ。軍ににらまれると全社の運命にかかわるから、みんなで手分けして一〇日以内に探して連れ戻そう」と言った。須田は腹を立て、こう言い放った。

「一憲兵下士官の約束がどこまで信用できるのか。戦局悪化でヒステリックになっている軍は銃殺するかもしれない。彼が万一われわれの所に現れたら、とことん逃げろとぼくは勧めるつもりだ」(同)

S青年は敗戦後の八月一八日になってから姿を現した。広東人の親戚を頼って転々としていたそうで、この後、日本へ引き揚げたが、脱走経験をもつSに朝日の空気は冷たかったようで、ほどなく朝日を辞めている。須田は「彼が兵営を脱走したのは、臆病ゆえではなく、むしろ屈辱を屈辱として感じる正常な心情をもっていたからである」(同)と評している。

朝日の支局では短波の聴取などによる独自の情報収集も行っており、須田もさまざまな情報をいち早く入手している。たとえば、連合国側のポツダム宣言(七月二六日)、広島(八月六日)・長崎(八月九日)の原爆投下、ソ連の対日宣戦布告(八月八日)なども、日本国内(内地)より早く、かつ具体的に知ることができた。日本の戦後の社会体制を決めることになるポツダム宣言について、須田は他の人たちが注目しなかったある条項に強い危惧を抱いた。

ポツダム宣言は英米中三国の名で日本に降伏を勧告したもので、日本政府は八月一四日にこれを受け入れて全面降伏している。戦後の占領政策の基点となった宣言である。内容は日本を侵略戦争に駆り立てた軍国主義の絶滅、カイロ宣言(四三年一二月発表。連合国の対日基本方針となった)の実行と日本の領土を北海道・本州・九州・四国と連合国が決定する諸小島に限ること、日本の民主化促進など全部で一三項目から成る。須田は「ある面では寛大だが、他の面では苛酷である」と見た。とりわけ連合国が日本本土を軍事占領する条項に「苛酷」を見ていた。

それは、他国が日本を軍事占領するのが有史以来初ゆえという点にあった。よく敗戦が初めてと言われたが、古代にまで遡れば日本は敗戦体験をもっている。六六三年の白村江の戦いがそれである。朝鮮半島の白村江で倭国は唐・新羅の連合軍に敗れ、これを機に天智天皇は半島経営を断念して大化の改新に専念した。他国に本土を占領されることこそ日本人にとっての初体験であり、それゆえにどれほど辛いことか、と須田は考えたのだ。その辛さを想像することは須田にとって容易なことだった。須田はこう書く。

「日本軍の占領下におかれた上海市民の苦痛を、自分の苦痛として感じ取る神経さえもっていれば、じゅうぶんにわかるはずのことだ。蘇州河にかかるガーデン・ブリッジには日本の水兵が昼夜立哨している。日本人も中国人も、その前を通るときはアタマをさげねばならない。それがいやさに、わざわざ遠まわりした中国人がいかに多数いたことか、ぼくの直接知っている知識人だけでも数えきれない。加害者としての意識が不足していたから、ずるずるべったりに被害者になってしまった、とも言い得よう。軍事占領下の中国で、中国民衆を虫ケラのように扱っていた一部の日本人が、こんどはＧＨＱ（注・連合国最高司令官総司令部。ＧＨＱ／ＳＣＡＰの短縮形）の前に虫ケラのように這いつくばる。〝無神経〟という点では一致する」（同）

上海に在って、あるいは北京に在って、そして太原に在って、須田の眼は常に中国人の眼差しを共有していたのだ。そこから想像すれば、外国に自国を占領される屈辱とその辛さは自明のことだ。須田は、日本が降伏する前に他の条項を即時全面的に受け入れることで軍事占領だけは免れる方法はないかと真剣に考え、官僚や知識人たちに説いて回った。だが、彼らの多くはむしろ台湾や朝鮮への未練が強く領土条項のほうに関心が強かった。

ポツダム宣言受諾についても須田は、八月一四日に最終回答が出されていたのを知っていたので、翌一五日の「玉音放送」に何の感銘も受けなかった。むしろ天皇の地位をめぐって受諾するかどうか一進一退をしていることに、苛立ちを覚えたほどだった。こうして戦争は終った。本土の新聞各紙は掌を返すように、民主主義を賞揚する紙面づくりに邁進した。

事情は上海でも似たようなものだったが、邦字紙の大陸新報はほどなく国民党政府に接収された。そして、湯温伯将軍が第三方面軍を率いて上海に進駐し、その宣伝担当者がこの新聞に目をつけたのだ。そして、在住日本人の「精神改造」を図るねらいで「改造日報」の発刊準備を始めた。それと前後して、須田の前からぷっつりと姿を消していた温（陳）青年がひょっこり現れた。共産党の宣伝活動が国民党に比べて立ち遅れているので、どこかから紙を調達してくれないか、と頼みこんできた。早速、須田はあちこちに当たったが、軍をはじめ日本人のもっている紙はすでに国民党側に引き渡されていた。その須田に、国民党側から「改造日報」に参加するよう要請があったが、断っている。ようやく日本軍閥から解放されたのに、似たような中国軍閥の御用を務めるのはご免という気持が強かったのだ。

敗戦となった以上、外地に居た日本人は本土への引き揚げを始めることになる。敗戦からわずか一八日目の九月二日には、引揚げ船第一号「興安丸」が朝鮮半島南端の釜山から山口県仙崎港に入港した。だが、日本は戦時中に大量の輸送船を徴用して多くを失っており、船繰りがつかず、引き揚げはなかなか進まなかった。そこで秋からは引き揚げ援護事業がGHQの管轄となり、翌四六年（昭和二一年）三月にはGHQ司令部から「引き揚げに関する基本方針」が出され、米軍のLST（中型の戦車揚陸艦・上陸用舟艇）、リバティー船（一万トンの規格型輸送船）が投入された。しかし、敗戦時に海外にいた日本人は軍属三五〇万人、一般人三一〇万人の計六六〇万人といわれ、引き揚げは依然として捗らなかった。

須田も上海で足止めを食っている。といっても、須田はもともと日本と中国のために何かしようと自ら「任務」を自覚して上海に来ていたのだが、その読みが甘かったことはすでに見た通りだ。「改造日報」の手伝いを断った須田に、四六年一月早々、国民党の知日派として知られる大物・王凡生から会いたいとの要請があった。王は湯恩伯将軍とは別の系譜に属し、湯のやり方に批判的な意見をもっていた。その王が、日本語の雑誌を創刊したいので須田にやってほしいと言うのだ。

須田は「編集をすべてまかせてくれるなら、やってもいい」と答え、その準備にとりかかった。須田を入れて編集スタッフは全部で七人。この中にはまだ無名の堀田善衛（後に作家）、名和献三（後に立命館大学教授）らがいたし、原稿を武田泰淳や小岩井浄（社会運動家、後に愛知大学学長）らに依頼した。なんとも豪華なメンバーである。創刊号の原稿がそろい、誌名も『新声』と決まったのだが、いざ印刷に回す段になってトラブルが発生した。突然、巻頭に蔣介石総統の写真を入れてくれとの要請が出されたのだ。「編集の完全委任」との約束だったので、須田はその要請をがんとしてはねつけた。これには懐柔や脅迫も受けたが、須田は断り続け、結局、スタッフは解散、寄稿者には事情を説明して原稿を返却した。日の目を見ていたらユニークな雑誌が登場したはずだが、ここでも須田は迷走を続けた。

引き揚げが進まずに上海で居食いを続ける日本人の間では、短歌や俳句、木版画、英会話などを学ぶ、さまざまなグループが誕生した。須田はこのうち、中国明代の王陽明の語録『伝習録』と初歩ロシア語を学ぶ集まりだけに参加した。前者は、この機会に中国の伝統思想をしっかりと勉強しようとの意欲が湧いたからだった。それ以外は、もっぱら書物に埋もれる生活をしていた。南京の支局長だった宮崎世竜が再び上海総局に転勤し、いったん兵役で召集されたものの敗戦で現地除隊となり、上海総局に戻っていた。宮崎の目から見た須田の当時の姿がこう描かれている。

「敗戦後、上海の日本居留民は騒然としていた。朝日上海総局では十人近くの者が合宿したが、彼（注・須田）は宿舎三階の屋根裏に立て籠もったまま、食事のとき以外にはめったに降りて来ない。ある日のぞいてみると、書物の中に埋ってしきりにメモをとっていた」（『月刊たいまつ』臨時増刊号「須田禎一　人と思想」、宮崎世竜「朝日新聞の同僚として」）

周囲のあわただしさとは一線を画し、須田はひたすら「充電」に励んでいたようだ。日本の敗戦後、つまりは中国の解放後、上海の街にはさまざまな出版物がどっと溢れだした。須田は郭沫若が四二年に書き上げた『屈原』を見つけた。この戯曲がすでに重慶で上演されて大好評だったという評判を聞いていたこともあり、一読して強い感銘を受けた須田はすぐさま翻訳にかかっている。このほか、『魯迅全集』全二〇巻、毛沢東の『矛盾論』『実践論』なども読破している。まさに書物に沈潜する日々だった。といっても、暮らしぶりのほうは、当初一人で住んでいた部屋に三人が寝起きする窮屈なものになっていた。

さらに、国民党政府の腐敗ぶりが次第に目につきだし、党特務機関の監視の眼は中国人の容共知識人だけでなく、日本人の容共インテリにも向けられ出した。その上、米国のＣＩＡ（中央情報局）も活動を始めた。そんな状況というのに、須田は『新声』の件で国民党の要人と正面から衝突したわけで、友人たちは「ぐずぐずしていると、国民党特務のアカ狩りに巻き込まれるぞ」と心配してくれた。須田もいよいよ潮時と考えざるを得なかった。むなしい思いいっぱいに、須田はリュック一つを背負ってLSTに乗り込んだ。四六年三月三一日、船は博多港に着いた。

第３章
教師に、そして道新へ

須田の家族たちは牛堀の実家に身を寄せていた。当時、NHKのラジオでは毎日二回、「尋ね人」の時間があり、長女の眞理子は母ヒサとともに廊下の突き当たりに設置してあったラジオの下で背伸びをしながらそれに聴き入った。消息不明の人たちの手がかりを得る番組であり、それを聴いていたということは禎一本人から家族のもとには何の音信もなかったことになる。そんなある日、眞理子が縁側にいると、広い庭の向こうから見知らぬ男が入って来た。

「私が見つけました。それがお父さんとは思わず、見るからに近所のおじさんとは違う、どこから来たか知らない人という感じでした。父と最後に会ったのは私が四歳くらい、下の春海が零歳でしたからね。髪がふさふさしていた人が薄くなっていて、老けて見えました。まだ四〇歳前だったのですけど、イメージがずいぶん違っていました。母もびっくりしていました」

長女の眞理子はこう回想する。再会時、長女眞理子は八歳、長男大春は七歳、そして二男春海が四歳となっていた。須田の上海赴任が四二年一〇月、牛堀への帰還が四六年三月、三年半の中国特派員生活だった。この間に幼子たちは見違えるほどに成長した。日々、その姿を見ていても驚くほど変化する時期である。離れてはいても、父親として関心が無いはずはない。しかし、須田は家族にろくに連絡もせず、大陸で何か為すべき使命があるはずと思い込み、引き揚げにさえ後ろ髪を引かれるほどだった。須田が上海支局で二年目を迎えた時に妻のヒサ宛てに出した手紙が残っている。当時の心境を偲ばせる内容だ。

「志を天下につなぐ士の妻はいつの時代でも苦労を背負わねばならぬものである。幸か不幸か、お前

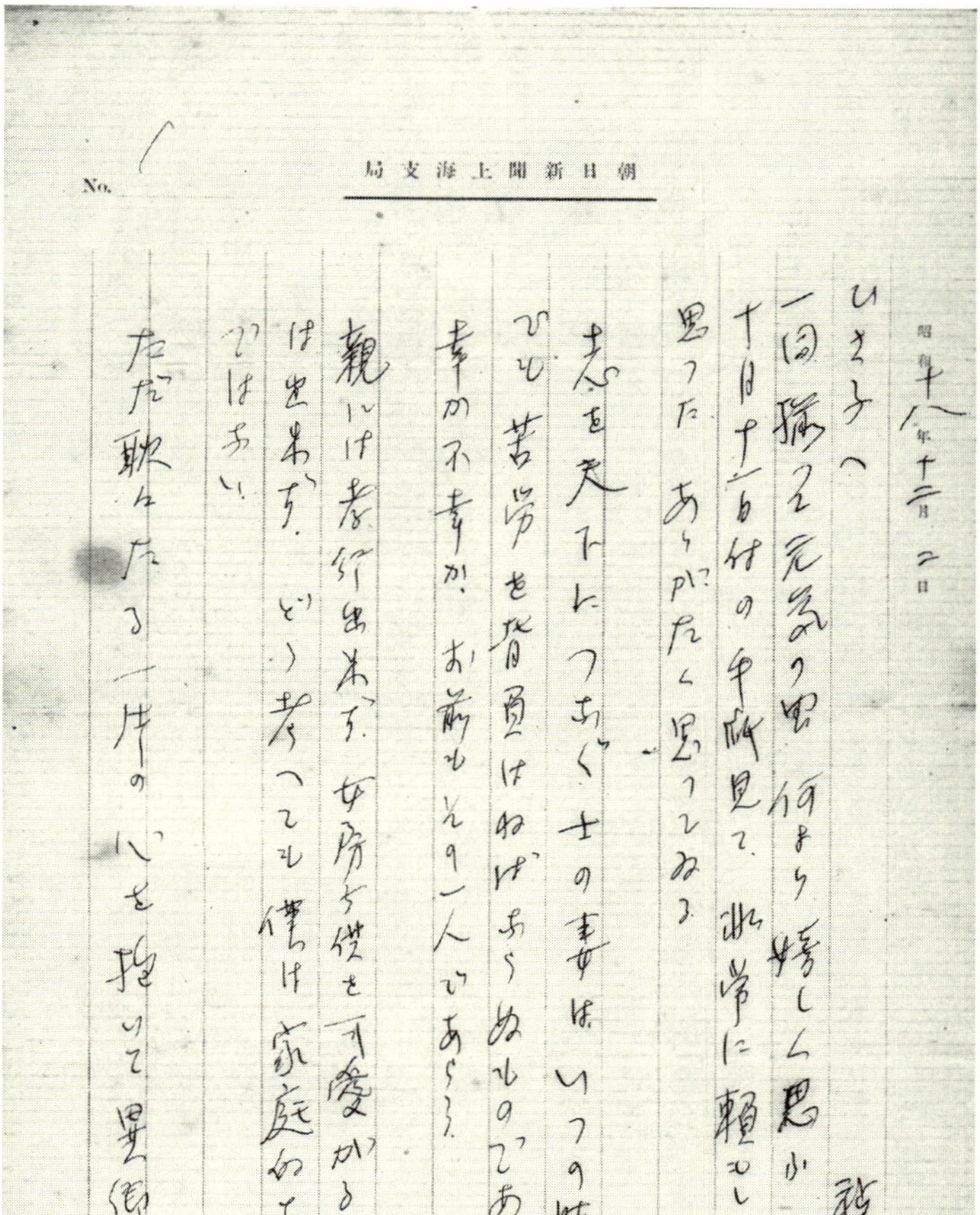

朝日新聞上海支局

No. 1

昭和十八年十二月二日

禎一

ひさ子へ

一同揃て元気の由何より嬉しく思ふ

十月十六日付の手紙見て非常に頼もしく

思つた ありがたく思つてゐる

志を天下にもつ士の妻はいつの時代

でも苦労を背負はねばならぬものである。

幸か不幸か、お前もその一人であらう。

親には孝行出来ず 女房子供を可愛がること

は出来ず、どう考へても僕は家庭的な人間

ではない

ただ耿々たる一片の心を抱いて異郷に

上海支局勤務２年目の須田が妻ヒサに書き送った手紙。

もその一人であらう。親には孝行出来ず、女房子供を可愛がることをは出来ず、どう考へても僕は家庭的な人間ではない。ただ、耿々たる一片の心を抱いて異郷にあり、志は名誉にあらず、蓄財にあらず、ただ『新しき明日』のために身を捧ぐるのみ。希くは三人の児を、附和雷同の凡庸児たらしむことなく、独立自主、みづから信ずるところあらば世論にまどわず、真理にまい進する精神を滋養されたし」

（四三年一二月二日）

「新しき明日」に希望を託す心情にあふれる一方、須田は家庭的な人間になりえない自分を詫びてもいる。自らを「志を天下につなぐ士」と称するあたりには、相当に思いつめた気持のありようもうかがえる。とにかく中国にいた須田は、自らの志の追求で手一杯だったのだ。そして、博多に上陸し、東京へ戻ったというのに、その足ですぐに牛堀に向かったのではなかった。

まず朝日の本社に顔を出している。そして、東亜部の部長だった橋本登美三郎が四五年に辞職し、四六年春の衆院選に諸派・無所属で打って出たことを知る。この選挙は旧憲法下の最後、敗戦後初の総選挙であり、四月一〇日が投票日だった。ちなみに朝日がらみの人間では他に、自由党から河野一郎（元政治部長）、原田譲二（元専務）、石井光次郎（元専務）、社会党から田原春次（元横浜通信局）、河野密（元外報部）、諸派・無所属から篠田弘作（元千葉通信局長）、志賀健次郎（元政経部）の計七人が出馬している（今西光男『占領期の朝日新聞と戦争責任』朝日選書）。橋本は須田の上司だっただけでなく、潮来町（現・潮来市）の出身で旧制佐原中学の卒業生という、郷里と学校の先輩でもあった。その選挙戦真っ最中に帰ってきたものだから、応援にかり出され、茨城県下を回っていた。そして帰京三日後に牛堀に戻ったのだった。

子どものうち上の二人には父親のかすかな記憶はあったかもしれないが、下の春海にはまったくそれが無かった。ある日突然、知らないおじさんがやって来て、なんだか知らないけれど自分たちと一緒にいるという感覚しかなかったのだろう。しばらくして春海は母に「あのおじさん、いつまでいるの」と聞いた。このひと言は須田にとって衝撃だった。東京からの帰りに須田はぴかぴかの三輪車を買って来た。戦後すぐのお金も物資もない時である。妻のヒサは「そんな高いもの買うお金がどこにあったのですか」と怒った。そこまでしてでも、父親としての存在感を示したかったのかもしれない、と眞理子は須田の気持を推し量る。空白期間の大きさをうかがわせるエピソードだ。

須田の家族の牛堀疎開は、須田の帰国後もしばらく続いた。なにしろ鉄道は利根川対岸の佐原までしか通っておらず、しかも、切符も入手難だったので、牛堀から東京の職場に通勤するのは無理だった。妻子を実家に置いたまま、須田は一時、都内の知人宅（一足先に帰国していた「大陸新報」の小森武宅）に身を寄せた。

本社に戻った須田は東亜部に所属した。当時の東亜部は「残骸」のような状態だった。毎日出勤する必要はなく、須田は寄寓先で郭沫若の戯曲『屈原』の翻訳初稿を完成させたりもしている（五二年に未来社より刊行）。しかし、さすがに引き揚げ後初めてとなる四七年の正月には、家族とともにゆっくりと過ごしたいと思った。ところが、佐原（総武支線）までの国鉄の切符がなかなか手に入らない。そこで須田は、浜松支局で世話になった柴田清一郎が今は千葉支局長になっているので柴田に頼めばかんたんに手に入るだろう、と思いついた。

切符の手配を電話で頼み、直接もらいに千葉まで出向いた。千葉までは電車区間だったので、自由に往き来できたのだ。柴田夫妻は須田の来訪を心から歓迎し、切符を渡してくれた。だが喜んだのも束の間、須田は自らの不明を恥じなければならなくなった。寒風吹きすさぶ中、柴田の妻が早朝から一般の人と同じ列に並んで切符を買ってくれていたのだ。支局長だから国鉄に電話一本かければかんたんに切符が手に入るだろう、と須田は考えていた。しかし、柴田は取材先との癒着を厳しく自戒していた。馴れ合いが生ずれば報道の厳正を傷つけられる恐れがあるからだ。出張先でビールを飲み食事を済ませて帰って来た須田を、みずからは晩飯をとらずに待っていた浜松支局長時代の柴田そのままだった。須田は自らのタガが緩んでいたことを激しく恥じた。

物資不足の時代。ヤミで物を手に入れるのが当たり前となっていた。食うや食わずで餓死する人も少なくなかったのだから、鉄道の切符一枚ぐらいという安易な気持があったのかもしれない。ましてや、新聞記者は「特権的」な地位にもあった。むしろ柴田の高潔な姿勢こそ特筆ものだったのかもしれない。自らを素直に恥じた須田も、その柴田に連なる人間だろう。だが、本社の職場では須田への風圧が次第に高まっていった。

須田は尾崎秀実や日森虎雄の影響もあって、中国共産党の動向に注目し、その力量を高く評価していた。敗戦後の上海では、国民党やその軍の腐敗ぶり、反人民的な言動にも直接触れた。そうして、いずれ共産党が力を伸ばすことを確信していた。その予測を、須田は朝日の幹部らに大胆に話した。その中には敗戦時の報道第一部長から局次長を経て一気に社長になったばかりの長谷部忠なども入っていた。ところが、四六年六月から中国で全面的な内戦が始まると、米国が支援した蔣介石軍が人民解放軍を追い詰める情勢となった。朝日の社内でも大多数が、蔣介石が断然有利と見た。須田は微妙な立場に立たされるようになった。

「須田君の見解は科学的・客観的ではない。感情的な毛沢東びいきにすぎぬといったかげぐちが社内のあちこちでなされた。なかには面とむかってぼくを揶揄するものも出た。〝もっと長い眼で情勢判断しろ〟とのぼくの言葉は、負け惜しみにしかひびかなかった。そのうちに、ぼくを弁護してくれる先輩・友人にまで迷惑のかかるような空気さえ現れたのである」（須田『独弦のペン　交響のペン』）

須田の予測が正鵠を射ていたことは後に現実が証明してくれたが、この時の須田は社内で孤立していた。それに追い討ちをかけたのが、二・一ストだった。このストは当時の政治情勢や新聞界の実情とも強くからむので、多少説明を加えておこう。

戦時中に労働運動は禁止され、労働組合も解体されていた。しかし、ＧＨＱは民主主義を育てるためには労働運動の育成も必要と考え、労働組合が勢力を拡大するのを容認していた。共産党と労働右派の勢力それぞれの指導で運動が高まり、戦争直後の激しいインフレの中、各産業で次々と労働争議が発生している。

新聞業界でも、鈴木東民が率いる読売新聞労組が正力松太郎社長の退陣をはじめとする新体制への出直しを認めさせた（第一次読売争議）ことで、この動きが全国の新聞社にも広がり、敗戦時に存在した五六社中、四五年末までに社長以下幹部の引退した社が四四社にのぼっている。また、ＧＨＱの要請を受けて経営側が四六年七月、「日本新聞協会」をつくったのに対抗するように、それまで新聞単一労組だったのを、「日本新聞通信放送労働組合」へと改称し、労働界の統一組織結成に乗り出している。そして、石炭、国鉄、印刷、通信、教育、船員など主要二一の産別組合、計一六〇万人が参加する「全日本産業別労働組合会議」(産別会議)が結成された。右派も戦時中に大日本産業報国会に合流した日本労働総同盟の後身として日本労働組合総同盟を立ち上げた。さらに九月には全官公労も結成されている(今西『占領期の朝日新聞と戦争責任』など)。

時の政権は、皇族の東久邇稔彦、外交官の幣原喜重郎を経て、四六年五月から吉田茂が第一次内閣を組んだ。そして、GHQ、吉田内閣を背にする「総資本」と共産党が支援する「総労働」が全面対決する局面へと進む。一一月になると、全官公労共闘が待遇の改善や越年賃金を要求したが、内閣は満足な回答をせず、労働運動は吉田内閣打倒へ向かった。四七年一月、吉田首相は年頭の辞で「政争の目的のためにいたずらに経済危機を絶叫し、ただに社会不安を増進せしめ……」という「労働組合不逞の輩」発言をした。組合運動を指し、不逞の輩が社会不安を煽っていると非難したのだ。これには労組側が一斉に反発、ゼネストの実施を決定する。要求受け入れ期限を二月一日と指定し、拒否されたら無期限ストに入ると政府に通知した。

朝日の社内でも、このストに参加するかどうかを巡って議論が活発になされた。前年の四六年秋には「産別会議」は「一〇月攻勢」を打ち出し、その先頭に新聞単一労組を立て、新聞ゼネストを決行する構えだった。新聞単一の委員長は朝日新聞の聴濤克巳であり、同時に産別会議の議長だった。だが、この新聞ゼネストはGHQと吉田内閣の圧力により挫折、朝日をはじめ主要紙は軒並み脱落し、地方紙とNHKを中心とする二四社がストを実施するにとどまった。聴濤は新聞単一の委員長を辞任したが、産別会議の議長は続けた。こんな流れの中で労使決戦の頂点となったのが「二・一スト」だった。

意外かもしれないが、朝日の社内で須田は敢然とスト反対を唱えた。新聞労働者は輪転機まで止める全面ストをすべきか否かと問われたら、今でも議論の分かれるところかもしれない。共産党の指導する労働運動が高揚してきている折、「赤」と見られがちだった須田が、公然とその方針に異を唱えたのである。新聞の社会的使命ゆえであり、ストそのものに反対したのではない。その趣旨を本人はこう説明している。

「ぼくは、一九二六年の英国ゼネ・ストのとき新聞がストに加わったため支配階級が意識的に製造した流言蜚語にまどわされてスト陣営が混乱した史実にかんがみ、二・一ストに新聞労組が無条件に加わることに疑念を抱いた。むしろ他産業のストを支持する報道を続けるべきではないかと、生産管理の思想に立って提議した」（須田『ペンの自由を支えるために』）

史実に学び、ストを支援するため、権力に誘導や攪乱をされないために、新聞労組はストに参加すべきでないと主張したのだ。だが、この問題提起は周囲に理解されず、かえって混乱を引き起こす結果となった。労組内の共産党派とも対立した。

先の新聞ゼネストの挫折で手痛い打撃を受けていた朝日の社内には、かなり鬱屈した空気があったことだろう。社内の権力闘争の風向きを用心深く見守る人間も少なからずいたようだ。一方、政権側はゼネストが実施されたら大きなダメージを受けること必至であり、社会党の右派取り込みなどを画策したが、失敗に終った。そんな混乱を受け、スト前日の三月三一日、GHQ最高指令官マッカーサーが「二・一ゼネスト禁止声明」を発表、労働側も泣く泣くそれを受け入れた。その時の様子を、須田はこう書いている。

「四七年一月二〇日、聴濤が右翼青年に刺されて重傷を負った。このテロは、聴濤路線の小児病的なところを癒しその進歩性を補強しようとする良心的な分子の活動に、障害を与えた。内面的な、極限状況で自己を確かめるという努力が怠られたままで〝二月一日〟が近づいた。その前夜、ＧＨＱからスト中止命令が出たとき、スト反対派はこれをバンザイをもって迎え、スト派は内心の安堵をもって迎えた。ふだん〝革命的〟言葉をふりまいていた人々も、〝ＧＨＱ命令が出たんでは、しかたがねえや〟だったのである。出ることは当然予想されたし、出た場合はどう闘うか、つきつめて作戦が練られていなかった」（同）

指導者も、そしてその方針に賛成、反対を唱える両派も、自分たちの問題としてとことん考え抜く姿勢に欠けていたと見ているのだ。真摯な自己省察の姿勢に欠けるこの連中は、須田の眼には「小児病的」に映っていたのだろう。彼はこうも批判する。

「ＧＨＱの中止命令を、スト反対派が万歳をさけんで歓迎したのみか、スト派のなかにさえ、〝安堵の色〟をもって迎えたものがすくなからずいたことが、ぼくを失望させた。人間にはさまざまな悪徳がある。しかし卑屈という悪徳にくらべるなら、他の悪徳は赦されてよい、とぼくはつねに考えていた。いかに被占領下とはいえ、これでは東条英機に盲従した精神状況の、直接の継続ではないか……」（須田『独弦のペン　交響のペン』）

とことん辛辣である。ジャーナリストとしての矜持を失ってしまっている同僚たちを、「卑屈」であるとばっさり斬り捨てている。だが、この辛辣さは須田自身の受けた衝撃を反射したものだった。「ぼくにとってそのときの衝撃は、敗戦のときよりずっと大きかった。八・一五は軍国日本の敗北であって日本人民の敗北ではない。日本人民は二・一で敗北したのだ」（須田『ペンの自由を支えるために』）というのが、その衝撃の中身である。「人民の敗北」と捉えていたのである。

この視点からすれば、他の連中のドタバタ劇は卑屈にしか見えなかったのだろう。須田は彼らの人間的浅ましさに嫌気がさし、とうとう一大決心をする。朝日を辞めたのである。詳しい退職日は記録に無いが、二・一ストからほどなくと推測できる。三八歳にして、須田のジャーナリスト生活はひとまず幕を下ろす。どう見切りをつけたのか、本人はこう説明する。

「GHQ弾圧の日、ぼくはただひとり場末の路次にカストリ焼酎をくみながら、朝日新聞を退き郷里へ帰る決意をした。

それには、もひとつ中国問題が関係している。引揚げ前の上海で国民党蔣政権の腐敗をまざまざと見せつけられたぼくは、中国が共産党の天下になることを帰国後『朝日』幹部たちに予言した。ところが人民解放軍は四六年一〇月に張家口を奪われ、日本の二・一ストの直後には延安すら放棄した。〝須田の予言〟はまったくのデタラメのように受けとられ、面とむかってぼくを冷笑するものもあったのである（このときぼくを冷笑したものが、その後日中国交回復に熱心になっているのを、ぼくはもとより喜んでいる）」（須田『ペンの自由を支えるために』）

やはり中国問題も関係していたのだ。だが、須田を冷笑した者がその後、日中国交回復の旗振りをしているとは、変わり身の早い奴はどこにもいるものである。さらに、須田はこんなふうにも書いている。

「ぼく自身をふりかえると、敗戦を早く予測しながら、それに対して有効な方策の採れなかった非力は、敗戦など夢にも思わずに献身してきた同胞、とくに死んだ同胞の前に、赦しを乞わねばならぬ、と

考えた。戦時中に身をおいた職場からせめて離れたい、との心情も強かった」（同）

東亜部の後輩だった高市恵之助の見方はこうだった。

「朝日の東亜部は朝鮮戦争のころまで存続したが、朝日が中国関係で日中戦争時をふくめ比較的手を汚さずにやってきたか、どうかといわれると、自分の経験もふくめてまったく自信がない。その反証でもあるまいが、須田さんも手を汚しかねて、戦後混迷の四七年いさぎよく朝日をやめた一人であろう」（『月刊たいまつ』臨時増刊号「須田禎一　人と思想」、高市恵之助「須田さんと朝日」）

須田は「手を汚しかねた」のである。戦争の残滓はまだ朝日の社内に色濃く残っていたのだろう。須田はここが潮時と見定めた。

四七年春、須田は千葉県・佐原の町立女学校（四八年から千葉県立佐原女子高、現・佐原白楊高校）の社会科（世界史）教員になった。新聞記者時代にこの高校で講演を頼まれたのがきっかけだった。山口久太という「変わり者」（須田の表現）の校長がいて、彼の依頼で講演し、生徒たちが目を輝かせて須田の話に聞き入ったことから、須田を自分の学校に誘ってくれたのだ。

この山口久太は佐賀県の出身で、子どもの頃に下村湖人（『次郎物語』の作者として有名）の教えを受けて教職の道を志したという人物で、東京高等師範（現・筑波大）体育科を出て「日本一の体育教師」を目指したという。後に八千代松陰高校を創設したり、日本体育協会の副会長、国体委員長も務めている。須田とは異質な人物に見えるが、ユニークな個性同士、どこかで波長が合ったのかもしれない。

須田の一家は牛堀を引き揚げ、山口校長の家の離れで数カ月間世話になった後、女学校の敷地内に

須田が勤務した旧・佐原女学校（現・佐原白楊高校）

ある教員住宅に移った。二軒長屋で四、五軒の住宅があった。須田家の二軒隣には、後に作家となった、英語教師の小島信夫一家が住んでいた。「母とあちらの奥さんはわりと親しかった」と長女の眞理子は言う。

佐原は、須田自身が旧制の中学生として五年間を暮らした町である。国鉄の佐原駅の西側に女学校、そして東側に須田の母校の佐原中学（四八年から学制改革により県立佐原高校）があった。両校の距離は直線で一キロ強ほど。私は両校を訪ねてみたが、市内を東西に横切るバス通りを歩けば、せいぜい二〇分ほどの距離だろう。いずれも明治末期の創立であり、女学校にしても須田にはなじみの学校だったはずだ。教師になった須田は母校の生徒たちも巻き込んで、さまざまな活動を繰り広げる。

文芸誌を刊行したり、学生新聞を編集したり、演劇を指導したりと、須田の関心の赴くまま生徒たちの芽を伸ばそうとした。ただの教師の枠に収まっている人物ではもともとない。自らわざと窓から出入りし、真似をする女生徒が出て同僚教師が「行儀の悪い生徒が増えた」と嘆けば、須田は「少女たちが花のように窓に咲きならぶのは愉しいじゃないか」と意に介さなかった。こんな型破りの教師が生徒たちにもてないわけがない。その半面、同僚からは嫉妬の目でも見られた。

教師時代の須田のことを、須田にあこがれて後にサンケイ新聞記者になった岡沢昭夫が回想している。母校・佐原高校の生徒で須田の活動に引き込まれた一人だ。

「先生のまわりには、知識欲に固まった瞳を輝かした生徒たちの人垣ができました。学校が終ってから、いや放課後こそ、先生の狭い教員宿舎はこれこそ〝わたしたちの大学〟でした。それまで画一的な軍国主義教育の鋳型にはめこまれていたわたしたちでしたから、先生の話す一語一語は、乾ききったわたしたちの心にしみとおるように吸収されていきました。昨日まで一点の疑問も許されなかった天皇制と帝国主義が敗戦によって崩壊したあとですから、先生の説く思想と哲学は、わたしたちが何を学ばねばならないか、わたしたちの住む町や国はどのように建て直さなければならないか。人間の生きがいとはいったい何によって感得できるものか——をはっきり指し示していました」(『月刊たいまつ』臨時増刊号「須田禎一　人と思想」、岡沢昭夫「先生さようなら」)

こんな教育が戦後すぐ、千葉県の水郷地区の片隅でなされていたのだ。戦時中も戦後も一貫した姿勢を貫き続け「手を汚しかねた」須田だからこそ、為し得た教育ではなかったのか。須田が生徒たちと創刊した文芸誌『とね』に、彼自身が「創刊のことば」をこう書いている。

「われ地に平和を投ぜんために来れりと思うな、平和にあらず、かえって劔を投ぜんために来れり（マタイ伝一〇章）。

新しい真理は摩擦なしに受け入れられたことはない。いくたの先覚はそのために血を流し、骨を削られたのだ。ヨハン・フスの生涯を見よ。ガリレオ・ガリレーの伝記を読め。近くは大原幽学の最期を見よ。

私たち日本人は武器を捨てた。しかし捨てた武器とは原子爆弾、火焔放射機から三八式銃にいたる軍事的武器——人を殺すための武器の謂である。平和国家建設とは、古き因習との妥協、カビの生えた『社会通年』の踏襲を意味するものであってはならない。先例や慣習の上に寝そべることはやさしい。芸術でも哲学でも、他人の作ったレールの上に他人の作ったレディ・メードの感情を謳うのはやさしい。それはある意味で『幸福』でさえある。しかし、私たちがいま何よりも先に捨てねばならぬのは、そのような『豚の幸福』である。

若き友びとよ。

私たちは武器を採って、私たち自身の胸を斬りさいなもう。そして、そこから一切の『借り物』をほおりだそう。斬っても斬っても斬れない自分のもの、それを一つ一つたんねんに積み重ねよう、そのためには限りなき幾夜を過ごそうとも」

私は序章で池川包男の言を借り、須田を「ジャーナリストでありながら、評論家であり、思想家でもある。時に運動家であり、詩人であり、中国文学者でもある」と紹介した。もう一つ、付け加えなくてはならないだろう、優れた教育者でもあった、と。戦後の日本を担う若い人たちを育てようという清新な意欲が、文章の端々からほとばしっているではないか。朝日を辞したからといって、須田は闘いを捨てたのではなかった。「斬っても斬れない自分のもの、それを一つ一つたんねんに積み重ね」ようとしない連中に、別れを告げただけなのだ。「豚の幸福」は後に道新の若手記者たちにも説いた論である。これがすでにここで顔を出しているのは、私には興味深い。

しかし、教師をしていた須田にまたまた暗雲が垂れ込めだす。演劇の前進座の学校公演が引き金となり、須田が窮地に追い込まれたのだ。前進座は東京・吉祥寺に劇場を持っていたが、戦後は全国の学校や労働組合を回って公演もしていた。須田からの直接の依頼で、佐原女子高には四八年(昭和二三年)に巡演に来ており、「ベニスの商人」や「レ・ミゼラブル」などを演じている。翌四九年(同二四年)にも公演を予定していた。

ところが、座長の四代目河原崎長十郎をはじめ座員七一人が三月、日本共産党に集団入党し、大きな話題になった。これには県の教育長が驚き、校長を通じて警告してきた。「変わり者」の山口校長は前年に転勤し、新人の校長だった。約束は約束だ、と須田は校長の警告を黙殺し、一〇月に公演を予定通り実施しようとした。すると教育長は税務署を動かした。入場税の脱税容疑で須田を逮捕しようとしたのだ。この時、小学五年生だった長女・眞理子もこの演劇の鑑賞に来ており、一部始終を目撃した。こう語る。

「講堂で上演の真っ最中に警官が踏み込んできて、演劇は中止させられました。出し物自体は洋物だったか、そんな思想的なものではなかったのに、前進座を呼ぶこと自体がにらまれたらしくて……。たぶん、父たちは警察に連れていかれたのでしょうね。私は他の先生や父の教え子たちに連れ帰ってもらいました」

愛娘の眼前での〝逮捕劇〟だった。だが、須田の文章によると、事実の細部はちょっと異なる。公演の夜、まず税務署員がやって来て須田を取り押さえようとしたが、須田や生徒、シンパの青年らが理詰めで向かい合ったら署員らは論破されてしまい、なすすべなく引き揚げた。その時、地元の警察署から署長以下の署員らも来ていたが、税務署員と須田らのこぜりあいに介入してこなかった。それで、この件は収まったというのだ。

しかし、それだけでは済まなかった。須田は生徒たちを指導するだけでなく、地域の労働者や知識人たちにも働きかけて民主主義科学者協会の支部を作った。経済学者の小椋広勝（後に立命館大学初代経営学部長）、映画監督の五所平之助（後に日本映画監督協会理事長）に来てもらって夏期講座を二〇日間近くも開催するなど、若い芽を育てる活動に精力的に取り組んだ。日中友好協会の設立にも参加している。

こうした活動がにらまれたのだろう。須田は、吹き荒れだしたレッドパージの波に呑まれる。千葉県教育委員会が党員三人と党員ではない須田を一片の通達でパージしたのだ。これには在校生、卒業生らが「教育を守る会」を結成し、一時は校長を除く教職員も含めて数百人が県教委に押しかけ、撤回を迫った。党員の三人は法廷闘争に持ち込んだが、授業担当を外された須田は自ら見切りをつけ、浪人生活に入る。

五〇年（昭和二五年）七月、須田一家は佐原から東京・羽田の引揚者住宅に移った。須田が海外赴任中に妻子を牛堀の実家に預かってもらったのは仕方ないとしても、本音ではそれさえも避けたかったことだろう。なにしろ、名家の伝統と権威に背を向けて歩んできた人生だったからだ。佐原を去った須田が、牛堀に戻るのではなく東京へ向かったのは当然かもしれない。そうしてこそ、牛堀との関係を根から断てることになる。

だが、現実は厳しかった。引揚者住宅は狭く、八畳ひと間に家族五人が暮らす生活へと突き落とされた。「浪人生活」とは書いたが、わずか三カ月間ながら須田は「少年科学新聞」の編集長をやっている。しかし、廃刊になってしまい、文字通りの浪人生活になった。廃刊になったくらいだから、給料もろくに出なかったのだろう。長女の眞理子は小学校六年生だった。給食費が払えなかった。箱根へ行く修学旅行にも、「箱根の山は天下の険～」という歌だけはさんざん習った挙句、眞理子は行かなかった、いや、行けなかった。それでも須田は、「カスミを食っているような顔をしていて、何かをやろうかという感じでした」と眞理子は言う。須田本人は「黒雲の重く垂れた大都会の屋根の下で、ぼくは半歳にわたる辛い失業の日々を送った」（須田『思想を創る読書』）と振り返っている。

五〇年一二月、須田は北海道新聞の東京駐在論説委員になった。道新は札幌に本社を置き、北海道全域を販売地域としているブロック紙である。戦時中の四二年（昭和一七年）に北海タイムス、小樽新聞、旭川新聞、函館新聞など道内一一紙が統合してできた。地方紙を一県一紙とする「新聞事業令」によるものであり、戦後は四五年に五紙、四六年に一五紙が創刊されるなど道内の主要地域でローカルペーパーが復活したが、今日に至るまで道民の主読紙として圧倒的なシェアを誇っている。論説委員は本社と東京支社におり、ふつうは東京勤務者も道内への転勤があるが、須田は東京だけに駐在する論説委員となった。この時、道新では論説委員長の木村禧八郎が政界に本腰を入れて進出したので、それと入れ替えにという話だった。風見章の推薦もあった。木村自身がこう書いている。

「ちょうど私が二回目の参議院選挙で当選して、北海道新聞の論説委員をやめて、北海道新聞を退社する。その機会に風見先生が、ぜひ須田君を君のあとに推薦するといわれた。私も喜んでご推薦申し上げました」（『月刊たいまつ』臨時増刊号「須田禎一　人と思想」、木村禧八郎「あなたの志をついで」）

木村は四七年の第一回の参議院選にも日本社会党公認で全国区から当選しているが、まだ道新の論説委員をしていた。論説委員時代から財政金融を専門にしており、政治家としては野党随一の財政政策通として知られた。五〇年六月に朝鮮戦争が勃発し、朝鮮特需によるインフレが懸念された時、一二月の予算委員会で池田勇人蔵相に「生産が復興してきたのに、再軍備で国民生活が低下してきた」と指摘した上で米価の引き上げについて質問し、「貧乏人は麦飯を食え」との失言を引き出したことでも知られる。

こんな木村の後任なのだから、須田もまさに所を得たと言えよう。そして、学生時代の「もらい下げ」と朝日入社に引き続き、今回もまた風見の世話になっている。ちなみにこの時の風見は、四六年にGHQにより公職追放処分（四六年一月から四八年五月までに旧軍部を中心に戦争推進に関わった政・官・財・言論・教育などの各界関係者約二一万人が処分された）を受け、郷里の茨城県・水海道に引っ込んでいた。ゾルゲ事件の余波もあり、四二年四月の翼賛選挙には出馬もせず、それからは帰農していたのだ。再び政界に復帰するのは、五一年（昭和二六年）の第一次追放解除で自由の身となってからである。それでも人脈を生かして須田の世話をしてくれたのだろう。

長女・眞理子の言によると、現実にいちばん力になってくれたのは、須田が朝日に入社した時の編集局長・緒方竹虎だった。四四年七月に緒方は社長の村山長挙らと対立して退社後、小磯国昭内閣に国務大臣として入閣、鈴木貫太郎内閣の顧問、戦後も東久邇内閣の国務大臣、書記官長などの要職を務め、風見同様、四六年に公職追放されていた。その緒方が保証人になってくれたというのだ。

他方、受け入れ側の道新では当時の阿部謙夫社長直々の力添えがあった。阿部と朝日の幹部が知り合いで、その推薦を受けたそうだから、緒方あたりだろうか。後に須田本人が「阿部社長に拾ってもらった」とよく話していたという（本多貢＝道新、三者連合を経て地名研究家＝談）。須田が道新でのびのびと書けたのには、阿部の「庇後」も与っていたのだろう。阿部の子息の阿部修二郎（追悼文執筆時、TBS）が「道新時代の須田さんと父との関係は、マスコミの第一線ジャーナリストと経営者との、稀有の、幸福な関係だったのではないかと、私は思う。須田さんの鋭い知性と、誠実な態度を、父は心から信頼し、須田さんのペンの冴えを、いつも誇りにしていた。須田さんは、父の死後、追悼文の中で、『ぼくは阿部社長の下で、〝わがままな良心〟を一度もゆがめずに通した』と書いておられる」（『須田禎一追悼文集』二十五日会、阿部修二郎「須田さんと父」）と二人の関係を明かしている。阿部社長は思想的には須田と必ずしも一致する人物ではなかったが、異論にも進んで耳を傾ける寛容な人柄だったようだ。

しかし、道新側では入社前の須田がどんな人物かは定かでなかった。東京支社の政経部員で後に論説でも須田と一緒になる小林金三（後に論説主幹を経て監査役）は、上司のデスクから須田のことを調べてきてほしいと頼まれた。こう回想する。

「橋本登美三郎に会って、須田さんのことを聞いて来てくれというのです。これが、私が須田さんの名前を聞いた最初だった。しかし、論説委員になる偉い人のことをヒラの記者が『試す』ことになるのは不都合ではないかと困惑し、断った。人物を判断するのに、そんなことを頼むほうがおかしい、と思ってね。そしたら、話が渡辺喜久雄（政経部員、後に社長）のところに行って、彼は橋本に会って『ぜひ頼む』と言われた、と電話を入れていました」

結局、朝日人脈の強力なバックアップで、須田は再び言論人としての職を道新に得たのだった。須田はこれを偶然のものとは見ていない。

「北海道へは、弘高時代に函館と大沼へ行ったきりだったが、思えば有島武郎をはじめ小林多喜二、小熊秀雄、久保栄、本庄陸男など、ぼくの愛読した文学には北海道ゆかりのものが多い。〝人生に正面から相渉《あいわた》ろうとしている〟（中野重治の言葉）それらの文学を通じて、ぼくは北海道との縁はすでに深かったのだから、『道新』入りは偶然ではなかったのである」（須田『思想を創る読書』）

この後の道新における須田の、水を得た魚のような活躍ぶりを見れば、道新入りには必然性があったと思わざるをえない。「人生に正面から相渉ろうとしている」北海道の文学同様、須田の筆は国家の大事、社会の大事、人々にとっての大事と、常に正面から格闘しようとした。道新に籍を得たことで、須田の言論は一段と骨太になったと言える。

さて、半年の失業から脱出し、須田一家の台所事情は一息をつくことになった。翌五一年（昭和二六年）五月、一家は抽選で世田谷区駒沢の都営住宅に当たり、引っ越している。ここも引揚者住宅で平屋の二軒長屋。羽田のそれよりは広かったが、六畳と四畳半の居室に台所という2Kの間取りだった。まだ水道がなく、四軒に一件の割で井戸があり、水はそこに汲みにいった。それからほどなく水道が敷かれ、また数年後に須田家では庭に三畳を二間増築し、須田の仕事部屋と寝室に当てたという。住人の「勝手」が通じた時代だったのだ。

この頃、長女と長男が相次いで中学へ進学している。二男も小学校の低学年生だった。須田がここで意外な「教育パパ」ぶりを発揮している。世田谷への転居前に子どもの住民票を他所に移し、子どもたちを越境入学させているのだ。これを言論と実生活との乖離と見ることもできようが、ここは須田の「親ばか」ぶりと眼をつむっておくことにしよう。

第４章
政治・外交の社説を書く

論説入りした須田は、政治・外交の社説と夕刊の「時評」（後に「今日の話題」と改称）を担当した。いよいよ論説記者としての須田の仕事が始まり、その筆の冴えが北海道の読者だけでなく全国的にも注目され、論壇からも一目置かれるようになる。この先は、そうした須田の言論内容を社会背景とともに紹介していくことにする。言論人としての須田の真骨頂は道新時代に書かれた文章にこそ凝縮されている。それを存分に味わっていただきたいからである。

論説入りして須田が最初に取り組んだ大きな問題は、サンフランシスコ講和条約と日米安全保障条約の締結である。いずれも戦後日本の再出発の方向を決定づける条約であり、須田論説、そして道新の論説はこの両条約締結に臨む政府の姿勢を真っ向から批判した。

講和条約は、交戦国の間で戦争の終結と平和の回復を宣言し、領土の割譲や賠償金などの条件を定めるものである。これにより独立国としての正常な外交権を回復するものだが、敗戦後しばらくはなおGHQによる占領が続いていた。対日講和が具体的に検討されだしたのは、四七年（昭和二二年）に米国の呼びかけがあってからだった。五月三日には新憲法が施行され、日本国内でも平和国家建設への第一歩が印されたが、各国の反応はまだ鈍かった。講和が具体性をもちだすのは、四九年（昭和二四年）五月、吉田茂首相（民主自由党、五〇年三月から自由党）が在京の外国人記者たちに「講和後も米軍の日本駐留を希望する」と発言し、さらに米国務省と講和を検討中と明らかにしてからだ。当初の吉田首相は全面講和も視野に入れており、同年一一月には「全面講和への過程として単独講和もあり得る」との所信表明をした。

これを機に、ソ連や中国も含む連合国全体との全面講和と西側連合国との片面講和（単独講和）に国論が二分する。そして、五〇年（昭和二五年）年頭の施政演説で吉田は、「中国の政情は極東平和のため憂うべき事態であり、憲法の戦争放棄は自衛権の放棄を意味するものではない」と述べ、中国に共産政権が樹立されたことを脅威と見て、再軍備へカジを切る姿勢を見せる。

これに対し、岩波書店の雑誌『世界』の発意で開催された平和問題懇話会が声明を発表、片面講和は相対立する一方の陣営との結合を強める半面、他方との間に戦争状態を残すだけでなく不幸な敵対関係を生み出す、日本の経済的自立は片面講和によっては達成されない、いかなる国にも軍事基地を与えることには絶対反対すると抗議した。同懇談会は東大総長の南原繁を中心に護憲派の学者、評論家らが集まる組織となり、政府と対立する。南原は前年秋にワシントンの占領地教育委員会に出席した際、アメリカ各地で全面講和の必要性を訴えて回り、五〇年三月の東大卒業式でも学生たちに同趣旨の訴えをした。

それを捉えて吉田首相は五月三日、自由党の両院議員秘密総会で「永世中立とか全面講和などということは、いうべくしてとうてい行われないこと」であり、「それを南原総長などが政治家の領域に立ち入ってあれこれ言うことは、曲学阿世の徒にほかならない」と非難した。これには南原も反論を加え、論争はいっそう過熱した。さらに、六月には朝鮮戦争が勃発し、米国は日本を反共の拠点とする構想を着々と進めつつあり、政府も米国の意向を丸呑みにする構えを秘密裏に進めていた。

須田が社説を担当するようになったのは、まさにこんな時期だった。道新は、須田が論説入りする前から、全面講和論を掲げていた。四九年一一月一四日付社説で、吉田首相の所信表明を取り上げ、「国民の願うところは一日も早い講和、それも特定国とだけでなく、連合国全体との講和締結であり、それにともなう占領軍の撤退であり、かつ恒久的な平和と安全の保障である」という原則を打ち出し、この後も全面講和論を堅持しつづけた（『北海道新聞四十年史』）。この主張は須田自身の考えともぴたり重なり、須田はこの論を独自に掘り下げて行く。

一九五一年の日本新聞協会の調べによると、講和問題を社説で取り上げた新聞は全国で八六紙に上り、単独講和支持が六一紙、全面講和支持が一四紙、その他が一一紙だった（今西『占領期の朝日新聞と戦争責任』）。全面講和支持が少数であり、その代表格が朝日であり道新だった。この時の朝日の論説主幹は笠信太郎だった。しかし、笠の社説を点検すると、朝日は最後まで全面講和論を貫いたとは言い難い。途中から腰砕けを起こしているのである。それに比して、道新の一貫性は徹底している。そのあたりの対比を交えながら、須田の社説を見ていくことにする。

朝日の笠信太郎は、須田よりも早く全面講和論を社説で展開していた。その主張は次のように明解である。

「日本が、無防備かつ非武装をもってその平和を維持するために最も大切なことは、日本はどちらを向いても、敵国をもつわけにはゆかないということである。いわば日本は、国際的にはあくまで中立的な立場を堅持するよりほかに、その独立独歩の道は初めからなかったのである。ということであれば、日本の中立的な性格というものは、実は日本が戦争放棄を覚悟したと同時に、新しい日本の立場として確立されていなければならなかったわけで、それはいまさら急に言い出す

ような問題ではないはずである。これは正に、新しい日本国民の常識でなくてはならぬのである」（五〇年四月六日）

非武装の平和国家を独立独歩で築くには中立的立場を貫くのが筋である、それは平和憲法で戦争放棄を宣言したのと同時にわれわれの常識とすべきものだったのだ、という主張だ。敗戦後五年、すでにこの頃には「押しつけ憲法」の見直し論議が出ていた。再軍備への動きも出始めていた。そうした逆ネジを巻く路線を、戦後再出発の原点をもち出すことで封じ込めようするものだ。だが、この姿勢はほどなく微妙に揺らぎ出す。

「むろん、全面講和が成立するか、単独講和がとられるかによって、結果に可成りの開きがあることは当然であるが、将来の事実として若しソ連や中国が会議に入らないような場合があるとすれば、それは我々として手の下しようのない問題である。これは明白である。ただ我々が希望する講和の内容が、全連合軍を相手に開陳し得るものであるべきことだけはどこまでも必要である。その意味で、仮りに同時の和平が成立しない場合も、将来の会談の可能を妨げるような主張は、我々としてとるわけにはゆかない」（五〇年五月二〇日）

あくまで全面講和論を主張しているようでいて、現実への配慮が顔をのぞかせ始めている。すなわち講和会議にソ連や中国が入らない場合を想定し、それは「我々として手の下しようのない問題」と責任を連合国側に預けた上で、むしろその可能性を大と見て、現実にすり寄ろうとしているのだ。一応、「我々が希望する講和の内容が、全連合軍を相手に開陳し得るものであるべきことだけはどこまでも必要である」と釘を刺しているが、全面講和を強く主張する姿勢から後退したことはまちがいない。

この頃になると、吉田首相は単独講和を公然と主張するようになっていた。首相特使として池田勇人蔵相を米国へ派遣、池田は五月三日、GHQの経済顧問、ジョゼフ・ドッジと会見し、吉田首相の伝言として早期講和の実現と講和後も米軍を日本駐留させる必要があることと、その駐留について「もしアメリカ側が申し出にくいならば、日本側から提案する形を研究してもよろしい」と非公式に打診している。また、外務省も六月一日、「全面講和をあてにして占領管理がいつまでも続くよりも一日も早く講和条約を結ぶべき」という早期単独講和を強く主張した。笠は当初、外国軍隊と基地の全面撤去を唱えていたのだが、この点についても次のように主張を変化させる。

「当面の国際情勢がつづく限りは、日本の軍事的真空状態が何らかの形で充たされていなければ、あり得べき事態に対して、何人も国民に向ってその安全を保証すると確信することはできまい。その意味で米軍の暫定的駐在は、いまの日本にとって必要である。これは日本の立場からいって、対外的に何らの攻勢的意味をもちうるものでなく、消極的な保護を意味しうるに過ぎない」（五〇年六月二五日）

この社説の中で「それは事実上の防衛であって、いわゆる『同盟』というものとはいささか異なるものようにも受け取れる」とも弁解している。なんとも歯切れの悪い論である。この「暫定的駐在」が戦後六〇年以上も経つ現在にまで固定されてしまっている現実から見ても、笠の主張は破綻している。
そして九月八日、対日講和条約（サンフランシスコ講和条約）はソ連、チェコ、ポーランドを除く四九カ国が調印、それと抱き合わせで日米安全保障条約も調印された。吉田首相はこの両条約について秘密外交を徹底し、その陰で日米の軍事体制の話が進められていた。条約調印の二日後の社説に笠はこう書いた。

「グロムイコ・ソ連全権が、記者会見においても繰返している主張――『対日講和条約は新しい戦争のための草案である』という考えは、日本としては聞き流しておくわけにはゆかない。……（中略）日本の軍国主義復活に対する危惧についても、同様のことが言えるのであって、……（中略）講和条約と表裏をなす安全保障条約も、ただその観点から理解される。……（中略）我々はいまその厳密なる在り方を『外部からの武力攻撃に対する日本国の安全に寄与するため』という第一条の規定の文字通りに解釈して、一歩もこのワクから外れてはならないと考える」（五一年九月一〇日）

なんとも楽天的である。東大新聞研究所の荒瀬豊（後に教授）は「条約体制をきびしく限定するという要求においてすでに条約をみとめるという転向の位置に立ってしまっている」（『月刊たいまつ』臨時増刊号「須田禎一　人と思想」、荒瀬「ジャーナリストとしての須田禎一」）と、論の本質を鋭く突いている。

やや長々と笠の社説を紹介した。それは次のような理由からだ。今日の新聞界にも通じることだが、全国紙の朝日、ブロック紙の道新はリベラルな論調で日本を代表する新聞と見られ、主要な問題について似た主張を展開することが多い。しかし、その主張の徹底ぶりではむしろ道新のほうが一枚上だった、少なくとも須田が論説委員をしていた時代にはそう言える。似た主張の相違点を紹介することで、須田論説の徹底ぶりをいっそうよく理解していただけよう。そう考えてのことだ。さて、講和論、日米安保条約をめぐる須田の社説はどうか。まず、吉田首相が全面講和から単独講和へとカジを切りだした時、須田はこう指摘する。

「首相は国会において『できれば全面講和がいいのだが、自分としてはできない場合も考える必要がある』と繰返しいっている。しかし、ソ連やインドや東南アジアの諸国との修交について具体的にどれだけの努力をしているのであろうか」（五一年二月一八日）

為すべき努力をせずに「できない場合も考える必要がある」と述べるのは、言葉のまやかしにすぎない。さらに須田は、首相が国会の委員会をしばしば秘密会にし、秘密外交を当然視していることを強く批判する。

「首相が国会における委員会をよく秘密会にするのも、秘密にする必要があるからではなく、そこにおける自分の発言に後日の責任を負いたくないからであろう。……（中略）……（講和条約と同時に結ばれる日米間の暫定保障協定は）講和条約そのもの以上に日本国民の将来に影響を及ぼすものである。かかる重大な協定の内容を責任者不明の形で国民に流し、しかもそれがすでに動かしがたいものであるかのごとき印象を押しつけるやり方は、われわれ国民として心外にたえないものがある。……（中略）『外交はもともと秘密のものである』というが、一体だれにたいして秘密なものなのか」（五一年四月二三日）

須田論説の第一の特徴は、須田の視点が常に「国民」の立場に置かれ、そこから権力者を撃つという点にある。その視線は、吉田首相の秘密政治を黙認するばかりか片棒までかついでいる国会の堕落ぶりにも、向けられる。

「かつて軍国時代には、日本国民の運命を決する政治は、三宅坂の参謀本部、霞ヶ関の海軍軍令部、あるいは赤坂の待合で行われ、白亜の殿堂は無用なおしゃべりとヤジの舞台に過ぎず、最後にはそのおしゃべりとヤジさえなくなって統帥部に対する感謝の拍手だけをする『痴呆の殿堂』に堕してしまった。今日、主権在民の憲法のもと、政治の中心たるべき国会の論議が、奥歯に物のはさまったような、不徹底なアイマイさのうちに終るのを常としていたならば、再び過去と似た堕落を繰返さないと誰が保証しえよう」（五一年五月一〇日）

主権在民、平和主義を標榜した新憲法が施行されたのに、その理念を中心になって推進していかなければならない国会が、軍国時代と変わらない堕落ぶりを早くも見せているというのだ。そして、いよいよ単独講和がかなり決定的になっても、その条約内容と、それと抱き合わせにされる日米安保条約の行方を懸念した須田は、国会の解散を提案する。

「対日講和条約への招請状が、ソ連を含む四十九国へ発せられた。中国はかねて伝えられたとおり、このなかから除外されているし、ソ連の参加も極めて疑問視されている。われわれ日本国民としては一日も早く講和が成立することを念願しているのであるが、中国、ソ連という二つの隣邦の加わらない講和方式が、講和後の『独立日本』の国際的立場にどのように複雑なかげを投げかけるかもあらかじめ覚悟せねばならぬところであろう。

ことに講和条約と同時に締結される日米安全保障協定（駐兵協定）は、米国―フィリピン防衛協定、ならびに去る十二日仮調印された米国―オーストラリア―ニュージーランドの太平洋安全保障条約とともに、『北大西洋条約の極東版』たる性格を帯びるならば、その一環たる地位を占めねばならぬ運命にある『独立日本』の前途は必ずしも太平なものではあるまい。……（中略）

政府の調印した条約が国会で承認されることは間違いあるまい。しかし、内外情勢が今日とはまるで異なっていた一昨年一月の総選挙によって出てきた代議士諸公が、果して今日の正しい民意を反映できるかどうか、法理論的には間違いないとしても、民主政治の道義からいって疑義なきをえない。……（中略）われわれも批准前の国会解散を望むものである」（五一年七月二二日）

日米安保条約（社説中では日米安全保障協定）は「北大西洋条約（NATO）の極東版」であると明解に規定し、それゆえの「独立日本」の危うさを懸念しているのである。笠信太郎が、『同盟』というものとはいささか異なる」と苦しい弁明をしているのとはきわめて対照的である。須田は単独講和が不可避と見られる段階でもなお、筋論を通して条約批准前に国会を解散せよと粘り強く提言しているのである。そして、ダレス—吉田の秘密折衝の進め方にも「吉田政権の戦術」と題して一撃を加える。

「故幣原氏らの〝超党派外交〟の提唱まで黙殺してきた吉田内閣は、七月二一日にいたり、にわかに〝講和のための挙国一致体制〟を各党に呼びかけた。……（中略）ブラック・チェンバーでこねあげたお料理を、機をみてさっと食卓へもちだし、腹が減ってガツガツしている一同に、眼を白黒する余裕もあたえず鵜呑みさせようという予定の戦術的行動ではないだろうか」（五一年七月二五日）

被占領から丸六年が経っている。国民の間にはとにかく早く講和をという雰囲気が強かった。だからといって、交渉過程をすべて秘密のままで内容が煮詰まって来たら「挙国一致体制を」とは虫のよすぎる話である。「ブラックチェンバーでこねあげたお料理」云々というくだりは、須田流のシニカルな表現が小気味よい。須田は政府に「ソ連やインドや東南アジアの諸国との修交について具体的にどれだけの努力をしているのであろうか」と迫った。そう要求する須田自身は、理想実現への努力を最後まで惜しまなかった。その一つが国会解散の提案であったし、さらにもっと現実的な行動にも出ている。

「外務省が、講和条約案の片貌を一応示したのは八月三日になってからである。ダレスは当初からソ連・中国を除外する片面講和を押しつけてきたのだ。よしんばそれが日本の国会で多数をもって承認されようとも、できるかぎり多くの反対票を投ぜしめることが、ダレスの企図を麻痺させるために必要だ、とぼくは考えた。それには社会・労農・共産三党の反対票では心もとない。どうしても〝中道政党〟〝市民的民主主義政党〟を標榜する国民民主党に働きかける必要がある。……（中略）ぼくは新聞記者の枠を破って、市民的民主主義政治家の団結のために、ペンのみならず、舌と足で動きだした」（須田『独弦のペン　交響のペン』）

駆け出しの浜松支局時代、中国の特派員時代に見られた、「新聞記者の枠」を破る行動がここでも見られる。新聞記者、特に政治記者が政治家と一体化して政治に口を出すということは、今でも珍しくない。しかし、それは厳しく批判されるべきことである。ジャーナリズムの原則としてはそう言える。ただし、俗に批判されるそうした例と須田の行動は明らかに一線を画している。批判される多くの例が権力者と結託しているのに対し、須田の場合はすべて国民の視点に立脚し、反権力を貫いている点にある。そうした義憤に駆り立てられての行動なのである。

ここで理解を助けるために戦後の「政界地図」をスケッチしておく。戦時中の翼賛体制下では全政党が解散させられたが、早くも敗戦の年のうちに諸政党が復活していた。五一年当時の政権は旧政友会系の自由党（日本自由党→民主自由党→自由党）が握り、第二党には旧民政党を中心として再建された国民民主党（日本進歩党→日本民主党→国民民主党、後に改進党から再び日本民主党）が位置し、無産政党として社会党、共産党、労農党があった。須田は第二党の国民民主党に眼をつけたのだ。

当時の国民民主党は、芦田均直系の右派と、北村徳太郎、三木武夫らを中心とする左派に分かれていた。「最高委員会主席」の苫米地義三が八月二二日に講和全権の一員に選任されると、苫米地らの中間派が大きく右派に傾き、左派の足並みが乱れだしていた。須田は、これを黙視できず、行動に出たのだ。まず三木武夫を訪ねて片面講和の危険性を説き、次に北村の自宅を夜討ち朝駆けよろしく何度も訪ね、ダレス―吉田構想をいかに打破すべきかを共に検討し合った。その過程で、川崎秀二、園田直、稲葉修、石田一松らとも知りあった。

五一年九月八日、両条約はサンフランシスコで調印され、一〇月一〇日、臨時国会が召集された。この条約審議の過程で社会党は分裂した。同二六日の衆議院採決で、国民民主党の右派は北村を軟禁して本会議を欠席させたが、出席した石田、稲葉らは反対票を投じた。一一月一八日の参議院採決でも予想以上の反対票が出た。須田の行動はそれなりの成果を収めたのである。須田は自分が最後まで全面講和論を貫いた理由を、後にこう明かしている。

「両条約が調印されたとき、史上はじめて六年余にあたる被占領下の生活を嘗《な》め続けている日本国民の大半が〝どんな形でもいいから一日も早く被占領からの脱出を〟と願っている事実を、ぼくは知っていた。それにもかかわらず、ぼくが全面講和論に組して両条約に反対したのは、サンフランシスコ体制下の〝独立〟が決して日本人民に幸福をもたらさないことをできるだけ広くアジプロする必要を感じたゆえであり、また、よしんば全面講和論が敗れようとも、片面講和の危険性をアジプロしておくことが現実に支配層の行動を多少ともチェックできると思ったゆえである。〝どうせ片面講和が成立さ〟というわゆる客観主義者の『予見』と、ぼくたちの『予見』とが質的に異なることを、この問題においてティピカルにみることができよう」（須田『ペンの自由を支えるために』）

少数派の社会的役割を自覚していたと言ってよい。体制チェックはジャーナリズムの仕事の中心である。形勢が不利と思っても、なおそこで自分に出来ること、自分の役割が何か、そして自分の主張の現実的効果が何かを、十分に考え抜いているのである。

日米安保条約が「NATOの極東版」たる軍事同盟的性格を帯びている以上、日本の再軍備も現実の問題となる。そしてそれは、戦争を放棄する、軍隊をもたないと宣言した平和憲法の改定の問題とも密接に関係する。この問題でも、朝日の笠社説と道新の須田社説は講和問題のときと似たような対照を見せる。

笠は、この議論が過去二年間にわたって論じられ、日本の軍備を忌避してきた連合国側の中にもそれを求めるものが出てきたという情勢の変化を紹介した上で、信念、原理、イデオロギーなどで決めることではなく、「いかなる名論卓説も、事実上の可能不可能によって、明らかに制約を受けている」と指摘し、その制約には軍備を整えるには二兆円必要といわれる経済力が不足していること、青年が銃をとる気になっていないことを挙げた上で、次のように主張する。「この守備力は、いかなる場合も国境を一歩も越えないという新しい観念と規定をもち、それに対する金鉄の保証が要る」（五二年四月三〇日）。

さらに、米国とのMSA協定（米国が相互安全保障法に基づいて英仏など四七カ国と結んだ安全保障協定。日本とは五四年三月に調印）が具体的な政治日程に上ってくると、協定の中に日本の治安部隊の「海外派兵」についての規定がないことを問題視し、次のように海外派兵に反対する。「お前の任務は、一歩も海外に出ることはない、ただこの国を侵すものあるときにのみ、祖国を守るのだ、と言われてはじめて、その本来の任務にふさわしい力がわき出るのである」（五四年三月二九日）

要するに、再軍備自体には反対していないのである。軍備をするには経済力が必要だ、青年の気がまえも要る、しかし今はそれがなかろうというのだ。海外派兵反対としか述べないのでは、国内防衛のためなら再軍備もかまわないという理屈になる。一方、須田社説は緊張感があふれている。まず、警察予備隊の規模について、その危険性をわかりやすく説く。

「大正二年の憲政擁護運動はわずか二個師団の増設運動が口火となった。警察予備隊七万五千といえば、五個師団に相当する。それをあるときは『増強しない』といったり、あるときは『増強しないと申したら、それは私の申し違いである』といったりする法務総裁や……」（五一年三月二日）

大正の第一次護憲運動では、陸軍の二個師団増設計画に対する尾崎行雄や犬養毅らの反対運動が国民を巻き込み、ついには桂太郎（陸軍大将）内閣を総辞職に追い込んでいる。二個師団でさえ内閣の命取りになるのに、警察予備隊はその五個師団に相当する陣容であり、それを増強しようとしているというのだ。須田はさらに翌年、七回目の広島原爆記念日の社説では二日前に吉田首相が明らかにしたばかりの「新国軍」構想を取り上げ、痛烈に批判する。

「吉田首相は、同日午後、越中島の保安庁に初登庁し、同庁幹部にたいし『新国軍建設の土台となれ』という激しい調子の訓示をおこなった。いままで再軍備を否定しつづけて来た吉田首相としては、ヨロイの上にまとっていたコロモをさっとぬぎすてたというかたちである。まず何よりも、われわれ国民として不満にたえないのは『保安隊は警察予備隊と同じ性格のものである』の一点ばりで保安庁法を成立させておきながら、その国会が終了してわずか四日目に『新国軍』の構想を国会外の場所で表明したことである。改進党の三木幹事長は『国会軽視もはなはだしい』と憤慨しているがもうこうなったら軽視どころか、完全な無視である。憲法改正を考えないで、新国軍の土台をきずくのは、選挙法なしに選挙を行うのにも似た不条理である」(五二年八月六日)

警察予備隊は、GHQのポツダム政令により五〇年八月に設置された。表向きは警察力の不足を補うものとされたが、同年六月に勃発した朝鮮戦争に動員された在日米軍の空白を埋めるねらいがあった。五二年(昭和二七年)八月には保安庁を設置し、一〇月に警察予備隊が保安隊に改組され、同時に海上警備隊を新設した。五四年にMSA協定が成立するとともに保安庁は防衛庁に、保安隊は陸上自衛隊に、海上警備隊は海上自衛隊に改められ、さらに航空自衛隊が新設された。こうして、平和憲法の下で、陸海空総計兵力一五万の軍隊が登場することになる。これが現実だ。

先の笠社説でも、保安隊には触れている。「吉田首相が、独立後の第一声として再軍備せずと語っているのは、当然のことながら、安保条約の責任者として理路一貫した態度である。ただ、言葉は一貫していても、事実において予備隊を軍隊化せしめつつあるというところに、国民を戸惑わせ、将来を憂え

させているのである」（五二年四月三〇日）

笠は「国民を戸惑わせ、将来を憂えさせている」としか見ない。私がそこに感じるのは、「国民」と自分とを別と見る眼差しだ。須田が「われわれ国民として不満にたえないのは」と論ずるのとは、根本的姿勢が異なる。須田は国民の一人なのである。だから、不条理なことには本気で怒れる。単なる修辞上のテクニックではなく、基本的な眼差しの問題である。この須田のゆるぎない視点をいっそうはっきりと打ち出した社説がある。彼は「国家と政府」と題して自らの国家論を開陳している。内容、文章の両面で須田らしさがよく表れているので、紹介したい。

「再軍備の論議にからんで、新しい愛国心のあり方が問題となっているが、われわれはこの機会に『国家とは何か』について考察したい。

孟子の言葉に、『民を貴しとなし、社稷《しゃしょく》これに次ぎ、君を軽しとなす』というのがある。社とは地の神、稷とは五穀の神の意味であるが、新しい王朝が樹立されると君主自ら壇をきづいてこれらの神々を祭ったことから、社稷という言葉は国家と同じ意味に用いられるようになった。……（中略）いずれにしても孟子がこのような概念を、人民という概念よりは軽く、君主という概念よりは重く考えていたことは注目に値する。……（中略）

アメリカ独立戦争やフランス大革命が人間の歴史の上に不朽に輝くのは、治者と被治者との区別を（少なくとも制度としては）撤廃し、国民という概念と、国家という概念とを一致させる近代民主政治の基礎をおいたからである。『ラ・マルセーエズ』の愛国心は、自分たちの上にそびえ立つ『お国』にたいする愛ではなく、自分たちそのもの、自分たちの集団への愛情である。
わが日本において今日なお『お国のため』などという表現が行われているのは、民主政治がいまだ日本国民の血肉とならず、国家を自分たちとは別な、自分たちのうえにあるもの、と考える惰性からぬけきれないでいる証左である。……（中略）
いかなる国家であっても、国家の名において業務を執行する人々を必要とする。それがつまり政府である。……（中略）しかし、政府の行動はつねに国家の名においてなされるために、政府と国家とを同一視する傾向はなかなか消えない。国家とはほかならぬ自分たち国民のことだという考えに慣れないで、なにか自分たちの上にあるものと考えたがる国民は、政府の行動を、政府の行動なるが故に正当であると早合点しやすい。……（中略）
国家と政府との同一視は、国際政治のうえでも混乱を生んでいる。その最も悲劇的なものは朝鮮である。朝鮮は三十余年の間、日本の植民地となっていたが、朝鮮人が一個の民族（人種ではない）を形成していることは何人も否定しえまい。近代国家が国民国家（民族国家）を単位とする以上、朝鮮は単一国家たるべきであるし、またそうなり得るはずである。不幸にも北には『朝鮮人民共和国』南には『大韓民国』ができているが、これは二つの国家ではなく、二つの政府にすぎない。朝鮮動乱を解決するカギの一つは、国家的な擬態を持つ二つの政府を、国家としてではなく、政府として取扱うことにあるのではなかろうか。……（同様なことはドイツ、中国にも言えると指摘して）……『日本の侵略戦争が悪かったにしても、中共に対してあやまる筋合はない』と外務省あたりではいったが、軍国日本のためにひどい目に会わされたのは、一蒋介石や一毛沢東ではなく、中華民族であることを忘れてはなるまい。

政府と国家とを同一視する迷信から脱却しきれないかぎり、おのれの国を正しく愛することもできないし、他人の国を正しく遇することもできない。『国家とはわれわれ国民である』という大自覚がなかったなら『愛国心の高揚』も反民主主義的な強権を育てる肥料とされる恐れがあるだけである」（五三年一月四日）

まさに須田論説の面目躍如という感がある。国家＝国民という、民主主義国家の大前提たる定義を置き、そこから国家と政府の同一視がもたらす混乱、誤った愛国心の高揚にクギを指す。荒瀬豊はこの社説を次のように高く評価する。

「分割国家とのちに呼ばれる問題について日本でもっとも早い時期の提言であり、また中国問題についてもとるべき解決を示した先駆的な文章である。再軍備の進行にともなう愛国心論議を直接には主題としながら、……（中略）ここまで広い論理展開をしていることに、当時の須田の緊迫した思索がうかがえる」（『月刊たいまつ』臨時増刊号「須田禎一　人と思想」、荒瀬豊「ジャーナリストとしての須田禎一」）

古今東西の歴史と文化に通じた学識を自在に用いて「武器」とし、須田は物事の大本《おおもと》へと下りてゆく。そこから現実を射抜くから、的をはずさない。この須田の確かな眼は、先人の良き薫陶を得て培われたものでもある。須田は朝日入社の数年後、論説委員だった関口泰に会い、「新聞記者になった以上、こういう人物になりたい」と心中ひそかに期したという。関口は須田の憧れの的だった。そして、須田が一貫して国民の視点を大事にしたのは、次の文章に象徴される関口の基本姿勢に触発されたからである。
「竜は平常はいたって穏和であるが、その喉の下に逆鱗《さかうろこ》があるから、もし人のこれにさわる者があれば、必ず怒ってこれを殺す。人主にもやはり逆鱗があるので、人がこれに触れると、すなわち危い。竜のあぎとには玉が蔵されているというから、この珠玉を保護するために、径尺の逆鱗がその門を守っているのであろう。……民主政治の今日であるから、天子の怒りについていうところはない。主権の存する国民には、逆鱗はないだろうかと考えてみる。国民にも逆鱗があるのではないか。あるべきなのではないか。あってよいのではないか。そして国民の大事な珠玉である人権と自由を守るための門番である逆鱗にふれるものがあれば、怒って立ってもよいのではないか」（関口泰『国民の憲法』岩波新書）
須田は「国民の大事な珠玉である人権と自由を守るための門番」を言論人であると考えた。国民の人権と自由を侵そうとするものがいたら徹底的に抵抗するのが、言論人の責務であると捉え、そのとおりに実践しようとしたのだ。
話を再軍備に戻せば、日米安保条約に基づく行政協定が五二年（昭和二七年）二月二八日に調印されると、須田は翌日の社説で、「この行政協定には裁判権や関税権その他において日本国民の権利を制限する重大な条項がふくまれている」と単なる事務協定でない点を指摘した。さらに、具体的疑問点として、駐留軍の出動について「出動の条件、およびそのさいの統帥権についてなんら具体的規定がない点である。ことに『敵対行為の急迫した脅威』という表現はあまりにもあいまいである」、裁判権について「『平等な両国間の協定』とは必ずしもいいがたい」と明らかにしている。今日にまで尾を引く問題点を、スタート時に明確に指摘しているのである。

こうした反動的な「逆コース」の動きに、須田の筆は鋭く警鐘を鳴らす。米国のマッカーシズムに端を発した「赤狩り」は日本にも波及し、レッドパージの波は各界で猛威を振るった。須田は「警察国家再現の危険を防げ」と題した社説で、次のように批判する。

「警察国家―それは明治初年以来、吉田総理の厳父竹内綱、林副総理の厳父林有造らが自由民権のための戦いを戦っていた時代から長く日本国民の頭上に覆いかぶさって来た陰うつな、しかもトゲのあるカーテンであった」(五一年二月七日)

中国で四九年に共産主義政権が樹立され、五〇年に始まった朝鮮戦争ではソビエトからの圧迫もあった。それを脅威と見て反共機運が高まったのを利用し、警察国家化が進もうとしていた。須田は、権力のトップ、総理と副総理の父祖の苦難をもちだし、その苦難を忘れたのかと批判し、共産国家の象徴的レッテルとなっていた「鉄のカーテン」をもじって「トゲのカーテン」と読み替え、権力者に投げ返したのである。この赤狩りが進むなか、切り札として破壊活動防止法(以下、破防法)が登場する。

破防法は、五二年、第三次吉田内閣によって原案が国会に提出され、七月四日に成立している。戦後になって日本共産党が武力闘争路線をとっていたことをにらんでの立法であり、五月一日に皇居前広場で起きた「血のメーデー事件」も制定のきっかけになった。ポツダム政令の団体等規正令がもとになっているが、規正令がGHQ施策に反対したり軍国主義を呼号する右翼団体を取締り対象としていたのに、破防法は共産党の取締りを念頭に置くなど変質している。

「血のメーデー事件」は、GHQの占領が解除された四月二八日の三日後に起きた。皇居前広場の使用禁止に憤ったメーデー参加の労働者・学生ら約二万人がメーデー終了後に同広場に入り、その実力排除を図る数千人の警官隊と激しく衝突し、デモ隊から死者二人、重軽傷者七四〇人も出す流血の大惨事となった。デモ隊側には日本の反動化への怒りがあったのだが、政府はこの事件を破防法の必要を実証するものとして法案成立を強行し、同法の実施官庁として公安調査庁を設けた。

須田はこの事件現場にかけつけている。「事件の責任の大半が政府側にあることを知るのに数時間をかけた。そして自ら執筆しようとしたが、札幌本社の論説室で、ラジオの報道を基準にしてすでに出稿したあとだったので、ぼくは涙をのんだ」（須田『独弦のペン 交響のペン』）という。須田は現場主義を貫き、自分の眼で事の真偽を確かめようとしたのだが、それゆえに間に合わなかった。「涙をのんだ」とあるのは、ラジオの報道をもとにした本社発の社説がデモ隊を一方的に非難する内容だったからだ。

須田は反動化になんとか歯止めをかけたいと願っていた。その眼にいちばん歯がゆく映ったのは、革新陣営の中心を担うべき社会党だった。同党は講和条約と日米安保の賛否をめぐり両条約に反対の左派と日米安保のみに反対の右派に分裂し、五五年（昭和三〇年）の再統一までそれぞれが社会党を名乗って内部抗争に明け暮れていた。その抗争にエネルギーをとられ、破防法反対の有効な国民運動を起こせずにいた。須田の筆は、「容共」をめぐって左右対立する社会党の不甲斐なさを厳しく叱責する。

「国鉄労組などからの統一申し入れにかかわらず、左右両派社会党の関係は、いよいよこじれ、五月二十三日鈴木・浅沼両氏の悪罵に近い応酬まであり、勤労大衆を失望させている。……（中略）

〈かつて〉『国体の本義にそむく』というレッテルをはられることが致命的であったのである。このレッテルをおそれるあまりに、国民のあらゆる創意が萎縮し、すべての健全な理性が葬り去られたのである。戦慄すべきコトバの魔術であった。いま似たような魔術のために『容共』というレッテルが用いられている、といったら誇張であろうか。……〈中略〉カリフォルニア大学の四十九名の教授は『自分は共産党員ではない』という宣誓せよという理事会に抗して署名を拒否した。共産党員でないものが『共産党員ではない』と宣誓するのをなぜ拒否するのか、日本人の多くには理解し難いかも知れないが、この教授たちはかような宣言をすることは、あらゆる人権の基礎をなす『思想の自由』を傷つけることを意味すると考えたのである。……〈中略〉わが国の社会民主主義者がこのレッテルをおそれるあまりに、みすみす吉田政権の『分離・支配政策』に乗ぜられて、無用な骨肉の争いをくりかえさないよう勤労大衆は望んでいる。全面的な合同は早急には困難であるとしても、国会内外における統一戦線を強化することこそが、悪法撤回のためぜひとも必要ではあるまいか」〈五二年五月二六日〉

終生、容共・ノンセクトを貫いた須田らしい「統一戦線」論だ。カリフォルニア大学教授たちの例をもちだして民主主義の根幹を説くあたりにも、須田一流の「ラディカリズム〈根源主義〉」がのぞいている。七月三日、国民各層の幅広い反対の声を無視して破防法案が参議院で可決されると、須田はこんな出だしの社説を書いた。

「『今日のいわゆる全能な国会が、むかしのカイゼル治下の無力な国会が持っていた程度の尊敬と信用さえドイツ国民から受けていないのは、何という悲しむべき皮肉であろうか』──一九二六年、ワイマール憲法下のドイツ民主党議員ミュラー・マイニンゲンはこのように嘆いている。破壊活動防止法が参議院で可決された日、同じ嘆声を日本国民が発することは、いかなる強権をもってしても禁圧しえないだろう」（五二年七月四日）

一九二六年といえば、ヒットラーのナチスが台頭してくる前夜といってよい時期である。しかし、一九年には当時の世界で最も民主的とされたワイマール憲法を制定してもいる。それなのに国会は形骸化し、帝国主義的膨張政策でドイツを第一次世界大戦へ導いたカイゼルことドイツ皇帝ウィルヘルムⅡ世の時代の国会ほどの尊敬と信用さえ国民から受けていないと嘆いた話だ。それを日本の破防法国会に重ね、世界に誇ってよい新憲法を制定し、新生民主主義国家への道を歩みだしたはずなのに早くも逆行する動きが出てきたことを、痛烈に皮肉っているのである。こうして強烈なパンチをくらわせた後には施行後の問題点も的確に指摘する。次のような内容だ。

「第一にわれわれのおそれるのは言論の萎縮である。吉田首相は一日の参院本会議において『破防法に反対するものは暴力団体を教唆煽動するものである』と答弁した。そうすると、破防法施行後、この法の撤廃を要求する運動は『教唆煽動』として法の対象とするつもりなのであろうか」「第二にわれわれは、特審局が公安調査庁に昇格し、予算七億円をもって行う活動が、かつての思想警察の復活となり、国民の私生活の安寧がみだされることをおそれる。……（中略）今日すでに特審局が一件あたり五百円から五万円までを密告の礼金として支出しているのは当局も認めている」

「第三に、われわれはこの法の実施が、秘密予算を生む橋頭堡になることをおそれる。……（中略）この法によって暴力行為をする団体はますますその地下組織を強化し、その戦術を巧妙にするであろう。それと対決するためには政府機関も『秘密性』を帯びるようになるのは必然である。この『秘密性』を拠りどころとして、政府が国会の審議権の立ち入りがたい秘密予算を組む可能性は十分予見されるのである。こうして『国権の最高機関たる国会』が行政権の前に蒼ざめてゆき、国民大衆から明治憲法下の帝国議会が持っていた程度の尊敬と信用をさえ失うようになるならば、それは民主日本の墓場である」

須田の危惧はずっと後にオウム真理教事件で現実化するのだが、破防法は七月二一日に公布・施行されることとなった。須田はその直前にも、「運用を監視せよ」と題し、破防法の濫用や拡大解釈を厳しく戒める。より現実的な観点から歯止めをかける狙いだ。須田は破防法を「剣の上に彫られた法律」と形容し、①合法的な労働組合や文化団体への捜査への懸念、②検閲制度復活の危険、③条文にある活動の制限・団体の解散の濫用への懸念、④公安調査庁の官僚に対する職権濫用処罰規定が訴追や反省などにより真に生かされるかどうかへの懸念――の四点を監視すべき点として挙げる。そして、憲法を盾に、国民の採るべき態度をこう論じる。

「職権濫用の事実がある場合は、国民は断じて泣き寝入りしてはならない。泣き寝入りすることこそ『この憲法が国民に保障する自由および権利は、国民の不断の努力によって、これを保持しなければならない』という憲法第十二条の規定をみずから踏みにじることを意味し、自らのみでなく、同胞八千万を暗黒へ導くものであることを肝に銘じておくべきである」（五二年七月一七日）

あくまでも国民の視線、立場からの論であり、権力の不当な行使に対する人民の「抵抗権」をベースにしていることもうかがえる。逆コースにからむ出来事について、須田の論説をさらに追ってみよう。

下山事件、三鷹事件とともに「国鉄三大ミステリー事件」と呼ばれる松川事件の第二審・仙台高裁判決が五三年（昭和二八年）一〇月二二日、出された。事件は四九年八月、福島県の松川町（現・福島市）を通過中の青森発上野行きの国鉄列車が突然、脱線転覆し、蒸気機関車の機関士と助士の三人が死亡したもの。

当時、国鉄では大量の首切りを計画しており、捜査当局はこれに反対する東芝松川工場労組、国労、日本共産党の謀議による犯行と断定して労組関係者二〇人を逮捕、一審の福島地裁では全員有罪、二審でも一七人が有罪となった。だが、その前後から作家の広津和郎、宇野浩二が『中央公論』『文藝春秋』で被告らを犯人視する見方に疑義を唱え、幅広い支援運動が広がった。五九年（昭和三四年）には最高裁が二審に差し戻し、検察側が隠していた被告のアリバイを証明する文書が明るみに出るなどして謀議説が破綻、全員無罪となり、検察側が再上告するも六三年（昭和三八年）、最高裁で無罪が確定している。

須田は最初の二審判決が出される三日前に、この事件捜査と裁判のありようを思想の自由の問題として捉え、次のような社説を書き、商業新聞のなかできわだつ見解として注目された。

「自由主義国家が自由主義国家たることを誇り得る根本は、思想の自由の確保にある。思想の自由のない自由主義国家とはナンセンスである。思想の自由とは何か、それは米国最高裁のホームス、ブランダイス両判事のいうように〝われわれの同意する思想のための自由のみではなしに、われわれの憎悪する思想のための自由をも保障する〟ことである。

一つの犯人不明の犯罪が突発した場合、これが捜査にあたるものは、あくまで物的証拠に即して、いわば帰納的に結論を出すべきである。おのれの思想・政治的好悪の先入見をまじえて、演繹的に結論を出すことは断じて避けねばならない。それは思想自由の原則の蹂躪であり自由主義国家たる資格を奪いさるものである。昭和二四年八月松川事件突発の二日後（まだ一人の容疑者も捕われないうちに）ときの内閣官房長官増田甲子七氏は〝共産党の陰謀である〟と語った。事件の捜査にあたった当局が、政府要人のこのような談話に動かされて先入見を交えることがまったくなかったかどうか。

松川事件第一審の結審までの経緯をふりかえってみると、どうも演繹的に結論を急いだという印象を受けざるを得ない。秘密主義の日共が非党員の赤間某を、党の興廃にかかわる陰謀に参加させるだろうか……赤間の自供がもし崩れるならば、検事の論告はすべて空中楼閣となってしまう。

現場で発見されたレール継ぎ目板のうち二枚が何のわけか証拠品として提出されずに福島地方検察庁の倉庫にしまいこまれていたこと、弁護団が調書の閲読を申し出たのに検察側が拒絶したことなど不思議なことが多すぎる。……（中略）われわれは共産主義にどんなに反感を持とうとも、そのために先入見をもって演繹的に物ごとを判断してはならないのである」（五三年一二月一九日）

米国最高裁の両判事は二〇世紀初頭の米国で、言論の自由は最大限に尊重されるべき、民主主義の核心的な価値であることを説いた人物であり、その言は今ではしばしば引用されるが、須田の引用はずっと早い。反共、赤狩りの嵐が吹き荒れる戦後日本では、「国鉄三大ミステリー事件」に共産党の関わりを疑う見方が強かった。須田は、先入見による決めつけを厳しく戒め、両判事の見方を自由主義の根本原理として紹介したのだ。とかく「商業新聞」がこうした共産党がらみの思想問題に腰を引きがちだったのに、須田はひるまなかった。そして、この慧眼の正しさは数年後、最高裁の確定判決で証明された。

逆コースは教育にも及んだ。戦後教育の土台を示す教育基本法が四七年三月三一日に施行されたが、五一年五月一日、ＧＨＱのリッジウエイ指令官は占領諸法令を日本政府が再検討することを認める「リッジウエイ声明」（これには公職追放の解除も含まれており、この年に一七万五〇〇〇人が解除され、翌年の対日講和条約の発効で全員が追放解除された）を発表、教育制度の再検討も俎上に乗せられることになった。須田は、この検討をする吉田首相の私的諮問機関である文教懇話会のメンバー構成（安倍能成ら七人に吉田首相と天野貞祐文部大臣）に社説で率直な懸念を表す。

「われわれとして気がかりなのはこの懇話会のメンバーであるいわゆる『老自由主義者』たちが、紳士としては申分ない人たちばかりであるが、全体主義思想にたいして身を挺して戦ったものは少なく、やや低回的色彩が強く、ひょっとすると『過ぎし明治のよき日』についての郷愁をもつ人が案外いるのではないか、ということである。もしそうだとすれば、昭和の侵略戦争の種子がすでに明治時代にまかれていたことについての認識が浅く、『新教育』再検討に名を借りて、復活をたくらむ古い道学的教育家にチャンスを与えることになりはしないか」（五一年六月一六日）

「昭和の侵略戦争の種子がすでに明治時代にまかれていた」ことについては、この社説の冒頭に、「女性の解放程度が一国民主化の進展を示す指標となるごとく、教育事情を調査すれば、その国の全体主義化の危険の濃度がわかる、といわれる。またことに、われわれ日本国民の今日のごとき悲惨な運命は教育勅語の発布された明治二十三年のうちに早くも予見されるべき性質のものであった」と述べてあり、それを受けての表現だ。安倍や天野ら、教育勅語体制下で教育を担ってきた人物たちがその現場でどこまで全体主義化に抗ったのかを疑問視し、再検討がかつての教育へと逆戻りしかねないことを案じているのだ。そして、こう訴える。

「なにより大切なのは、教員のなかから権威に屈従する卑屈な精神を叩き出すことである。上からの指示が己の教育理念と合致しない場合は、教育委員会であろうと、文部大臣であろうと、直接面談して腑に落ちるまで討論するくらいの自負がなければ生きた教育はできるものではない。一方教育委員の方もそのような気骨のある教員を通り一ぺんの規則で縛らず、自由に活躍させる度量をもって欲しい。……（中略）軍国時代の教育家の大量の追放解除と、新学制の再検討とが、君が代行進曲の二重奏とならないよう、われわれは厳重に監視せねばならない」

須田が佐原の高校で実践した教育の理念を論理化すれば、こんな内容になることだろう。しかし、その後の教育の流れ、そして今日の「日の丸・君が代」反対教師に対する過重な処分の乱発を見るにつけ、この時点の須田の懸念が現実化していると言わざるを得ない。戦後すぐの逆コースに発した問題が今日にも色濃く影を落としていること、議論の本質がまったく変わらないことに驚かされる。もう一つ、同様な問題として、愛国心の育成がある。これも当時、にわかに唱導されだし、須田は五四年年頭の社説で戒めている。ロダンの傑作彫刻で有名な「カレーの市民」の故事を引き合いに次のように始まる。

「カレー市は、ドーヴァー海峡をへだててイギリスと最も近接した位置にある。一三四七年イギリス国王エドワード三世はフランスの王位をも要求して上陸、カレー市を包囲した。ときのフランス王室は腐敗堕落しており、抗戦するすべもなかった。イギリス軍は〝市民が戦禍をまぬがれたいなら、市民の上層から六人の犠牲者を選べ。明朝その六人は裸頭裸足、自ら縄を首にまき、城門のカギを手にして来れ〟という条件を出した。市の長老サンピエールをはじめ六人の市民が名乗り出て犠牲となった。イギリス王はカレー市の繁栄をねたみ、そののち約束を破って市民を放逐し、イギリス人を殖民させた。しかし放逐されて祖国の各地に散った市民たちは、六人の愛国者の故事を語り継いだ。やがてオルレアンに少女ジャンヌ・ダルクが現れたのは決して偶然ではない。祖国への献身と死の恐怖とにはさまれて苦悶する人間像――ロダンは等身大の群像を台座なしにカレー市庁の広場におき、市民たちがこの彫像と肌をふれあえるようにしたかった。……（中略）

新しき愛国心の育成が日本国民の中心課題として要請される今日、われわれはこの『カレーの市民』の前に深く想いをいたしたい。砲煙弾雨の中へ飛びこむことと、カレーの市民のごとく静かに城門外へ進み出ることと、いずれがより大きな勇気を要するかは問うまい。……（中略）憲法擁護を説く教員は〝教育の中立性を破るもの〟との指弾を受け、松川事件の第二審判決に疑義をはさむと〝裁判の公正を信じない非愛国分子〟と言われるようになった。左派社会党すらが綱領原案に反対するものに対してマッカーシーふうの糾明をするようになった。このような形で進められる騒々しい愛国心が〝いつか来た道〟を再びとらないと誰が保障するか」（五四年一月三日）

愛国心とは国のために銃をもって戦うことだけではない。平和憲法を掲げて再出発した国民の採る道はむしろ、そこには無いことだろう。「カレーの市民のごとく静かに城門外へ進み出ること」に、須田はこれからの日本人の指針を見出したはずだ。だが、「騒々しい愛国心」を鼓舞する議論は、須田社説から半世紀後の今もかまびすしい。私たちの社会が、間に高度経済成長をはさんで経済大国化はしたものの、基本的には内容面でほとんど前進していないのではないか、とさえ思える。

話を政治・外交に戻せば、大きな外交問題として日ソの国交回復問題が浮上していた。これでソ連との戦争状態を解消することになるわけだが、ここに至る経緯をかんたんに説明しておこう。

講和条約の発効後、追放解除（五〇年一〇月から五一年六月までにほぼ全面的に解除）により大物政治家らも復権してきた。これでナショナリズムが高まり、露骨な対米追随の吉田路線への批判が強まった。さらに五四年には政府・自由党幹部が海運・造船会社から巨額の政治献金を受けた造船疑獄事件が起きた。これは、計画造船の割り当てと外航船建造に利子を補給する法案の制定をめぐって船主・造船業界と政官界から贈収賄容疑で多数が逮捕され、自由党の佐藤栄作幹事長の逮捕方針が出されたところで、吉田首相の意を受けた犬養健法務大臣が検事総長に指揮権を発動して逮捕を中止させたもので、この事件で吉田内閣に対する国民の眼はいっそう厳しくなる。

この時、自由党内で吉田と対立した鳩山一郎は、五四年（昭和二九年）一一月、党内の反主流派を率いて改進党と合併して日本民主党を結成。その翌月、同党と左右社会党の野党三派による内閣不信任案の可決が確実になった時点で吉田内閣は総辞職し、鳩山が後継首相に就いた。吉田路線への訣別にとどまらず、それまで離合集散を繰り返していた政党が再編に向かうという点でも、この時期は戦後史の一つの画期といえる。

再編に拍車をかけたのは、五五年（昭和三〇年）二月末の総選挙だった。鳩山・日本民主党の獲得議席数が吉田・自由党のそれを大きく上回る一方、社会党など社会主義政党も勢力を大きく伸ばした。一〇月、左右両派に分裂していた社会党は「逆コース」への危機意識から再統一（委員長・鈴木茂三郎、書記長・浅沼稲次郎）される。これが刺激ともなって保守勢力の強化を望む声が高まり、一一月には自由党と民主党が合同して自由民主党（初代総裁・鳩山一郎）を設立している。以後三八年間続く「五五年体制」、その実質は保守の安定政権である体制が、ここに始まったのである。

鳩山首相は吉田との違いを鮮明に打ち出そうとした。対米協調を基本としながらも対米自主路線をとり、中ソとの国交回復と国際緊張緩和を公約に掲げた。ただし、中国とは通商面の改善にとどめられ、現実の国交回復はソ連に絞られた。さらに、吉田が慎重姿勢だった憲法九条の改正も掲げたが、総選挙で社会党、労農党、共産党などの勢力が憲法改正発議を否決できる議席数を確保したので、この構想は引っ込めざるを得なくなった。となれば、最大の政治課題は日ソ国交回復となる。

須田は憲法改正などの動きには反対を訴え続けたが、日ソ国交回復にはサンフランシスコ体制からの脱却を図る好機ととらえ、早期回復を主張した。この点では鳩山の姿勢を歓迎したのだが、いざ日ソ間で交渉に入ると領土問題をめぐってサンフランシスコ体制のゆがみ、米国の思惑と圧力が暗い影を落とし、須田の筆鋒はそこに向けられる。

日ソ国交回復交渉は五五年六月、日本側が松本俊一、ソ連側がマリクを全権代表としてロンドンで会談に入り、長期の折衝を通じて、戦争状態の終結、大使の交換、漁業条約発効、抑留者送還、日本の国連加盟支持などの条件をソ連は受け入れたが、領土問題だけは日ソ間で折り合いがつかなかった。領土問題とは、日本とソ連の間に横たわるいわゆる「北方領土問題」（この表現では樺太＝サハリンを含むので、正確には「千島問題」とすべき）、すなわち千島列島の日本復帰をめぐる問題であり、ソ連側が歯舞、色丹諸島の返還を提案したが、日本側はそれを拒否している。

千島問題には複雑な歴史的経緯がからみ、日本国内においても歯舞・色丹の二島返還論から、それに国後・択捉を加えた四島返還論、さらに南は国後から北は占守島《しゅむしゅ》までの全千島返還論までさまざまな主張がある。日本国内における千島列島返還を求める運動は、戦後すぐの四五年から始まった。戦前から南千島諸島に暮らし、ソ連の参戦で北海道の根室地方に引き揚げた元島民たちが中心であり、出漁を閉ざされた漁民たちが望郷の思いとともに運動を始めたのだ。だが、まだ一般の人たちの関心は薄く、地元紙の道新でも四九年一二月の社説で対日講和とのからみで取りあげたのが初めてである。やがて運動が全道規模に広がると、五〇年一〇月三〇日付社説で「われわれの称する千島は、南は国後島から北東方は占守島にいたる延長千百八十キロにわたって点綴する列島である」と説明した上で、全千島の返還を主張し、以後、この主張を堅持している。

領土がらみの須田社説の基本的主張も道新のかねてからのそれと変わらず、冷静な論理で筋を通し続けた。荒瀬豊はこう評している。

「(須田は) 日ソ交渉にはサンフランシスコ体制の危険をのぞく『友愛外交』の好機として早期解決を主張しつづけ、たとえば社会党にたいし『当面する日ソ交渉を妥結するために、なぜ勤労大衆の政治的エネルギーを結集しようとしないのか』と要求するほど (五五・一〇・一一および一五) だった。ただし、日ソ交渉に日本政府がもちだした北方領土問題については、歴史的に千島全島が日本領であるが、サンフランシスコ会議においてその領有権を放棄したとのべた以上は、クナシリ・エトロフでさえ返還後に対ソ基地化をしないという保障が必要でもあり、対日戦参加国の国際会議によるほか完全解決はもとめえない、という見解を早くから繰り返しのべていた。……(中略) 千島がかつてその行政範囲の一部であった北海道の新聞でありながら、『北方領土』の狂騒的な呼びかけからはもっとも遠い冷静な論理を先んじて提示し堅持しつづけたことに心をとめておくべきだろう」(『月刊たいまつ』臨時増刊号「須田禎一　人と思想」、荒瀬豊「ジャーナリストとしての須田禎一」)

須田は終始、返還運動の狂騒的なムードとは距離を置き、国際条約上の筋を通し、かつ日本国民にも納得できる論を模索し続けた。だが、日ソ交渉は結局、領土問題を継続審議とすることで決着し、五六年(昭和三一年)一〇月一九日、両国は日ソ復交共同宣言に調印した。しかし、中身はロンドン交渉における合意範囲にとどまり、領土問題は今日まで尾を引く問題となっている。須田は調印翌日の社説に次のように書いた。

「このたびの妥結内容は日本にとって必ずしも成功とはいえない。こんなことならなぜ平和条約方式を採らなかったのか。合理的な説明は見出しにくい。

国後・択捉をソ連領と認めるのを避けて一応『継続審議』に持ち込んだのがプラスといえばプラスかもしれない。しかしソ連側が日米安保条約と国後・択捉とを関連させて考えていることは、容易に推定できる。つまり、日本がサンフランシスコ体制から脱却しないかぎりソ連は国後・択捉を日本に返還しないであろう。今までの形で日本が国後・択捉の返還を固執するならば平和条約は結ばれず、したがって歯舞・色丹の復帰もそれだけおくれるわけである。……(中略)

それにもかかわらず日ソ交渉が妥結し得たのは、両国国民の善隣友好・平和共存への熱望のたかまりがあったからとみるべきだろう。われわれは両国の批准が速やかに終り、修交が一日も早く実現することを切に願っている。被抑留者同胞を暖かい家庭へ、漁民を安全な漁場へ、そしてわれわれの祖国日本を国際連合のヒノキ舞台へ。サンフランシスコ会議いらいゆがみにゆがんできた日本外交を（したがってまた、それにつらなる内政をも）まともなものに建て直すときが来たのだ。

まずなすべきは『サンフランシスコの配給眼鏡』（あるいはダレス製人造頭脳とよんだ方が適当かも知れない）をはずして、おのれの眼で視つめ、おのれの頭脳で考える習慣をつけることである。……（中略・共同宣言にソ連側が『原・水爆の禁止』の一項を入れようとしたのに日本側が削除を求めたことを紹介して）ソ連側は削除に同意したが、腹の中では『日本はやっぱり米国に気がねしているのだな』と軽べつしたに相違ない。恥ずかしい話である。こういう『気がね』はもうやめてよい時である。

第二にはこれを機会に個人中心の政治を政策中心の政治に切りかえることである。……（中略）第三には思い上がった先進国意識を自制してアジアのなかま入りをすること、とりわけ新中国との修交に努めることである」（五六年一〇月二〇日）

須田が強調していることは、サンフランシスコ体制からの脱却である。「千島問題」の解決を図るには、日米安保が「目の上のコブ」的な障害になることを、須田は一貫して主張しているのだ。「サンフランシスコの配給眼鏡」とは辛らつだが、きわめて的を射た表現だろう。吉田が退陣し「友愛外交」を唱える鳩山が登場したのだから、これはチャンスであると見ていたのに、結果は満足の行くものではなかった。「継続審議」としたのが、わずかな救いだったというのだ。この時点ですでに須田が「新中国との修交」を主張しているのも注目される。

日ソ交渉はこうして妥結したものの、領土問題は今日までまったく解決していない。須田は交渉妥結二年後の五八年（昭和三三年）一〇月号の雑誌『世界』に、自らの考えを「千島問題の理解のために」という論文にまとめ、さらにそれを改訂したものを六〇年（昭和三五年）刊行の評論集『オリオンの盾』（中山房）に収めている。論壇でも注目された論考なので、ここで改訂論文のエッセンスを紹介したい。ただし、その前に千島問題のポイントを押さえておこう。議論を複雑にしているのは、領土の画定を考える際に考慮すべき条約や宣言が複数あり、それらのどれに重点を置くか、どう解釈するかによって結論が異なるからだ。具体的には主に次の四つの条約、宣言、協定が関係している。

・「樺太千島交換条約」……一八七五年（明治八年）、日ロ間で締結。日本はそれまでの歯舞・色丹と南千島（国後・択捉）に加え、ウルップ島以北の北千島一八島も領土とする。すなわち全千島を領土とし、全樺太をロシアに譲るという内容。

・カイロ宣言……一九四四年（昭和一九年）一一月、米英中の三国首脳がカイロで会談して出した宣言。「連合国は領土拡張の意思はない」との規定がある。

・ヤルタ協定（ヤルタ密約）……一九四五年（昭和二〇年）二月、米のルーズベルト、英のチャーチル、ソ連のスターリンが会談し、ルーズベルトが、千島列島をソ連に引き渡すことを条件にソ連の対日参戦を促した秘密協定。これに従い、ソ連は終戦直前の四五年八月八日、日ソ中立条約を一方的に破棄して日本に宣戦、満州に侵入を開始した。日本政府は、「ヤルタ協定は米英ソ三国間のもので、日本はなんら拘束されない。南樺太、南千島の領土権は主張できる」との見解を出している。

・サンフランシスコ講和条約……五一年（昭和二六年）九月締結。日本は千島列島と南樺太の権利・権限・請求権を放棄した。しかし、ソ連は調印しておらず、日本政府は一八五五年の日露通好条約で定めた択捉島以南の南千島は含まれず、中部・北部の千島列島、南樺太は帰属先が未定だと主張している。

さて、須田論文である。須田はまず、一八七五年の「樺太・千島交換条約」が手続き面でも内容面でも平和裏に成立したことを説く。それまでは一八五四年の「日露和親条約」により、北千島はロシア、南千島は日本、樺太（サハリン）は双方の雑居地とされていたのを、交換条約で日本が全千島を、ソ連が全樺太をそれぞれ領土とすることにした（ただし、樺太については日露戦争後の一九〇五年、日露講和条約により南樺太が日本領となった）。この点を押さえておいて、話は敗戦時の「ポツダム宣言受諾」と「サンフランシスコ条約」に飛ぶ。以下、論文を引用する。

「一九四五年、日本は敗戦によってポツダム宣言を受諾し、『暴力および強欲によって略取したすべての地域』から駆逐されたが、千島列島の領有が『暴力および強欲による』ものでないことは明らかであろう。しかし、一九五一年調印したサンフランシスコ対日平和条約の第二条（C）において、日本が千島列島を放棄させられたのは、動かすことのできない事実である。しかも、この千島列島のなかにクナシリ・エトロフ両島がふくまれていることは、〝批准国会〟における条約局長西村熊雄の答弁が、はっきり議事録に残っている」

須田は、講和条約における「千島放棄」を事実として認める。そして、戦後のソ連の千島領有についてはこう見る。

「ソ連がこの平和条約に加わらなかったとの理由で、千島がソ連の領有となった法的根拠を否定するものがあるが、これもおかしい。なぜなら、日本が放棄してしまった以上、あとの処分の権利は連合国側にある。そして連合国のなかでは、一九四五年二月にヤルタ協定で『サハリン島南半のソ連への返還と、千島列島のソ連への引渡し』が約束されていたのだから、米・英はヤルタ協定を破棄しないかぎり、ソ連の千島領有に異議を申し出ることはできない」

次に、ポツダム宣言の「日本国の主権は、本州・北海道・九州・四国ならびに、われらの決定する諸小島に極限せらるべし」との条項の検討に入る。問題は「諸小島」の位置づけである。

「〝われら〟とは連合国のこと。本州・北海道・九州・四国というのは、日本国内の行政単位ではなく、地理上の四つの島という意味である。したがって、その他の〝諸小島〟が日本領にとどまるか否かは、道義的には『暴力・強欲によって略取した島か否か』にかかわるのであるが、法理的には連合国の『決定』にまかされていたわけである。

したがって、ソ連が頑固な態度をやわらげて一歩をゆずったとき、日本側は率直に喜んで受けとるべきであった。それを日本の与党筋は〝もう一押しすれば、もっと譲らせることができる〟と錯覚し、しかもその〝その一押し〟をアメリカのバック・アップにたよった。マリクの譲歩表明のあった直後の九月一日、ワシントンでダレス・重光の共同声明が出され、日米軍事協力の強化が誓われた。おかげでマリクはもとの頑固な態度にもどり、日ソ交渉の第一幕はとじられた」

須田は「道義」「法理」という二つの側面を峻別し、「暴力・強欲によって略取した島か否か」という道義よりも、「連合国の『決定』にまかされている」という法理の観点を本筋とする。その上で、連合国の一員であり、破棄されない限り有効なヤルタ協定を結んだソ連が、わざわざ二島を返還すると譲歩してきたのだから受けとればよかったのだという。それなのに欲を張り、さらに日米軍事協力を強化してしまったのだから、ソ連が態度を硬化させるのも無理はないというのだ。

須田がこの論文を書いた六〇年は、「六〇年安保」で日本国内が揺れ動いた年である。新安保を強行成立させようとする岸政権への牽制からか、ソ連側はハボマイ・シコタンの返還には外国軍隊の撤退が必要との新条件をつけ加えてきた。須田はそれも一理あると見る。そこから、独自の提案へ論を発展させる。

「ぼくはまず第一にサンフランシスコ平和条約の改訂を要求する。日本の国際的地位をこんなにまでゆがめてしまったのは、占領軍を駐留軍の名で、そのまま居残らせてしまったところに原因がある。それは安保条約を基礎づけた平和条約に根ざしている。そのうえ、この平和条約は、第二条において暴力とも強欲とも無関係な千島列島を放棄してしまったし、その第三条においては沖縄・小笠原に対するアメリカの理不尽な施政権を認めてしまっている。これらはできるかぎり早急に改訂せねばならない」

サンフランシスコ条約の改訂という大胆な提案に踏み切っているのだ。須田が第一に念願したことは軍事占領の解消であり、片面講和を選んだゆえのゆがみの是正だった。自らの立脚点を見失わない須田は、次のように日本が抱えている矛盾を諄々と諭す。

「千島・沖縄・小笠原の回復を、日米安保体制（事実上の軍事同盟）のもとで要求するのは、論理的にナンセンスであり、実践の上ではデマゴギッシュである。どこの国とも軍事関係を結ばない（したがって国土の一角たりとも外国軍の基地たらしめない）ノン・アラインメントの外交路線を敷いてこそ、北はシュムシュ島から南は八重山諸島にいたる全日本列島をわれわれ自らの手におさめることができるのである。……（中略）

もし、それまで待っていたなら、零細漁民のアゴがひあがってしまう、というのであったなら、クナシリ・エトロフのソ連主権を一応認めた上で、入会漁業権協定を結ぶほかない。それには日ソ平和条約が必要となるであろうが、ソ連が今年に入って新しくつけ加えた条件は、日本国民が枝葉にとらわれず問題の核心を把握する上では、かえってプラスの役割をはたすのではないか、とぼくは思う」

つまりは、第一にサンフランシスコ体制とその延長線上の日米安保体制・軍事ブロックを解消せよ、それができないというなら、第二の選択肢としてクナシリ・エトロフのソ連主権を認めて入会で漁業をさせてもらうしかないだろう、それほど根本的な択一を迫られる問題なのだ、と主張しているのである。領土とその主権の在り方を広い視野で捉え直して核心を抉り出す、須田らしさのにじみ出た論といえる。

日ソ国交回復がなると、今度は六〇年の日米安全保障条約の全面改定が最大の政治課題として浮上し、日本全体を二分する大きな議論が沸き起こった。その主役は「昭和の妖怪」とも言われた岸信介首相であり、須田論説は岸の政治姿勢と真っ向から対峙し、須田の評価を一段と高めることになる。いわば論説記者・須田のクライマックスを迎えるわけだが、その前にこの時期の須田自身の消息を紹介しておく。

五五年、須田は新生なった人民中国を引き揚げ後初めて訪ねている。ジャーナリスト会議の吉野源三郎のあっせんにより、中国新聞工作者聯誼会に招待され、第一回日本新聞通信放送代表団が組織された。そのメンバー一四人の一人に選ばれたのだ。七月末から九月はじめまでのひと月半をかけ、広州・北京・天津・ハルビン・長春・瀋陽・鞍山・撫順・上海・武漢をぐるりと回るもので、あちらでは郭沫若が歓迎してくれた。

須田が帰国後ほどなく脱稿した郭の戯曲『屈原』の翻訳本は五二年に未来社から上梓され、その年に前進座で土方与志演出、河原崎長十郎主演で東京の豊島公会堂を皮切りに全国各地で上演された。翌五三年にも『屈原』の姉妹作『虎府』の翻訳も同じ版元から出版しており、これで須田は郭翻訳者としての定評を得ていた。念願の郭との対面は原作者と翻訳者として果たすこととなった。郭はこの年末に学術代表団の団長として来日しており、その際は須田が案内役として箱根などへ同行している。それはともかく、須田は中国再訪の印象を次のように記している。

「〝遥か離れた　そのまた向こう
　誰にでも好かれる
　きれいな娘がいた〟――
いま中国の青年男女のあいだではやっている歌である。共産圏だからって、革命歌ばかりうたっているわけではない。

屈原役の河原崎長十郎（中央）と須田（右端）

人間の愛情が革命の祭壇のいけにえに供されるとすれば、それは悲しいことだ。中国の人民革命をそういうものとして見たがる人も少なくはあるまい。しかし、人間の愛情の全き発揚をたすけるために人民解放が行われたのだ、という見方も存在する。

どちらの見方が正しいかは、ここでは問うまい。ただ、四〇余日にわたってわたくしが直接ふれた中国の民衆は、『革命』の厳しさに頭をちぢめてはおらず、『解放』のよろこびに胸をはっていた。

この五月にソ連軍が旅順大連地区より撤退してから、中国の全国土に外国の軍隊は一兵も見られなくなった。一一四年前のアヘン戦争いらい、かつてなかったことである。愛の歌が唇にのぼるのも当然だろう。

北京郊外の万寿山でも、ハルビンの松花江畔でも、上海のプーシキン像の傍らでも、わたくしは

〝説愛談情〟のアベックを見た。あるいは彼らは〝同志〟として〝五ケ年計画達成〟について論じあっていたのかもしれない。しかし、それにしてはどうも声が低く、ささやきが鼻にかかっていたようだ。

物質的建設のめざましさもさることながら、新しい人間像がどのようにきずかれつつあるかが、もっと大切なことである」(「北海道新聞」五五年九月一二日)

やや美化しすぎているかという面もあるが、けっして人民中国の手放し礼賛ではない。アヘン戦争以来初めて、中国全土から外国軍隊が撤退したことに眼を向け、それを「解放のよろこび」と讃えた裏には、わが日本が、須田が最も危惧した外国軍の居残り状態にあることを暗に批判しているともとれる。物質的建設のめざましさを否定せずに、しかしそれ以上に大切なことが、これから築かれる「新しい人間像」であることを指摘しているところに、理想家・須田の中国への期待が感じられる。

その期待はかつて須田と近かった日本共産党にも向けられていたのかもしれない。同党は、須田の大陸旅行中の七月に第六回全国協議会(六全協)を開き、それまでの武装闘争路線を放棄し、議会闘争路線へ大きくカジを切り始めた。しかし、須田はその路線に不信の念を隠さなかった。

「(六全協後)地下にもぐっていた多くの党員が再び姿を現した。ぼくが帰国した直後、かねて顔みしりの若い党員がぼくを訪ねてきて、〝くるしい生活ゆえに女房が精神異状を呈した場合、これまでの党は、党活動に支障をきたすから離縁しろ、と言った。六全協以後は、離婚せずに暖かく介抱しろ、と言うように変ったのですよ〟と誇らしげに語った。ぼくは〝そんなことにまでいちいち上部からの指示に従うのでは、以前と本質的に変らぬではないかね〟と、やや意地わるく言ってみた。彼は、〝ほかの人はみんな感心してくれたのに〟と、機嫌をわるくして帰っていった。

左から郭、須田、内山完造。郭の来日時に。

『帝国ノ存立マタ正ニ危殆ニ瀕セリ、事スデニココニ至ル、帝国ハ今ヤ自存自衛ノタメ蹶然起ッテ一切ノ障碍ヲ破砕スルノホカナキナリ』と開戦して、多くの国民を死なせながら、あげくのはては自分の地位の確保だけを条件に取引しようとして、『万世ノタメニ太平ヲ開カム』などと、のほほんと言い放った天皇制と、それはどこが違うのか。多くの青年のなかに敗戦ぼけに似た〝六全協ぼけ〟がひろがったのも理由のないことではない。ぼくはもとより六全協前の徳田＝志田路線を支持することができなかった。しかし六全協の〝イイフリコク〟作風にも、不信の念を抱かざるを得なかった」（須田『思想を創る読書』）

若い党員は党の改革を誇らしげに語ったのかもしれないが、須田にかかれば虚飾の皮がはがれ、本質がむき出しにされてしまう。結局は共産党も、開戦の責任をとらずに自らの延命を図った天皇制と変わらず、時勢に合わせて自らの延命を図っただけではないかと手厳しい。須田の前では右も左も容赦なくばっさり斬られるのである。

中国でも日本でも須田の期待は若い人たちに向けられた。須田がもともと若者好きだったこともあり、若者のほうでも須田を好いた。このころ、駒沢の須田の自宅を教え子たちがよく訪ねてきた。佐原の女子高の女生徒や、文芸誌や学生新聞の活動などに加わった須田の母校・佐原高校の男子生徒らが卒業し、東京へ進学や就職で出ていたのだ。中には泊まりがけで来る者、半ば家族の一員になってしまう者もおり、須田はボーナス時には自分の子供と同額のおこづかいを教え子たちにも上げたという。

長女・眞理子によれば、「あの頃のことを今でも忘れない、と言ってくれる人がいます。そんな人が野菜やお餅を送ってくれるんですよ」という。須田の面倒見の良さはこれだけにとどまらない。牛堀で須田家に仕えた家の娘が二人上京していた。その面倒もかいがいしく見た。さらに、戦地から引き揚げた弟が五五年に結核で亡くなり、幼い男の子三人が残された。この甥っ子たちに、弟の妻が再婚するまで送金をしていたという。


須田が道新で社説を担当したのは、五〇年（昭和二五年）一二月から五八年（同三四年）一二月までのちょうど丸八年間である。五九年（同三五年）一月からは朝刊の一面下コラム「卓上四季」の担当になる一方、世の中は六〇年の日米安保条約の改定をめぐって混迷を深めて行った。まずは、そこへ至る流れを追うことにする。

時の政権は吉田から鳩山へ移り、鳩山は保守合同でできた自由民主党の初代総裁となって保守の長期安定政権への第一歩を踏み出した。しかし、この保守合同を中心になって推進したのは、岸信介だった。その背後には日本を「反共」の防波堤にしようとする米国の思惑とバックアップがあり、岸はそれを受けて国内保守勢力の結集に動いた。そして自らは第一次合同で日本民主党の幹事長、第二次合同で自由民主党の幹事長と、いずれも要となるポストを手にした。この二次にわたる保守合同を相次ぎ成功させたことにより、岸は政権内における確固たる地位を急速に築きつつあった。

日ソ共同宣言の調印から一カ月後、保守合同の完成からちょうど一年後の五六年（昭和三一年）一二月、自民党の第二代総裁を決める選挙が行われた。鳩山は病身であり、日ソ国交回復を花道に政界を引退することを表明していた。国連加盟へのソ連の了解もとっており、一二月には国連加盟も果たすことになっている。鳩山の後継に、石橋湛山、石井光次郎、岸信介が立候補した。いよいよ岸が最高権力の掌握に乗り出したのだ。しかし、第一回投票では岸が一位だったが過半数に達せず、決戦投票で二・三位連合を組んだ石橋にわずか七票差で敗れた。しかし、岸は約半数の支持を得たことをバックに組閣の人事工作に動き、自らも副総理格の外相に就任した。そこへ石橋が突然、肺炎で病臥してしまい、翌五七年（昭和三二年）二月、内閣総辞職し、岸が首相代行を務めることになった。

岸は、もともとは農商務省のキャリア官僚である。一八九六年（明治二九年）、山口県に生まれ、東京帝大法学部を卒業した一九二〇年（大正九年）、農商務省（後に商工務省）に入る。同省では、ドイツの産業合理化運動にならった国家統制による産業の合理化運動を推進し、三一年（昭和六年）成立の重要産業統制法の法文を起案し、実施にも精力を傾けた。これにより大資本と財閥の育成が国の手により加速されることになった。そして三八歳にして工務局長に昇進、省内きっての実力者・吉野信次次官と二人三脚で同省を牛耳るほどになった。

この実力と能力に軍部が目をつけ、三六年（昭和一一年）には満州国実業部次長として渡満、翌年には現地中国人のトップを差し置いて同部の実権を掌握しただけでなく、満州国政府の最高首脳の一人としての地位も手に入れた。ここでは、日本帝国主義の戦争遂行を支える軍需用重工業を発展させるために、産業五カ年計画の立案・実行にかかわっている。岸はこの計画遂行のために関東軍の歴代参謀長の板垣征四郎、東條英機ら有力将校と交わり、親しくなっている。そして、四一年（同一六年）一〇月から四四年（同一九年）七月までの東條内閣にあっては商工大臣あるいは軍需次官として戦争を指導している。

まちがいなく権力の中心にあって戦争遂行の旗を振ったのであり、四五年（同二〇年）九月一一日、岸は「真珠湾内閣」の東條英機首相、東郷茂徳外相、賀屋興宣蔵相らとともにA級戦犯容疑で逮捕されている。ところが、東條、板垣征四郎、広田弘毅七人のA級戦犯が処刑された四八年（同二三年）一二月二三日の翌日、岸は、賀屋ら他のA級戦犯容疑者一八人とともに不起訴とされ、釈放されている。なぜ岸が無罪放免となったのか――これは現在まで解明されない一大ミステリーとされており、たとえば国際政治学者の原彬久は次のような疑問を呈している。

「東京裁判における起訴の対象期間は、昭和三年一月一日から、ミズーリ艦上で降伏式のあった同二〇年九月二日までの一七年八カ月間、すなわち田中義一内閣から鈴木貫太郎内閣までの時代を含んでいる。この間の『犯罪』に問われて起訴された指導者たちに優るとも劣らない政治的役割を担った岸が、なぜ不起訴、釈放になったのかという問題は、岸自身が戦後日本に重きをなし、首相にまで登りつめた人物であるだけに、なおのこと注目され続けた。岸が無罪放免されたのは彼自身が獄中工作をしたからではないか、さらには岸が巣鴨でアメリカから特別に優遇されていたのではないか、という疑念はその一例にすぎない。しかしこの獄中日記（注・岸自身が獄中で書いた日記）をみる限り、岸みずからが『不起訴・釈放』のために何らかの工作をしたという形跡は見当たらない」（原彬久『岸信介―権勢の政治家―』岩波新書、一九九五年）

この謎を解く本が最近、米国で出版された。ニューヨーク・タイムズの記者で、過去に国防総省に関わるレポートでピュリッツァー賞を受賞しているティム・ワイナーが書いた『LEGACY of ASHES（邦題・灰の遺産。邦訳・『CIA秘録（上・下巻）』藤田博司他訳、文藝春秋刊）』だ。この本には「The History of the CIA」（CIAの歴史）という副題がつけられており、二〇〇七年に米国で出版された。その第一二章で岸信介、児玉誉士夫、さらに賀屋興宣を名指しし、彼らをはじめとする日本の有力政治家らが米国のCIA（アメリカ中央情報局）のエージェント（代理人）つまりはスパイだったと、はっきりと書かれてある。拙訳で引用する。

「米国が雇った最も有力な人物二人が、日本政府をコントロールするというCIAの秘密任務を助けた。二人とも大戦後の占領下日本で戦犯容疑で三年間収監されていたが、一九四八年の暮れ、他の戦犯仲間が処刑された翌日、釈放された。

岸信介はCIAの助けで日本の首相と政府与党の総裁になった。児玉誉士夫はアメリカの情報機関の手助けをすることで自由の身となり、国内最大の暴力団のドンとなった。二人一緒に戦後日本の政治を作ったのだ。ファシズムとの戦いで二人は米国の敵だった。共産主義との戦いでは、二人を米国が必要としていた」

本文は次に、児玉が戦時中に最大の闇マーケットを中国で経営して巨額の秘密財産を蓄えたこと、釈放後はその一部を多数の保守系政治家に流したこと、そうして彼らを政権につけようとするCIA戦略のキーメンバーになったこと、その児玉資金を岸が使って保守勢力のリーダーになったことを明らかにする。一方、釈放後の岸は秘密裏にCIAや米国国務省のメンバーと接触を重ね、人脈を築いていった。そして、CIAに日本政界の情報を提供するとともに、自らの政権構想に対する米国のより強固な支援を求めた。そうして保守合同を成し遂げたのであり、保守合同の性格をティム・ウィナーはこう規定している。

「岸は、与党の自由党を解体して名前を変えて再建するという自らの戦略を、米国側に語った。彼が指揮する新しい自由民主党は、実のところ自由でも民主でもなく、大日本帝国の遺灰から立ち上がってくる封建指導者たちの右翼クラブとしかいえない代物だった」

新生自民党そのものが戦後の「逆コース」の象徴であり、その誕生には児玉資金やCIAの工作資金がつぎ込まれていたことになる。そして、岸は米国に次のような密約もする。

「彼は、米国の望むように日本の外交政策を変えると誓った。日本国内の米軍基地の維持と、日本においてきわめて微妙な問題をはらむ、基地内における核兵器の保有だった。岸はその見返りとして、秘密裏の政治的支援を米国に求めた」

米国側はこの支援要請を、もし日本の保守勢力が一致して米国の対共産主義戦略を助けるならという条件づきで呑んでいる。こうして岸にCIAの巨額の政界工作資金が流れ込むことになった。その金は自民党の運営を支え、党内の情報提供者に与えられ、さらに若手有力議員にもつぎ込まれた。さらには、社会主義政党や労働組合の足をひっぱるためにも使われた。

また、岸は日米安保の全面改定についても約束をしている。五七年、岸は首相の座に就くと、米国を訪問した。ここで新任の駐日米国大使のダグラス・マッカーサー二世（マッカーサー元帥の甥）と会い、こんな話をしている。

「米国が私の政権固めに協力してくれるなら、新安保条約は国会で可決されるだろうし、勢いを増してきた左翼の潮流も食い止められる、と岸はダグラス・マッカーサー大使に語った。岸は、断続的に支払われる裏金ではなく、ＣＩＡからの永続的な支援財源を求めた。彼は『日本が共産化したら、他のアジア諸国も追随しないと果たしていえるだろうか』と説得してきた、と大使は回想している」

同書によれば、ＣＩＡの岸への秘密資金提供は、時のアイゼンハワー大統領の承認も受けているという。つまり国策として実施されたわけであり、日本の反共防波堤化がそのキーワードだったことになる。

著者のティム・ウィナーは、主にＣＩＡ、ホワイトハウス、国務省の記録合わせて五万点以上、米国の情報関連職員、兵士、外交官の二〇〇〇件以上のオーラルヒストリー、そして八七年から著者自身が行った、一〇人の長官を含むＣＩＡの現役と退職職員三〇〇人以上のインタビューによって、この本を書き上げている。いずれも直接情報か第一次資料であり、引用出典も明記しており、出処不明の情報は無いという。さらに、巻末のノートで当時の政治・社会状況や情報源などについて触れており、これらを総合すれば岸がＣＩＡのエージェントであったという話はかなり信憑性が高い。

岸とＣＩＡとの関係が事実とすれば、巣鴨プリズンに収監されている時に岸の命と引き換えにＣＩ

Aとの取り引きがなされたはずだ。このあたりのことについて、原彬久はGHQ内部のGS（民生局）とG2（一般参謀本部第二部）の主導権争いが背景にあったことから解き明かしていく。

「G2はウィロビー将軍率いる『情報・治安』担当部局である。このG2が『岸釈放』勧告をマッカーサー元帥に送ったことは重要である（注・東京裁判の審理終了八日後にG2が『勧告』を提出している）。なぜなら、同勧告が提出された時期は、明らかにGHQの『内戦』すなわちホイットニー将軍のGS（民生局）にたいするウィロビーの挑戦が激化した時期と重なっていたからである。ドイツ出身の反共主義者と、ニューディーラーでリベラリストといわれたホイットニーとの対立は、（昭和）二一年一月から開始された日本指導層の公職追放をめぐって早くも『最高潮に達した』（『知られざる日本占領』）。民主化を徹底する立場から容赦なく旧指導者の公職追放を進めるGSと、これを『容共的』と断じて反発するG2との『内戦』は、以後、対日占領政策のあらゆる局面で熱度を高めていく」（原彬久『岸信介』）

GHQは、民生局（GS）、民間情報局、法務局、公衆衛生局など九局から成る「特別参謀部（ないし特別幕僚部）」と軍事面を管轄する第一部〜第四部（G1〜G4）から成る「一般参謀部」に分かれていた。GHQ内のリベラル派代表がホイットニーであり、反共派代表がウィロビーだった。その「内戦」は日本の国内政治にも影響し、第一次吉田内閣（四六年五月〜四七年五月）はウィロビーと親密であり、次の片山哲内閣（四七年五月〜四八年三月）、芦田均内閣（四八年三月〜同年一〇月）はGSに支持されていたが、芦田内閣は昭和電工事件（昭和電工社長が復興金融金庫から融資を受けるために政官界に金をばらまいた一大疑獄事件）の摘発（四八年五月開始）により倒れる。この摘発がウィロビーのG2によるものだったことを明らかにした後、原は次のように指摘する。

「米ソ冷戦がG2とGSの確執を深め、G2とGSの確執が日本国内の権力闘争を直撃していくという構図のなかで、昭和二三年にはいるや、『反共』のG2が『対日懲罰』のGSを完全に凌駕していく。G2の前出『岸釈放』勧告がGHQ内のこうした『G2優位』を背景に現実の政策として日の目をみたとしても決して不思議ではない。またこのプロセスで、G2およびこれと連携する人脈が獄中の岸と接触していたことは、確かである」（同）

GHQが進めた戦争指導者・協力者らの公職追放は保守の軍国主義者たちを一掃するとともに、左翼・リベラル勢力の伸張を促す結果にもなっていた。しかし、米ソの冷戦が深まってくると、日本の政治状況は米国にとって望ましいものではなくなった。日本を反共の砦にすべく、公職追放が解除され、国内政治は「逆コース」をたどることになる。その背後に、米本国の意向を背にして勢いを増したG2の、GHQ内部における攻勢があったわけである。岸の政界復帰はやはり、この文脈で解釈するのが妥当なようだ。

前置きが長くなったが、須田の論文へ話を戻す。須田が日本政治の「逆コース」、とりわけ岸が政界に再浮上して打ち出した日米安保全面改定に正面から格闘する時、岸の疑惑にまつわる、最近になって明らかにされだした諸事実を須田はほとんど知らない。それでいて須田は、岸という人物の実像なり本質に実に鋭く迫っている。五七年二月、岸は石橋首相の急病による総辞職で一気に首相の座を得る。そして米国と一体化しての反共路線を強め、それに沿って軍備強化を図る。いよいよその反動性を露骨に示し出すや、須田は「〝鎖国政治家〟岸氏」と題した社説で一撃を加えた。

「戦時中の日本国民は北はモンゴルの砂漠に、南はガダルカナルの島々にまで進出した。岸信介のごときも遠く満州の地で『経綸』の腕をふるった。……（中略）『戦時中のことは厳に反省し』とくちではいいながら、岸信介があの時代を鎖国と感じるどころか『古き佳き日』としてなつかしんでいることは否み難いようである。……（中略）内閣委における答弁では『近代兵器に重点をおき、そのためには秘密保護法を必要とする』むねを明らかにした。さきに明治の岩倉具視は『海陸軍オヨビ警視ノ勢威ヲ左右ニ提ゲ凛然トシテ下ニ臨ミ民心ヲシテ戦慄スルトコロアラシムベシ』といったが、まことに岩倉はよき後継者をえたものである。

このような人物を国政の最高責任者として戴かねばならぬのを『国民性』としてあきらめてはならない。岸政治はたしかに『国民性』の一角を土壌としている。しかし非人格性の岸政治が根をおろしている火山灰地の土壌改良が永久に不可能であるとだれが予言し得るのか」（五七年九月三日）

時の最高権力者を名指しでここまで徹底攻撃した社説が、どこにあるだろう。このわずか二〇年ほど前の日本では「恐怖政治」が国民を震え上がらせた。この恐怖政治下の日本はまさに「鎖国状態」と言ってよいだろう。その恐怖政治を中枢の一員として担ったのが、岸なのである。「戦時中のことは厳に反省し」との岸の言がいかに白々しいものかを、須田は「満州の地で『経綸』の腕をふるった」具体例を挙げ、対中国政策を含めてこう迫る。戦時中の中国人強制連行事件がそれであり、岸が商工大臣の時の権限に関わる事件だ。社説の中に事件の概要も説明されているので、それもそのまま引用する。

「『巧言令色、すくなきかな仁』とはアジアの哲人の言葉である。まことに岸政治の〝仁すくなき〟正体は劉連仁事件によって白日のもとにさらされた。二月八日、石狩郡当別山中から発見された劉連仁という中国人は、一九四四年九月郷里の山東省で自宅から畑へ行く途中、日本軍のために拉致されて、本道雨竜郡の明治鉱業会社昭和鉱業所に送られたが、苦役に耐えかねて終戦直前に脱走、日本人に見つかると殺されると思いこんで山伝いにあちこち十三年間も逃げまわっていたものである。戦時中日本に拉致された中国人は四万人に及び、そのうち七千人は死亡している。劉氏のごとく生き残っていたのはまことに奇跡である。十三年間も終戦を知らないでいたのも、文盲でそのうえ日本語をおぼえる余裕をもたなかったことを思えば怪しむにはあたるまい。しかも彼らの拉致されたのは、東条内閣で決った『華人労務者を内地に移入する方針』によってなされたものであり、この決定には岸商工大臣も参加している。〝過去を深刻に反省し今や民主主義に徹して〟と自称する岸首相は、誰よりも劉氏の前におのれの言葉を実践すべきである。しかし劉氏の発見以来五十日経つのに、日本政府のやってきたことは『不法残留の疑いあるにつき出頭すべし』と入国管理局が命令を出しただけである。まことに〝すくなきかな仁〟ではないか。

二十六日上京した劉氏は華僑総会代表とともに一両日中に岸首相に面会をもとめ、正式に補償要求を提出するという。日本がその侵略戦争の罪を謝すべき対象は毛沢東や蔣介石個人ではない。まさに劉氏のごとき無名の存在たる六億の中国民衆である。インドシナ搾取の〝共犯〟たるフランス政府には特別円賠償を支払ったほど気前のよい日本政府が、自ら暴力によって拉致してきた

劉氏を『不法残留の疑いあり』とは何事であろう」（五八年三月三〇日）

この劉連仁事件は、九六年に本人が東京地裁に損害賠償訴訟を起こしたが、判決を聞かないまま本人が二〇〇〇年に死亡、遺族が訴訟を継続し、〇一年の地裁判決では原告勝訴となったが、国が控訴。〇五年六月に出された東京高裁判決では、「不法行為から二〇年以上たつと損害賠償権が消滅される」という除斥期間を理由に、原告の逆転敗訴とされた。そして最高裁まで上告されたが、〇七年四月、最高裁も「七二年の日中共同声明で中国人個人の損害賠償権は放棄された」と請求権自体を否定し、原告の敗訴が確定している。

裁判は社説執筆時の須田が関知しないことなのだが、これら裁判で根本に置くべき視点を、須田は当初からすでに明らかにしていた。ある日突然、自宅近くから拉致されて日本へ強制連行され、一年近くも苦役に従事させせられる、脱走後一三年間も命の危機と闘いながら山中を逃げ回った人に、一銭の賠償もしない。こんな理不尽が許されるのだろうか。その拉致・強制連行を命じた責任者の一人が岸信介だったのだ。このあたりのことを、日高六郎編『一九六〇年五月一九日』（岩波新書、六〇年一〇月初版発行）は次のように書いている。

「（虎の威をかりる）現実主義者（注・岸信介を指す）が、強い権力を持ったときにどうなるか。そのことは中国人四万人の強制連行と奴隷労働による七千の致死事件が何よりもよく証明している。一九四二年（昭和一七年）一一月『華人労務者内地移入ニ関スル件』を閣議決定したときの主要閣僚は上記の通りである。そのうち東条は死刑となり、他は谷（注・谷正之外相）が最近まで外務省の顧問であったほか、すべて（注・湯沢三千夫内務相、賀屋興宣大蔵相、井野碩哉農林相ら）は自民党の国会議員として党内でも重要な地位をしめている。彼らは中国人を強制的に日本につれてきて酷使し虐殺した。われわれの同胞を戦場にかりたて、青春の血を侵略戦争の犠牲とした」

「反共の防波堤」をキーワードに、日本の政治権力はいつのまにか戦時中と変わらない顔ぶれとなっていたのだ。とりわけ岸とその内閣の反動的体質が露骨に明らかになったのは、警職法改正問題だった。五八年五月の総選挙で自民党は二八七議席の絶対多数を得た。前回五三年の総選挙はまだ保守は自由党（一九九）と改進党（七六）に、社会も左派（七二）と右派（六六）に分かれており、力が分散していた。五八年総選挙では社会党も統一され一六六議席と躍進はしたが、与党の自民党一党で圧倒的な議席を確保したのも事実だった。この数の力を背に岸は警職法の改正案を出してきた。このタイミングでこの法案を出してきたのには、まちがいなく日米安保改定への露払いをさせる意図がひそんでいた。

この改正のねらいは、「警察官が責任をもって治安維持にあたるには、犯罪が起こる前にそれをある程度予防する措置も講じなければならない」（原彬久『岸信介』。原の直接インタビューによる岸談話）というように、政治的集団犯罪の予防と制止にあり、安保改定に執念を燃やす岸にとってその前にどうしてもやっておかなければならない地ならし的意味があった。須田はその意図を鋭く嗅ぎ取り、社説で批判した。

「〃人間が専制と圧迫に対する最後の手段として反逆に訴えることを余儀なくされてはならないものであるならば、人権が法の支配によって保護されることが大切である〃――これは、一九四八年国連の第三回総会において採択された世界人権宣言の一節である。……（中略）外交の針路を〝国連中心におく〟と自称する岸首相は、まさか右の人権宣言を〝知らない〟というわけにはゆくまい。

政府提出の警察官職務法改正案は、単に日本国憲法に違反するのみでなく、まさに世界人権伸張の大流に逆行するものである。それは人権に奉仕するべきであるべき法を、人権をして奉仕せしむる玉座にのぼせんとするものである。……（中略）〝法の支配〟とは、法が人権の〝あるじ〟となることではなく、人権が自らを〝あるじ〟とするために法を用いるということである」（五八年一一月一三日）

この警職法改正の動きには反対する国民運動が広がり、野党勢力も一致して取り組んだ。しかし、この本質を安保条約全面改定と結びつけて捉える者は少なかった。「デートを邪魔する警職法」（『週刊明星』）といった通俗的視点が一般的であり、あるいは岸の反動的体質を問題とし、戦前の予防検束を復活して基本的人権を踏みにじるものだという程度の認識だった。しかし、社会党・総評など六五団体により「警職法改悪反対国民会議」が結成され、労組のストなど院外大衆行動が盛り上がり、一一月末、岸は社会党の鈴木茂三郎委員長と会談し、この案を審議未了、廃案とすることにした。この挫折は岸の自民党内部における指導力の低下をもたらしたが、岸内閣打倒を目指していた運動のほうも尻切れトンボに終わることになった。岸は五九年（昭和三五年）一月の総裁公選による再選を期に、中断を余儀なくされていた安保改定作業に再び集中的に取り組むことになる。

第5章
コラム「卓上四季」の筆鋒

一九五九年一月一日から須田は、社説から朝刊の一面下コラム「卓上四季」に担当が変わった。社説担当を終えたところで、彼の社説に対する客観的な評価を紹介しておこう。論説室の後輩で「卓上四季」を須田の後任として担当もした建部直文（編集局長から専務を経て、エフエム北海道社長）が次のように紹介している。

「須田は政治担当として八年間、健筆を振るった。その時期は朝鮮動乱の拡大とサンフランシスコ単独講和条約の締結に始まり、戦犯として投獄された岸信介が公然と政治の表舞台に再登場するに至り、戦後日本政治が最初の大きな曲がり角をしゃにむに曲がり切ろうとする切迫した時代であった。年表風に言えば、被占領日本から独立日本へ苦渋に満ちた過渡期でもあった。……（中略）

北海道新聞論説委員室が（昭和）三十四年夏、日本ジャーナリスト会議から『一貫した憲法擁護の言論活動』を評価され、年度会議賞を受けたことを記しておきたい。この年は須田が社説からコラムに移ったときに当たる。八年に及ぶ須田の政治関係の論調が与って力のあったことは言うまでもあるまい」（北海道新聞社編『卓上四季』第三巻、建部直文の解題）

須田は動乱期の道新社説の最重要部分を担い続け、次に一面下コラム「卓上四季」を担当した。一面下コラムは全国紙では朝日が「天声人語」、毎日が「余録」、読売が「編集手帳」とのタイトルをつけ、日々の朝刊紙面に掲載している。その新聞の「顔」といってもよい欄である。幅広い話題を取り上げ、柔らかな筆致で筆者の個性を前面に出して論ずるコラムであり、最も筆の立つ現役記者が書くものという不文律めいたものが新聞社内にある。須田はこれを、五九年一月から六五年（昭和四〇年）六月までの六年半、書き続けた。

道新では戦時中の四二年（昭和一七年）から戦後の八四年（昭和五九年）までの歴代「卓上四季」を全五巻のシリーズで単行本化した。その編纂に当たって面白いエピソードがある。四〇年間以上の、多数の執筆者によるコラムを五冊の本に振り分けたが、ここで須田だけは別格扱いされたのだ。先の建部はこう説明する。

「北海道新聞出版局が紙齢一万五千号を記念して本シリーズの発刊を決定し、担当局員が事情にくわしいOBなどの意見を参考にしながら年代区分や刊行巻数、文章選定の基準などの準備作業をはじめたとき、一議に及ばずというに近い形で合意された了解事項があった。それは、須田禎一さんのコラムには一巻全部を当てよう、そうするのが自然だという認識であったという。そのことの当然の結果として、シリーズ五巻の年代区分は須田コラムを支点として前後に振り分ける形になっている。

なぜそうなったかの筋道立った説明はむずかしいが、だいたいこんな風ではなかったかと想像する。須田さんの『卓上四季』は戦後四十年余の北海道新聞コラム史のなかで、考え方や好みが違うという人たちも含めて、忘れがたい存在感を主張している。その個性の強烈さ、学識の豊かさ、文章技術、主張の明快さと問題提起力、読者へのアピール度といった、およそジャーナリズムとして関心を持たざるを得ない分野で際立っている。したがって須田コラムは、それ自体が分かち難い一大山脈を形成しているためだ、と」（『卓上四季』第三巻、建部直文の解題）

さて、これからその巨大な「一大山脈」の中に分け入って行こうと思う。社説に引き続き須田は、日米安保全面改定へ向けた岸政権の強引なカジ取りに厳しい監視の目を向ける。米軍の駐留を違憲とする東京地裁の「伊達判決」が出た翌日、須田はコラムにこう書いた。

「ひどく興奮したり、苦悩に混乱したりしているときは、日記を書くのはよいが、手紙は書くな、必ず後悔する日がくる――とは齢ごろの娘への賢い母親の助言である。齢ごろの娘どころか、〝養母〟のマッカーサーから〝十二歳〟ときめつけられた頃の日本は、すぐ隣りの朝鮮半島におこった動乱のため異常精神状態に陥ったときに〝手紙〟を書いて投函してしまった。

〝手紙〟には相手がある。つまり国際条約のことだ。第一はアメリカとの安全保障条約、第二は台北政権との日華平和条約。冷静にもどった今日なら、どうしてあんな〝手紙〟を書いてしまったんだろう、と反省する。李承晩は一〇〇％正しく金日成は一〇〇％悪い、ぼやぼやしていると金日成や毛沢東が日本列島に攻めてくる……といった当時の異常な政治的興奮状態を背景として考えないかぎり、安保条約や日華条約を結んだ事情は説明できない。

いったん署名して投函してしまった以上〝あのとき私はヒステリー気味だったのよ〟と弁解したって、〝おたくの憲法第九八条には条約遵守についてうたっているではないか〟とやられる。相手をうらむことはできぬ、おのれの軽卒をくやむほかはない。それを、くるしまぎれにヒスの上にヒスをかさねると、いよいよ支離滅裂になってしまう。〝第九条で放棄した戦力には駐留軍はふくまれない、したがって駐留米軍が核兵器を持ちこもうとも違憲とはいえない〟との解釈が、支離滅裂のクモの巣の上にあぐらをかく。

きのう東京地裁の伊達裁判長が砂川事件について〝外国軍の駐留は日本国憲法に違反する〟と

の断をくだしたことは、まさに快刀をもて乱麻をたつごときものだ。反対論も当然おころう。検察側は控訴するか、あるいは直接に最高裁へ上告するだろう。結構なことである。いわゆる〝政治論〟で詭弁をもてあそぶのはもうやめて、憲法との関係について冷静にとことん論争してほしい」

(五九年三月三一日)

砂川事件とは、五七年七月八日、東京調達局が東京都下砂川町(現在は立川市内)にある米軍立川基地拡張のために測量をした際、基地拡張反対のデモ隊の一部が柵をこわして基地内に数メートル入り込んだとの容疑で、七人が刑事特別法違反で起訴されたもの。東京地裁の伊達秋雄裁判長の判決はコラムにある通りだが、検察は最高裁へ跳躍上告し、五九年一二月一六日、「外国の軍隊は戦力にあたらない」「高度な政治性をもつ条約については、一見してきわめて明白に違憲無効と認められない限り、その内容について違憲かどうかの法的判断を下すことはできない」として原判決を破棄し、差し戻し審では六三年(昭和三八年)一二月七日、被告人に罰金二〇〇〇円の有罪判決が出され、確定している。

須田が「直接に最高裁へ上告するだろう」と見通したその最高裁では、いわゆる「統治行為論」を用いて違憲状態にあるのか否かの判断(違憲立法審査)を避けた。この事件ではまさに日米安保体制と平和憲法との間に生じた矛盾が焦点となっていたのに、最高裁はそれを論ずるのを避けて「憲法の番人」たる役割を自ら放棄した。その点で世論の批判は強かったが、以後この「統治行為論」は何かにつけて踏襲されており、悪しき先例を作ったと言える。「いわゆる〝政治論〟で詭弁をもてあそぶのはもうやめて、憲法との関係について冷静にとことん論争してほしい」との須田の願いは肩透かしを食らわされたわけだが、驚くことにその背後に米側の圧力があったことが最近判明している。

二〇〇八年（平成二〇年）四月二九日の共同電はこんな記事を配信した。「米軍駐留は憲法違反」との砂川事件・東京地裁判決に衝撃を受けたマッカーサー駐日米大使が、藤山愛一郎外相に最高裁への跳躍上告を促す圧力をかけたり、最高裁長官と密談するなど露骨な介入をしていたことが、機密指定を解除された米公文書からわかったという記事である。この公文書は日米関係史専門家の新原昭治が同月、米国立公文書館で発見したという。須田が先取りして社説やコラムに取り上げた事件で、ずっと後に上級審で須田の主張に反する判決が出るケースが少なくないが、その一方でこうした「裏」事情を考えれば改めて須田の慧眼には敬服せざるをえない。

さて、話を当時の現実政治に戻す。首相の岸信介は「日米関係の合理化」を最大の政治課題としていた。日米安保体制の見直しをすることで、吉田茂が築いたサンフランシスコ体制の再検討・再構築をしようと目指したのだ（原彬久『岸信介』岩波新書）。そのため米側と予備会談を秘密裏に重ね、五八年（昭和三三年）九月、藤山愛一郎外相が渡米してダレス国務長官と会談してからは日米安保条約の全面改定方針が一気に表面化した。一〇月四日に第一回会談がなされ、以後六〇年（昭和三五年）一月まで一五カ月に及ぶ、公式会談だけでも二五回の交渉が続けられた。当初、マスコミは米国に対する日本の自主性と対等性の回復という視点から、ほとんどが改定を支持した。各紙は社説で、「日米は新条約を結べ」（毎日新聞・五八年九月三〇日）「自民党は挙党一致条約改定に当れ」（日本経済新聞・一〇月四日）といった具合で、朝日新聞も基本的に安保改定に賛成していたが、「即刻にも条約改定の構想を示せ」（一〇月一五日）「首相はもっと率直に語れ」（一〇月一九日）と交渉の進め方に注文をつけるとともに、「条約改定の方向にひそむ危険」（一〇月二四日）と題して問題点の指摘もしている（小和田次郎・大沢真一郎『総括　安保報道』現代ジャーナリズム出版会）。

一方、国民サイドでは安保改定阻止国民会議が、五九年三月二八日に結成された。これは警職法改悪反対国民会議が母体となってつくられた連絡協議機関で、社会党、総評、中立労連など一三団体から成り、共産党はオブザーバー参加した。同会議は五九年末までに一〇次にわたる統一行動を行ったが、参加者の大半は労働者と学生であり、幅広い層にまでは広がっていなかった。スケジュールも労組の期末闘争に合わせて組まれるなど、「五九年一年間は、国の政治そのものについて日常的に関心をもっている人々によって、新安保反対運動が行われた」（日高六郎編『五月一九日』）。

要するに、マスコミ、一般国民の双方とも、新安保条約の動きや問題点に対する認識がまだ弱かったといえる。岸首相・藤山外相が、肝心の条約案文を調印ぎりぎりまで秘密のまま通したことも与っていたかもしれない。事実、総理府が五九年七月下旬から実施した世論調査（一〇月発表）でも、安保条約改定問題について「知っている」「知らない」がちょうど五〇％ずつ、「改定案でどういう点をかえようとしているのか聞いているか」との質問に「具体的に改定を述べたもの」はわずか一一％にすぎなかった。

こうした状況に危機感を抱いた稀なマスコミが、道新だった。自民党が七月に安保ＰＲのパンフレットを出した機会をつかまえ、社説で「安保改定問題の論争を高めよ」（五九年七月二三日）「自民党の安保改定資料への疑問」（八月二日）と訴えた。さらに、それに先立つ時点（四月）から「筋の通らぬ『安保改定要綱案』（四月五日）「安保改定交渉への根本的疑問」（四月二二日）と改定の本質について根本的な疑問を明らかにしている。

主張の中心は「現在の日米安保体制のもつ従属的性格を根本的かつ実質的に改革しようという熱意がまるでない」「日米安保体制の矛盾と不合理の最大のものは、いうまでもなく米軍による日本全土の軍事基地化という、世界にも類のない従属関係であろう」（四月五日社説）という視点で貫かれており、社説担当時の須田の基本主張をふまえたものである。不平等条約の本質を見すえるという一点において、この時の道新は論説陣が一枚岩となり、社説と一面下コラムが車の両輪となって筋の通った論を張り続けた。四月二二日の社説は、岸が目指した「対等化」の中身を俎上にのせた。

「現行条約では、わが国は米国に無制限の基地使用権を許しているのに、米国にわが国を防衛する義務はないことになっている。これは不対等・不平等である。だから新たに防衛義務を明記させることができれば、〝基地貸与〟の給付と〝防衛義務〟の反対給付がちょうど見合いとなって、条文上は確かに『対等化』されるわけである。しかし、果して実際にそうであろうか。『言葉』ではなく『現実』を問題にするかぎり、その答は明らかに否定的であろう。

というのは、まずこの考え方は、米国のバンデンバーグ決議と呼ばれる峻厳な相互防衛条約に関する原則が存在する事実を、故意に無視している点で、きわめて非現実的であるからだ。すなわちこの決議は、米国が他国に対し相互防衛の義務を負担する場合には、米国自身の利益に合致すること、相手国もそれに相当する防衛上の負担をはらうべきことを規定したものであるが、これを念頭におくならば、米国に新しい防衛義務を課するだけで日本はなんらの代償もはらわないという政府の説明が、いかに虫のよい、いい加減なものであるか明らかであろう」（五九年四月二二日）

改定によって新たな「防衛義務」を自らに負担させられるだけの、自分の利益にならないことを米国が受け容れるはずがなかろう、バンデンバーグ決議（一九四八年、アメリカ上院決議）があるのだから、と根拠まであげて秘密外交の裏に迫ろうとしている。この危惧はいずれ現実のものとなっていくのだが、他の新聞各紙の論調は相変わらず感度の鈍いものばかりであった。

その最たるものが朝日だ。戦後の全面講和論でも触れたが、ここでも朝日は途中まで道新と同じ筋論を掲げながら、途中からみっともない腰砕けを起こす。その論説の中心は四八年から六二年まで論説主幹を務めた笠信太郎だった。全面講和論腰砕けの〝主犯〟でもある。笠は安保論議が表面化するだいぶ前の五七年、日米安保条約が締結後五年を迎えたのを機にこの問題を取り上げている。しかし内容は、国内の一部で起こりつつあった、安保条約と関連の行政協定を廃棄せよとする動きに釘を指すものだ。

「廃棄論はまことに勇ましいが、それに代わるべき安保体制の裏付がなくては、これを主張しても責任がとれまいし、そこにはまた国際信義にかかわる重い問題もからんでくる。そこで、現実を見失わぬ立場に立つかぎりは、まず近い将来において実現しうる方策を考えることを怠ってはなるまい。それはつまり、今日あるものを、できるかぎり早く、あるいは漸進的に改正してゆくということに帰着しよう」（笠執筆の社説「安保条約は改定さるべきものである」五七年四月二八日）

国民の視線よりも、為政者の視線で現実を見ているようだ。こんな漸進的修正論を論説主幹自身が書くようでは、その後の朝日論説の行方も自ずから知れようというものだ。やがて安保改定論議の高揚へと向かうと、道新と朝日の社説にはますます決定的な違いが表れた。小和田次郎（＝原寿雄）と大沢真一郎は前掲書で、それを次のように評する。

「この時『北海道新聞』と対照的な態度をとったのは、『朝日新聞』であった。安保改定を基本的には支持しながら、五九年に入ってもくりかえし改定の方向や内容に注文をつけ続けた『朝日新聞』は、この時『安保改定を抗争の糧にするな』（五九・七・三〇）と社説で主張し、重要な外交問題については国内で抗争したり対立したりせず国民的合意をはかれ、と述べたのである。安保改定問題について論争が起こり、さまざまな疑問が出され、それを通じて民衆が問題への認識を深めつつあったまさにその時、『朝日新聞』は問題のより一層の深化を押しとどめようとしたのであった……（中略）

だが、この時点で国論を二分するほどの対立が起こっていたのは、もっと根の深いところに原因があったのではないのか。『朝日新聞』がそれをとらえそこなっていたのは、安保改定問題の本質を『北海道新聞』ほど深くとらえていなかったからではないか。『朝日新聞』の主張の中には、より根本的な問題へ進む契機をはらんでいながら、結局、安保改定の本質を根本的に問い直すことを中途でやめ、条約の内容上の問題点を形式上の問題点にすりかえ、技術的な注文をつけることに傾いていった」（小和田・大沢『総括　安保報道』）

優等生的な観念的理想論は述べるが、いざ現実のきびしい問題に直面するとスタコラと逃げ出すのが、朝日のスタイルのようである。体制批判はあくまで権力とのバランスを測りながら行う。いちおう本質にも眼を向けて理想を語りはするが、深入りせず、結局は形式や条件などの技術的な面に落とし込む。こんな姿勢は、笠論説主幹をトップに戴く朝日論説の体質だったのではないか。マスメディアをリードする全国紙と、北の外れの一ブロック紙。その影響力の差はきわめて大きい。朝日と道新の立場が逆だったら、六〇年安保にも違った展開があったのではないか、とさえ思われる。

さて、低調だった国民一般の関心ではあるが、国会やマスコミがこの問題を取り上げる回数が増えるにつれ、じわじわと関心が高まり、それとともに改定の内容に疑問をもつ人も増えだした。

毎日新聞が五九年八月一〇日～一二日に実施した世論調査によると、「いまの安保条約についてどう思いますか」との問いには、「改定したほうがよいが、すぐでなくてもよい」二〇・六％、「すぐでなくても、いずれは廃棄するのがよい」一三・〇％、「いまのままでよい」一二・五％、「わからない」二四・八％などの内訳で、「改定案では日本を防衛することが米国の義務であることを明らかにする一方、日本も在日米軍基地の防衛に協力する義務を負うことに改めようとしています。これに賛成ですか、反対ですか」との問いには、「賛成」二八・六％、「反対」四〇・七％、「わからない」二六・七％などの内訳だった。この調査結果を受けて、それまで「改定積極論を掲げて最も岸内閣に迎合的であった」毎日新聞が論調のカジを「改定慎重論」に切り替えた（小和田・大沢『総括　安保報道』）。

国民は明らかに条約改定への疑問を募らせ、反対の意思をはっきりと打ち出し始めたのだ。五九年一一月二七日には安保改定阻止国民会議の第八次統一行動があり、デモ隊の一部（全学連指導部と労働者）は国会講内に入り、直訴型の請願行動を行った。反対陣営における足並みの乱れが表面化したのも、この頃からだった。デモ隊の国会講内立ち入りはそれを象徴する出来事だったが、それは全学連指導部が既成政党の「ふやけた症状」にしびれをきらした結果でもあった。須田は、国会講内突入にはこんな見方をしている。

「一一月二十七日の事件いらい、アカハタは連日その〝主張〟欄で全学連指導部のトロキストたちを攻撃している。その攻撃ぶりが日を追ってはげしくなっている。まるで〝岸内閣のまわし者〟よばわりである。自分たちのあたためているタマゴから七面鳥のヒナが出てきたことにびっくりするアヒルみたいに、日共の諸君はびっくりしている。しかし、部外者の立場からわたしたちは、日共の幹部諸君に質問したいことがある。諸君はほんとにタマゴをあたためていたのだろうか。実は、馬の寒ざらしのように、生みっぱなしでやせた風土にさらしておいたのではないか。……（中略）

全学連の極左指導部には留年（落第）しているものが多い。彼らは数年前の日共の極左戦術と派閥抗争で最もひどいめにあった被害者たちである。野坂参三から岸信介にいたる一切のオトナたちに対する彼らの不信の念が、他の学生たちにも伝染しているのだ。日共の幹部に彼らを非難する資格はない。彼らの傷の疼きをおのれのハダに感じとるとき、はじめてその資格が生まれる」（五九年一二月九日）

この突入事件について社会党と総評は「遺憾である」との意見を発表し、共産党は「トロツキストの冒険主義」として非難した。そして、この戦術の対立はその後さらに強まることになる。だが、若者を見る須田の目はいつも優しい。六〇年になると、岸首相らは条約案文を最後まで秘密のまま、一月一六日、調印のため羽田空港からアメリカへ旅立った。それを阻止しようと、全学連指導部（主流派・共産主義者同盟＝ブント）は前夜から空港に座り込み、警官隊が実力を行使し、八一人も逮捕された。安保反対運動が始まってから初めての大量検挙だった。須田はこう書いた。

「この日、東京の空は暗く、冷雨が街をぬらしていた。渋谷の南平台から多摩川べりへ出て、ぐるっと大まわりをして羽田空港へ入った岸全権らは、〝天皇通路〟とよばれる特別の誘導路を経て、日航特別機シティ・オヴ・ロサンゼルス号の人となった。……（中略）

全学連の一部は、前夜から未明にかけて空港ロビーであばれた。わたしたちは、したり顔の〝識者〟ヅラをして、この若い人たちの行動を悪逆無道としてののしるのにはくみしない。しかし、あえてこれらの諸君を詰問したい。怒りを瞬間的に爆発させて、あとは留置場や刑務所で座食するのは、むしろ安易な道ではないのか。調印がすんでも、国会承認がなお残っている。ひとりひとりが忍耐強い説得と組織活動を進めることによって、無関心な同胞を安保反対のなかまに入れ、自民党の〝絶対多数〟にヒビをいらせる可能性はまだ残っている。不幸にしてその闘いが敗れ、条約が発効した場合でも、なお日常の行動において、これを実質上骨抜きにする方法もあろう」（六

○年一月一七日）

したり顔の識者ヅラで説教はしないで、共に安保反対の輪を広げていこう、もっと長期的に戦略・戦術を練ろうよとたしなめているのである。須田が苛立ちを覚えていたのは、若者たちの跳ね上がり行動ではなく、組織エゴにとらわれて統一行動の展望を示せず、大衆行動の組織化もできず、逆に大衆の行動を抑制するような「オトナの指導者」たちの姿勢だった。マスコミの姿勢も似たようなものだった。須田はこう批判する。

「〝ニューヨーク・タイムズなどのりっぱな新聞とちがって、日本の新聞は信用できない、日本の新聞で私の読むのはスポーツ欄だけさ〟ホノルルで岸さんはそう言ったそうである。南ベトナム賠償や新安保条約で言論機関の総攻撃を受けたからであろう。……（中略）岸さんはまた〝日本の新聞は左翼の活動につき熱心に書きすぎる〟とも言ったよし。安保反対の国民集会など〝左翼の活動〟ということになるだろうが、日本の新聞は一般にその種のニュースについて冷淡すぎるくらいだ。ある学生は言う〝ぼくたちは好んで法規を無視するのではない。合法的な平和な大衆集会も何回もやっている。しかし数万人の参加した集会が、ラジオでは無視され、新聞では数行でかたづけられてしまう、それだけでは無関心な国民に関心をよびおこすことができないのだ〟――これには一理がある。わたしたち新聞人も考えねばならぬ」（六〇年一月一九日）

こう書く須田自身は、足繁くデモに参加している。「ぼくは『卓上四季』を書き続けるとともに、またジャーナリスト会議およびＡＡ連帯委の隊列に加わって、安保阻止国民会議の一員として国会デモに常時参加した。しかしそれらのデモのエネルギーがリーダーによって常に〝平和的〟に流されてしまうこと、うずたかく詰まれた請願書が敵によって紙屑扱いされること、を肉眼で見、肌で感じて、社・共両党の指導方針に疑念を抱くようになった」（須田『思想を創る読書』）と明らかにしており、そうした実感に立ってコラムも書かれていた。

須田家でデモに参加したのは、禎一だけではなかった。長女の眞理子が多摩美大の四年、長男の大春が東大工学部三年で全学連反主流派＝日本共産党系・構造改良派のリーダー、二男の春海が都立大（現・首都大学東京）の一年で、いずれも各大学で運動に首を突っ込んでいた。さらに妻のヒサも「母親の会」のメンバーとして、つまりは家族全員がそれぞれの組織からデモに参加していて、家では顔を合わせなかった家族同士がデモの現場で顔をあわせることもあったという。

ともあれ、行動派の須田は自らもデモに参加し、その中から現実の動きをつかみ出していた。東京支社論説の同僚だった佐藤忠雄（後に論説主幹）はその様子をこう書いている。

「須田さんはつねづね〝青年須田〟を誇称していた。六〇年安保にさいして騒然たるデモの渦中に、須田さんは目の色をかえて永田町と霞ヶ関周辺を駆けめぐっていた。砂川基地闘争にも一度ならず都心から二時間もかかる立川の現地へかけ出して行った。記者として現場にふれるのは当然のことではあるが、それよりも須田さんを走らせたのは、安保闘争、砂川基地闘争の先頭にたち、警察機動隊の弾圧に血まみれになって立ち向う全学連の行動と、警棒にたたきのめされる学生たちの身を案じてのことであった。安保闘争のどたんばにいたってデモ隊に拍手をおくるだけで政治闘争を発展させない革新陣営の無力、権力や右翼の攻撃に孤立する学生集団をかばおうとしなかった闘争のなりゆきに歯がみしながら血相をかえていたのである」(『月刊たいまつ』臨時特集号「須田禎一　人と思想」、佐藤忠雄「道新論説委員時代の須田さん」)

佐藤が紹介する須田の現場主義は、同僚の論説委員たちにも共通していた。東京支社政治部にいた小林金三はデスクで采配をふるっていた。その眼から見た論説委員たちの姿をこう紹介している。

「当時私は東京支社政治部デスクとして安保取材の指揮にあたっていたが、社説の主張が直ちに取材陣にはね返ってゆるぎのない指針になり、また活力にもなったのだった。深夜執筆を終えて国会記者会館に様子を見に、何度かうちそろって現れた論説委員諸公の、いかにも精気に満ち発らつとした印象は今もって忘れ難い。同時に、論説と取材との間に形成された密接な連帯感は今かえりみて夢のごとくである」(『世界』七八年八月号、小林金三「新聞に自由はあるか」)

さらに小林は、その時の雰囲気を私の直接取材に次のように説明してくれた。

「論説委員の若手三人がデモを見に毎日来ていました。なぜそうだったのかは、後で私が論説入りして分かった。論説ではボクは新米です。そのボクが社説を書き終えるまで先輩たちも帰らない。それから一緒に飲みに行って、そこでその日に書いた社説について議論するんだな。帝国ホテル裏のガード下の安い飲み屋を、『帝国グリル』ならぬ『帝国グルリ』と洒落てね。それが習慣になっていた。いい雰囲気でしたよ。六〇年安保の社説もそうやって毎晩議論した中で出てきたもので、論説委員たちの合意の見事な結晶だった。もちろん、その中心には須田さんがいた」

この熱気は東京だけではなかった。札幌本社をはじめ全道の支社・支局でも、毎晩のように記者同士が集まっては侃侃諤諤《かんかんがくがく》の議論を積み重ねたという。他紙の紙面の論調がどんどん後退して行く中で、道新だけが最後まで踏みとどまることができたのも、そうした積み上げがあってのことであり、その背後には北海道の読者の厳しい目があった。道新までが後退したら不買運動も起きかねない雰囲気だったという。

しかし、六〇年一月一九日、日米安保の新条約・新協定は他の七文書とともに調印された。さらに、アイゼンハワー大統領が六月一九日に訪日するという約束も取り付けてきた。この手土産によって岸の政治基盤をいっそう強化しようとのねらいがあった。

他方、幅広い層の国民がこの条約の抱える問題点に強い疑問を抱きだしたのは、調印後だった。調印された新条約の次のハードルは国会の承認である。その承認について、六〇年三月に毎日新聞と読売新聞がそれぞれ実施した世論調査で、前者では新条約の承認を「しないほうがよい」二七・九%、「するのがよい」一五・八%、後者では「しないことを望む」二八%、「することを望む」二一%――と、いずれも反対意見が賛成意見を上回った。遅ればせではあるが、国民の気持がようやく反対に大きく傾いてきたのだ。そして、日を追うごとにその反対運動は熱気を帯びてきた。

さて、新条約は何が問題だったのか、ここで整理しておく。

一つは、相互防衛義務である。これからは日本側も在日米軍基地が攻撃されたらその防衛義務を負うことになる。「米軍基地は治外法権の地域で、日本の行政はおよばないし、日本人は米軍の許可なく立入ることができない。われわれは『祖国のなかの異国』から発進する飛行機、ロケットについてまで、共同の運命を約束してしまったことになっている」(日高『一九六〇年五月一九日』)。

もう一つは、政府が「改定の成果」とする事前協議に存在する「抜け穴」である。これについても同書は次のように指摘する。「『交換公文』の規定で、米軍の『戦闘作戦行動』以外のための基地使用は、協議の対象とならないからだ。米軍が極東戦略のうえで日本を主として補給基地と考えている現状からすれば、米軍の行動は大部分が協議の対象にならない。……(中略)。反対に、日本の自衛隊の装備や配置は、例外なしに協議対象となる」

さらに、条約適用地域も問題だった。日本の安全だけでなく「極東における国際の平和と安全」のために、米軍は日本の基地を使用するとされ、「極東」の範囲が国会答弁における政府統一見解では「この条約に関する限り」「大体において」フィリピン以北、日本とその周辺地域であって、韓国、中華民国も入るというものだが、岸首相は言葉を継いで「この区域に対して武力攻撃が行われ、あるいはこの区域の安全が周辺地域に起こった事態のため脅威されるような場合、米国(の)……行動範囲は……必ずしも前に述べました区域に限定されるわけではない」と述べている。要するに「無限定」と言ってよく、旧条約よりも拡大解釈の可能性が増しているわけである(同)。そして、「新条約ではバンデンバーグ決議にもとづき『個別的に及び相互協力して』『自助及び相互援助により』防衛能力を『維持し発展させる』ことが誓約された。非武装憲法下の軍備増強が、ここに国際的に義務づけられたわけである」(同)。

新条約・新協定が承認のために国会提出されたのは、二月五日だった。国会会期は五月二六日までだった。それまでに衆参両院を通過させなくてはならない。しかし、野党側の抵抗は強く、「徹底審議」

を唱えて審議引き延ばしにかかった。与党側が衆院優先のルールを使って参議院を「自然承認」で通そうとしても、衆院通過後三〇日間が必要なので、四月二六日が衆院通過のデッドラインとなる。だが、審議引き延ばしにより会期の延長を余儀なくされることも考えられる。そんな「最悪のケース」でも、アイク訪日が六月一九日なので、五月一九日が衆院通過の最終期限となる。この期限をにらみながら、国会では政府と野党側が激しい攻防を展開した。

四月二六日が過ぎた。だが、衆院の審議は紛糾しており、会期延長なしの条約承認はありえなくなった。五月に入っても、膠着状態が続いた。新聞各社は審議を尽くせと求める一方、解散や会期延長を求める社説も増えだした。一般国民の反対運動も日に日に参加者を増やしていった。安保改定阻止国民会議の第一五次統一行動の最終日だった四月二六日には、一〇万人の請願デモが国会周辺を埋め尽くした。前日とこの日の二日間の請願書は一七万通、署名者は三三〇万人にも上った。

ぎりぎりのデッドラインである五月一九日となった。衆議院議員運営委員会が正午ごろから開かれたが、会期延長をめぐる議論がまとまらず、いったん散会した。しかし、この後、自民党委員だけで五〇日間の会期延長を単独採決してしまった。さらに、安保特別委員会では、まずは自民党委員が「質疑打ち切り」動議を出し、続いて三案（新条約、新協定、関連法令）が強行可決された。それを受け、衆議院本会議が一九日深夜の一一時四九分から始められた。この本会議開始に先立って、五〇〇人もの警官隊が院内に導入され、座り込んでいた社会党議員の「ごぼうぬき」が行われた。そうした「露払い」があった後の本会議開会であった。

そして、まず五〇日間の会期延長が、次いで二〇日午前零時六分からの本会議で新条約の採決が自民党単独で強行された。まさにゲリラ的奇襲が自民党から仕掛けられ、全野党議員が欠席する中、新条約が形の上だけ衆院を通過したのである。これにより、六月一九日に訪日を予定していたアイゼンハワー米大統領を条約承認後に迎えられる段取りがついたことになる。しかし、この暴挙が国民の怒りを買わないわけはない。ここで安保問題は大きく変質した。原彬久は次のように指摘する。

「この五・一九採決は、それまでの政治過程と全く異なる局面を導くことになる。なぜなら全野党欠席のうえ五〇〇人の警察官を導入して強行した同採決は、……（中略）それまでの安保改定是非をめぐる政治闘争から、戦後民主主義を守るのか否かという、より普遍的な争点へと移っていったからである。……（中略）岸にとって致命的な困難を招いてしまったといえよう」（原『岸信介』岩波新書）

この暴挙を須田は「新憲法実施いらい満一三年（オキュパイド・ジャパンから一応解放されてから満八年）肥立ちのよくなかった日本の議会制民主主義に、この夜弔鐘が鳴らされたのである」（須田『思想を創る読書』）、つまり民主主義の死と捉えた。そして、日本ジャーナリスト会議の機関紙号外に「拳を打ちつけて火を求める」と題する次の詩を寄せ、この号外は五・二一以降、国会周辺のデモ参加者に配布された。

〝バラはくらやみのなかで、まっくろにみえるだけだ
もし陽がいっぺんにさしたら、バラ色であったことを証明するだろう〟

北海道の生んだ詩人小熊秀雄は、かつて、こううたった。

〝歎きと苦しみは我々のもので、あの人々のものではない

まして喜びや感動がどうしてあの人々のものといえるだろう〟

その通りだ。くちびるをぐっとかみしめるわたしたちの苦しみを、ただ国籍という官庁書類の上でだけわたしたちの同胞である〝あの人々〟にわかってもらおうとする努力は、もうやめよう。キンチャクキリとゴマノハイと、それを糸であやつる〝白い手袋〟とに、同胞とよびかけるのは、もうやめよう。わたしたちが持つであろう喜びと感動から〝あの人々〟をしめだそう。

〝私は暗黒を知っているから、その向こうに明るみのあることも信じている

君よ、拳を打ちつけて、火を求める努力にさえも、大きな意義をかんじてくれ〟

拳を打ちつけて火を求めるような努力。それを愚かなむなしい行為とよびたいものにはよばしておきたまえ。

〝幾千の声は、くらがりの中で叫んでいる

空気はふるえ、窓のありかを知る

そこから糸口のように

光りと勝利をひきだすことができる〟

そして

ここは半島であろうか、

それとも列島なのであろうか。

〝いくたびもいくたびも、暁の瞬間がくりかえされた

だが、ただの一度も同じような暁はなかった〟

そうだ、同じような暁はなかった。
〝すでにして飢餓の歌は陳腐だ
それほどに遠いところから、われらは飢えとともにやってきた
悲しみの歌は尽きてしまった
残っているものは喜びの歌ばかりだ〟
わたしたちの眼からウロコが落ちる。いままでぼんやりとしか見えなかったものが、暗黒のなかでハッキリ見える。
あの人々のいう民主主義は、わたしたちの民主主義ではない。
あの人々のいう自由と繁栄には墓場のにおいがする。
すべては終わった、のではない。
すべては、これからはじまるのだ。

小熊秀雄は須田が最も敬愛する詩人だ。その詩想を借りて、須田は自らの怒りを叩きつけた。須田が「あの人々をしめだそう」と呼びかけた「あの人々」とは岸内閣・政府与党の政治家たちのことである。そして「あの人々のいう民主主義はわたしたちの民主主義ではない」という断定は、須田が「民主主義擁護」一般とは異なる次元に立ったことを宣言している。まやかしの議会制民主主義に対して根源的な批判を突きつけているのである。
五月二〇日の夕刻、須田のもとへ風見章から電話が入った。ＧＨＱによ公職追放にあった風見は五

一年に解除され、翌年の総選挙に無所属で当選し、五五年一月からは左派社会党に入党、同一〇月の社会党統一時に党顧問となっていた。その風見が、この日、社会党秘密代議士会で「議員総辞職論」が提議されたが、どう思うかと須田に聞いてきたのだ。須田は「一七八九年六月のフランス第三身分の議員たちは、新憲法の制定されるまでは断じて辞職せず、情勢の必要とするかぎり、いたるところで集会しよう、とテニス・コートの誓いをしたではありませんか。この段階で議員辞職するなどとはもってのほかです」と即答した。風見も同意見だった。須田は二日後の「卓上四季」にこう書いた。

「主権者たるわたしたち国民は、いまあらゆるエネルギーをあげて国会解散に努力せねばならぬ。……（中略）六月十八日までに国会解散が実現すれば、その解散が岸内閣の手によるものであろうとも、新安保は白紙にかえる。解散においこむために議員辞職をしようとの意見が社会党内にある。これはおかしい。〝衆議院規則〟という法律によると、議員の辞職は議院の許可を必要とする。したがって、社会党議員の辞表は、多数の議席を占める与党の思うままに扱われる。与党の都合がわるければ許可しないし、都合がよければ許可する。生殺与奪の権を握られてしまうのである。それに、三分の一に満たぬ社会党議員が辞職したところで、国会解散に追いこみ得るというメドは立たない。そんな敗北主義的な手段ではなく、正面から解散要求の大波を、列島全土にまきおこすことである。〝与党内の反主流派が解散に反対しているから〟などとたじろいではならぬ」（六〇年五月二二日）

現実には、ジャーナリスト会議の中などでも議員辞職に賛成する意見が多く、須田の主張は少数意見だった。そして、社会党は六月六日の臨時党大会で総辞職を決めた。同じころ、作家の石川達三は「かくなる上は条約の認証を拒否するよう天皇に要請しよう」と主張しだした。これに対して須田は「天皇の大権の復活を意味するのではないか」と腹を立てている。また、「民主主義をまもる全国学者・研究者の会」の一部のメンバーからは「今や新安保が問題なのではなく、民主主義擁護こそがわれらの課題だ」と提唱しだした。

原が整理したように、民主主義擁護闘争への転換は岸をいっそう困難な立場に追い込みはしたが、他方で新安保の自然承認に反対する力も殺いだ。この転換を促進したのはマスコミだった。新聞各社は一斉に批判キャンペーンを展開し、二〇日から二六日までの一週間で五六紙、一三九本もの関係社説を掲げた。しかし、その内容は、「政府与党の非民主的行動」(朝日)「遺憾千万な単独審議」(毎日)「遺憾きわまる抜き打ち議決」(読売)といずれも似たようなもので、政府の政治手法を非難するにとどまり、併せて野党の社会党の責任を追及する点でも似たようなものだった。小和田次郎・大沢真一郎の『総括安保報道』はこう批判する。

「『朝日』も『読売』も、内閣総辞職と国会解散についてはまったく触れなかった。『毎日』だけは『深刻化する今後の事態を救う道はただ一つ、衆議院を解散して新安保条約を含め、いまの政治の信を国民に問うほかはない』と主張していたが、その前提となる認識は『いままでいくたびか繰り返されてきた多数党の横暴と、少数党の実力行使が、ようやく育ってきた議会民主主義の芽をふみつぶし、国会頼むに足らずとの念を国民に植えつける可能性が大である。これは一条約や一内閣の問題ではなく、民主主義というもっとも基本的な精神にヒビを入れたといっても過言ではない。さらに国論の対立した新条約を自民党が単独で押し切ったことは、今後深刻なわだかまりを国の内外に残すのは必至である』というものであった」

なんとも生ぬるい主張である。GHQは去ったが、それでも米軍という外国の軍隊が引き続き日本国内に常駐することの屈辱を、須田は日本軍支配下の中国で味わっていた中国人たちの悲哀と屈辱にシンクロさせながら、早くから指摘し続けてきた。この基本的視点が三大紙の社説にはまったく存在しない。小和田・大沢は三大紙と道新を比較して次のように、道新の社説を高く評価する。

「この三大紙の問題認識のオソマツさは、五月二〇日に直ちに『許しがたい暴挙・国会は解散せよ』と述べ、ひき続いて『何をおいても即時解散を要求スル』(五・二二)と主張し、さらに『国民すべてが考え、行動しよう』(五・二三)と訴えた『北海道新聞』の社説と比較しただけで明らかであろう。といっても、『北海道新聞』が〝議会民主主義〟の枠をこえていたということではなく、〝議会民主主義〟の首尾一貫した追及、その立場からのそれなりに徹底した批判にほかならなかった。『朝日』『毎日』『読売』と比較したとき、論理を中断しないで問題を追及する開かれた姿勢において、『北海道』はあざやかであった」

道新社説と須田コラムの見事な連携が光ったと言ってよいだろう。その根底にはあきらかに須田の問題認識があった。さらに「上からの視線」ではない「国民視線」、粘り強い行動の呼びかけという道新社説の主張にも、須田個人の持ち味との重なりが感じとれる。

五月一九日以降、安保改定に反対する大衆行動は急速に熱気を高めていった。しかし、大方のマスコミは「デモの行き過ぎを警戒せよ」(「朝日」五月二二日)「大衆行動と社会党の責任」(「毎日」五月二五日)といった社説を掲げ、むしろ熱気の沈静化を図りだした。それが彼らの「良識」なのだった。こうした社説を書いた背景について、朝日の論説主幹・笠信太郎は翌年六月号の朝日新聞社内報でこう語っている。

「日本の国民、といっては少し大げさですが、若い人たち、あるいは労働組合の人たち、またはいわゆるインテリで何らかのグループを作っているような人たちの態度といいますか、その心理といいますか、これが非常にエモーショナルなものである。個人個人が自分自身でよくものを考え、そしての考えのうえに立って、ひとはどうあろうと自分は自分で自主的に行動をする、というようなところが極めて希薄である。極端にいうなら、何か目の前にみえる光景にひどく興奮して動いてゆく。その際、あまり頭の中ではものをよくかみしめて考えない。……(中略)

例えばここに火がついて、うっかりすると拡がりそうである。しかし、この火は無闇に大きく燃やしちゃいけない火だということがわかっておる場合に、私たちのやる報道が、質的にはむろんのこと、量的にもこの火をあおるような調子があってはならない。これは真実を書くということとはまったく別であります」(小和田・大沢『総括　安保報道』)

まるで権力側の言かと見まごうばかりの内容だ。抜きがたい大衆蔑視があり、報道の使命を「うっかりすると拡がりそう」な火の「沈静化」にあるとまで規定している。これでは「報道」ではなく、かつてよく用いられた「報導」であり、愚かな大衆を賢い報導人が教え導いてあげるのだという感じである。時代錯誤もはなはだしい。常に民衆の視点から発想した須田・道新の姿勢といかにかけ離れていることか。

アイゼンハワー米大統領の訪日が近づいた六月一〇日、ハガチー新聞係秘書が「下検分」にやってきた。羽田空港で労働者・学生のデモ隊がハガチーを取り囲み、「ハガチー・ゴーホーム」と叫び、ハガチーはヘリコプターで脱出、翌日夜、米軍立川基地からひっそりと離日した。これにも朝日は「国民の誇りを傷つける行動」、毎日は「国際儀礼に反する暴行」、読売は「常軌を逸したデモ隊の行動」と書いて、デモ隊を一方的に非難した。

そして、「このハガチー事件にもかかわらず、日米支配層は、アイク訪日計画を変えようとしなかった。逆にマスコミに対して、歓迎体制づくりを強く迫った。それは、マスコミ首脳部と現場記者との緊張関係を激化させていたが、歓迎への傾斜をくいとめることができなかった。新聞論調も、一一日を境に大きな変化をみせた」（小和田・大沢『総括　安保報道』）とマスコミの論調はアイク訪日歓迎へとなだれをうちだした。その中で道新だけがあくまで訪日延期を主張し、「六月十九日をおそれる」と題した社説を掲げ、アイク訪日と重ね合わされた新安保自然成立の日への不安を訴えた。社説は最後にこう締めくくっている。

「それにしても岸首相ら政府・与党主流は、さる五月十九日いらい、想像しうる最悪の手段ばかりをつねに採りつづけてきたことに対し、いささかの責任も感じないのであろうか。……（中略）権力で自分の意思を押し通すことだけが岸政治の哲学ということになる。平和と民主主義と主権在民の憲法精神を行動の指針とする国民大衆が、これで絶望的にならなかったらそれこそ不思議であろう、六月十九日の政治的ゴールを目前にひかえて、われわれは深くおそれる」（六月一二日）

この危惧は不幸にも的中する。今なお多くの国民に記憶される「一九六〇年六月一五日」がやってきた。この日は、六月四日に国鉄中心で行われた実力行使に続く第二波の実力行使が、私鉄を中心に行われた。参加労組は全国で一一一単産、五八〇万人に上り、各労組・支援団体が国会抗議デモを行った。安保改定阻止国民会議、全学連などのデモも国会周辺に集まり、約一〇万人が国会を取り巻いた。

最初の流血事件が夕方に起こった。参議院議員面会所脇にかかったデモ隊を「維新行動隊」のノボリを掲げた右翼が襲撃、新劇人、一般都民など八〇人が負傷したが、警官隊は傍観するだけだった。一方、全学連主流派（ブント）の学生たちは国会南通用門前で武装警官隊と衝突、警官隊が構内突入をはかる学生たちを放水によって阻止しようとしたが叶わず、午後六時、学生たちは国会構内になだれ込んだ。警官隊は学生たちを包囲し、午後七時頃、一斉に実力を行使して学生の排除にかかった。この時、東大の女子学生・樺美智子が殺され、多数の学生が負傷した。

怒った学生たちは午後八時頃、約四〇〇〇人が再び構内に入って抗議集会を開いた。社会党議員団が衝突回避のあっせんを試みたが、警官隊はこれを無視し、午後一〇時頃から学生の実力排除にかかり、取材する報道陣にも暴行を加えた。この際、構外にあった警察のトラックに火がつけられて炎上、午前一時半頃、警官隊は突然、催涙弾を発射するとともに学生、大学教授団、報道陣、通行人らに暴行を加え、デモ隊や市民の負傷は一〇〇〇人を超えた。

とうとう一人の女子学生の命が奪われ、一〇〇〇人以上が負傷する大惨事となったのだ。この騒動に衝撃を受けた駐日米大使は翌一六日朝、藤山外相を訪ね、アイク訪日時の警備状況を質し、政府は閣議でアイク訪日「延期」を決めた。ここまで拡大した事態の核ともなった全学連主流派の動きを跳ね上がり行動と見る向きもある。だが、荒瀬豊はこう見る。
「条約の成立期限を深夜にひかえる一八日まで、予定された大規模な統一行動は一五日をおいてほかになかった。したがって、問題を真剣に見つめようとした活動家たちの眼には、一五日は一種の極限の時点とうつったこともやむを得ない。それは、大統領の警備のさいにはすべての不祥事に警察の責任が追及されると信じていた警察官においても同様だっただろう。こうして、対峙する双方が、みずからを極限状況におくという異常な緊張が、国会まえに現出した。学生の集団を包むことなく流れ去った十万余のデモの流れは、学生の孤立感をたかめ、それゆえに逆に彼らの使命感をいちずなものとせずにはいなかった」(日高編『一九六〇年五月一九日』のⅥ章)
学生たちの使命感をいちずなものとさせる状況があったのだというのだ。彼らを孤立させ極限の緊張状態に追い込んだ背景には、大人たちの行動や姿勢もあった。須田も「オトナたちの支離滅裂なかにあって、全学連主流派の主張がいちばん一貫していた」(須田『独弦のペン　交響のペン』)と見ている。
しかし、一六日の各紙朝刊はいっせいにデモ隊、とりわけ全学連の国会構内突入を非難した。「許せぬ国会乱入の暴力行動」(朝日)「民主主義を破壊する惨事」(毎日)という社説が掲載されただけでなく、警官隊の横暴の様子をレポートした記事を現場記者が書いてもボツにされたり、内容を書き変えさせられた。そして、その総仕上げともいえる驚くべき「七社共同宣言」を一七日の紙面に発表したのだった。東京で発行される日刊の一般紙がこぞって宣言を発するという前代未聞のことであり、日本新聞協会の仲介で地方新聞にも宣言への参加が呼びかけられた。その結果、有力ブロック紙、県紙など全国で四一紙が一八日の紙面で追随した。宣言を載せず、かつ宣言に批判的な文章を社説、コラムで展開した新聞は、道新のみだった。この宣言は朝日、毎日、読売三社の論説責任者が一六日に朝日本社に集まって起草され、その中心になったのは朝日の笠信太郎だった。「新聞が死んだ」とまで言わしめたこの宣言の全文を、歴史の負の刻印として以下に再掲する。

共同宣言　**暴力を廃し　議会主義を守れ**

六月十五日夜の国会内外における流血事件は、その事の依ってきたる所以は別として、議会主義を危機に陥れる痛恨事であった。われわれは、日本の将来に対して、今日ほど、深い憂慮をもつことはない。

民主主義は言論をもって争われるべきものである。その理由のいかんを問わず、またいかなる政治的難局に立とうと、暴力を用いて事を運ばんとすることは、断じて許さるべきではない。一たび暴力を是認するが如き社会的風潮が一般化すれば、民主主義は死滅し、日本の国家的存立を危くする重大事態になるものと信じる。

よって何よりも当面の重大責任をもつ政府が、早急に全力を傾けて事態収拾の実をあげるべきことは言うをまたない。政府はこの点で国民の良識に応える決意を表明すべきである。同時にまた、目下の混乱せる事態の一半の原因が国会機能の停止にもあることに思いを致し、社会、民主の両党においても、この際、これまでの争点をしばらく投げ捨て、率先して国会に帰り、その正常化による事態の収拾に協力することは、国民の望むところと信じる。

ここにわれわれは、政府与党と野党が、国民の熱望に応え、議会主義を守るという一点に一致し、今日国民が抱く常ならざる憂慮を除き去ることを心から訴えるものである。

昭和三十五年六月十七日

産経新聞社　毎日新聞社　東京新聞社　読売新聞社
東京タイムズ社　朝日新聞社　日本経済新聞社

守るべき「議会主義」「民主主義」は六月一五日よりひと月も前に、すなわち五月一九日深夜から二〇日未明にかけて、衆院本会議で自民党が単独で新条約を強行採決した時に虐殺されたのではなかったのか。この時、大新聞各社は「議会民主主義」を守るためにどれほどの努力を積み重ねたのだろうか。そして今、何よりも独立不羈《ふき》の精神・姿勢こそが求められる言論機関が、それを投げ捨て、共同行動を採ったのである。その内容たるや、権力へのすり寄りと事なかれ主義以外の何ものでもない。議会民主主義の死に続き、この日、日本の新聞はご丁寧にも自らガン首をそろえて一まとめに首を括《くく》ったのである。そのみっともない「心中」に最後まで抵抗したのが道新だった。それゆえに、道新の紙価は一気に高まった。

道新は六月一七日に「この事態の責任はどこにあるのか」との社説で、「国内全体が異常な危機感と焦燥感につつまれている。しかもその危機感は、岸内閣の常軌を失した権力的態度が大衆の暴発を招きよせないかとの不安に根ざすものであり、一方焦燥感は、いかに言論の自由を発揮して世論を盛り立てても、それがすこしも為政者の耳にとどかない怒りから発したものにほかならない」と責任の所在を極めて明快に指摘、さらに一九日の社説「岸内閣の即時総辞職と解散を要求す」でも「現に見る六月十九日の『結果』が、五月二十日の不当な『原因』から自動的に生じたことが明らかな以上、その不当な原因を生じせしめたものの責任、つまり岸首相ら政府・自民党首脳の責任は一層つよく追及されるべきであろう」と、「依ってきたる所以」をこそ問題視している。

共同宣言は、こうした問題の根っこから国民の眼をそらせようとするものだった。表面だけの平和主義的収拾を図ろうとするものであるが、皮肉なことに宣言が出された一七日夕、社会党顧問の河上丈太郎が暴漢に襲われた。須田はこの事件をマクラに、まやかし共同宣言を徹底批判する「卓上四季」を書いた。須田の代表作といえるコラムである。全文を載せる。

「十七日夕刻国会議員面会所で河上丈太郎氏が暴漢におそわれ、左肩下を刺され、傷を負った。高齢のことでもあり、憂慮されている。岸首相は十七日の自民党議員総会でも、反政府の民衆運動をくちぎたなくののしり、〝破壊政党を打倒しないかぎり民主主義を守ることはできない〟と社会党を攻撃した。岸氏は全学連も総評も文化人の動きも、すべて〝国際共産主義の煽動〟に結びつけている。同じ筆法をもってすれば、河上氏を襲った暴漢の行動は、岸氏の扇動による、ということになりはしないか。

労農党の山本宣治代議士が〝七生義団〟と称する暴漢に刺されたのは昭和四年のこと。それは大正デモクラシーの弔鐘を意味する事件であった。その後二年にして軍国日本は満州侵略へと進軍した。暗い谷間がはじまった。羽田のハガチー包囲だって国会乱入だって、一本のドスさえ持たぬ非武装のデモだったではないか。いかに岸政治を憎んでも、岸氏個人の生命をねらうバカ者はデモ隊にはいなかったではないか。人間の生命を奪おうとする暴力に味方されながら『暴力否定』を語るのはやめよ。

一切の混乱は五月十九日の与党の暴挙に因している。〝よってきたるゆえん〟を別にして、頭痛がするからと頭にコウヤクをはり、腰痛がするからと腰にコウヤクをはるのはヤブ医者である。政治の医学は杉田玄白のターヘル・アナトミア（解体新書）以前に逆行せねばならないのかしら。社会党議員が辞表を撤回すべきことは、この欄でもたびたび強調してきた。しかし、そのことと、五月十九日の議決を既成事実として認め延長国会に無条件に復帰することとは、まったく性質のちがう問題である。わたしたちはあくまで議会政治を守りたい。守りたいからこそ、五月十九日を無条件に認めることに賛成できないのだ。

わが国は世界でも比類がないほど言論の自由な国だという。しかし、げんにわたしたちのまわりには、いろいろな形をとって、ペンをまげさせようとする力が働いている。河上氏に対する暴漢の襲撃を、わたしたちペンをとるものは、姿勢を正し覚悟をあらたにする機縁として受けとりたい」（六〇年六月一八日）

「七社共同宣言」とこの「卓上四季」とを、ぜひ熟読玩味しながら比べていただきたい。どちらが本質を突き、筋を通しているのか――。須田は、デモ隊を「一本のドスさえ持たぬ非武装のデモ」だったと規定し、それとの対比で、武装警官を導入して女子学生の命を奪い、野党代議士に襲いかかる右翼暴漢の行動を招いた権力の姿勢を「人間の生命を奪おうとする暴力に味方されながら」と際立たせ、その権力が「『暴力否定』を語る」まやかしをえぐりだす。「〝よってきたるゆえん〟を別にして、頭痛がするからと頭にコウヤクをはり、腰痛がするからと腰にコウヤクをはるのはヤブ医者である。政治の医学は杉田玄白のターヘル・アナトミア（解体新書）以前に逆行せねばならないのかしら」とのくだりはこのコラムの最高の読ませどころであり、「ターヘル・アナトミア」を持ち出すアナロジーは常人にはとても思いつかない。この巧みな表現もあって、このコラムは評判となり、須田の筆名をいっそう高めた。

だが結局、新条約は一九日午前零時に「自然承認」となり、二三日に東京で批准書交換の手続きを終え、発効した。それと同時に岸信介は「人心の一新」のためとして辞意を表明した。その自然承認の前日の一八日夜は喪章や黒リボンをつけた労働者、学生、一般市民、地方から駆けつけた人たち三三万人もの群衆が国会周辺をデモした。

朝日の笠は「ああした興奮の中では、どこに、いかなる異物が混在しているとも限らない。その民主主義の敵に機会を与えたら、これまたそれっきりである。決して油断してはならない。それにしても、民主主義体制が、いい政治のもとに、おだやかに、無理なく、運営されている限りは、こうした院外的な運動は少なくてすむはずである」（六月二〇日社説）と相変わらずノー天気なことを書いている。民衆の心底からの怒りをまともに受け止められないこんな人物だから、あんな共同宣言を書いたのだろう。

一方、須田は「戦後もっとも深刻な社会不安のなかで、新安保条約は、〝自然承認〟のかたちとなってしまった。考えられる最も悪い条件のもとで生みおとされた」と六月一九日の「卓上四季」を書き出し、「二十二歳の女性の生命をうばい、七十二歳の老代議士の血を流させた国会議事堂は、三十万の怒れる人波のなかにゆらいでいる。これは自然承認どころか、まさに〝不自然承認〟だ。政府は批准手続きの完了を急ぐだろう。しかし、民間の諸団体はそろって不承認決議をするという。天騒ぎ摩利支天岳に雷おこる（秋桜子）」と締めくくり、最後まで主張を貫いた。だが、その陰にはさまざまな苦労もあったようだ。論説主幹だった大内基はこう振り返る。

「進歩的といわれ、好きなことが書けると同業者から羨望された北海道新聞も、思うことの半分も書けなかった点では、他の新聞社とそう多くは変わらない環境にあったのである。

六〇年安保改定さわぎにあたって、わたしたち論説室は改定反対——安保反対の立場をとった。そのころ、毎日開かれる役員会議で、安保をめぐるコラムや社説について——少々オーバーにいえば——わたしは一日として同僚の役員（全部編集出身者であった）から吊し上げを食わぬ日はなかった。……（中略）

最も痛かったのは、販売担当の役員から〝きょうも警察本部で何部購読をことわられた、北海道庁でも購読ストップが続いている〟という非難めいた報告であった。……（中略）部数が新聞社の消長を示すバロメーターである以上、数部、数十部の減少といえども、これを軽視するわけにはいかないのである。こんな役員室の空気が、執筆する者に大きな圧力とならないわけがない。しかも、わたしたちはこの制約を乗り越えて、自らの主張を曲げずに展開しなければならなかったのである」（『月刊たいまつ』臨時増刊号「須田禎一　人と思想」、大内基「安保と須田君」）

経営サイドからの露骨な圧力があったのだ。大内が「同僚の役員（全部編集出身者であった）」とあえて書いたのは、示唆的だ。ジャーナリズムの第一線で記者としてペンを執った人間が、重役になるとその「志」を忘れ去り、経営者の視点しか持てず、陰に陽に一線記者の筆にプレッシャーをかけてくるのだ。その圧力を道新だけは跳ね返し、持ちこたえた。それには、論説陣の並々ならぬ使命感と胆力があってのことだったことが、この文章からわかる。

須田の主張を支えた要素はそれ以外にもあった。小林金三は三つの側面から解き明かす。一つは、道新が地理的に中央政権から遠い距離にあったこと。「朝日には政府やアメリカからの圧力があった。道新にもアメリカ大使が乗り込んで来たが、『最後まで残ったのは道新だけ』と言っていたほどです」。二つめは、道内に強力な革新勢力があったこと。「オール道庁、北教組、炭労などを抱える全道労協が世論をリードする力があり、安保では〝闘う炭労〟が昼間からキャップランプをつけてフランス・デモするほどだった」。最後は社内事情だ。小林は「阿部社長がわりと好意的だった。論説に関心は示したが、圧力はかけなかった。それに労組の若手がガード役を果たした」と話す。こうした要素が重なって、「道新の一つの時代を作ったと言える。他の新聞社だったら、須田さんの論調は成り立たなかったでしょう」と見る。

こんな条件が重なったゆえの「奇跡」的紙面だったのかもしれない。それはまた、いずれかの要素が欠ければもろくも崩れる恐れがあるということだ。事実、道新にあっても、その後そうした危機を何度か体験している。最近も、道新が不可解な姿勢をとり（北海道警の裏金問題追及キャンペーンで二〇〇四年に新聞協会賞を受賞した道新が、〇六年一月、あるお詫び記事を掲載した。覚せい剤捜査で道警が「泳がせ捜査」をして失敗したと報じた記事が事実無根の誤報であったという内容であり、道新社内のスキャンダルを道警に握られたゆえの道警との「手打ち」と見られている。以後道警の不正追及記事は後を絶った）、問題となった。むしろ、そうした恐れにさらされているのが新聞界の常なので、六〇年安保時の道新論説陣の特筆もののがんばりをあえて強調しておきたい。特筆もののがんばりをあえて強調しておきたい。

当時、須田はコラム執筆に際して明らかに全国紙の紙面を意識し、ライバル心を燃やしていた。というのも、五九年に朝日、毎日、読売の全国紙がこぞって札幌での現地印刷を始めて道新への攻勢を強めていたからだ。それまでは東京から遠いことが道新に幸いし、北海道は全国紙の勢力圏外にあった。だが、戦後の技術革新で通信回路と制作工程が飛躍的に進歩し、戦時統制以来の失地回復をねらおうと進出してきたのだ。北海道の新聞界はこれより「戦国時代」へ突入する。須田は全国紙三紙のコラムを迎え撃つ気持でコラムを書き続けた。その心境をこう振り返っている。

「ぼくは、中央三紙のコラムには、時には感心することもあったが、おおむね〝常識〟社会通念の枠にとらわれたものであることに不満だった。だから、中央三紙なにするものぞ、オレが迎撃してやる、という闘志もあった。書きはじめた当初、〝中央紙のコラムはすらすら読めるが、須田君のコラムはいつもひっかかるものがある〟という批評が、社内の旧世代からおこった。ぼくは〝それこそオレのねらいなんだ。せっかく書いたものを、すらすらと読まれて、すぐ忘れられてしまったんでは残念だからね。ひっかかるものがあって読者が考えこんでくれるようなものを、オレはずっと書きたい〟と答えた。ぼくの期待は当った。賛否双方の投書がぐんとふえた」（須田『独弦のペン　交響のペン』）

この主張は須田の文章論として理解しても面白い。たしかに「すらすら読める」のが良い文章だと勘違いしている向きが世の中にはあるが、文章のプロが何かを伝える方法・技巧にはさまざまな工夫があってしかるべきだ。コラムの性格を徹底的に考え抜いた上で自ら選んだ方法を、須田は実践していたのである。要するに、読者を立ち止まらせ、考えこませ、より深い認識を共有する、そんなコラムを目指したのだ。

このコラム「卓上四季」が道外でも評判となり、執筆開始から約一年半分の文章を『オリオンの盾』(中山房)という単行本にまとめ、城戸又一の序文をつけて東京で出版した。書評紙の「図書新聞」が阿部知二、「読書人」が吉野源三郎、「日本読書新聞」が坂本徳松、そして道新が青野季吉と、豪華な顔ぶれで書評を掲載してくれたが、大手マスコミはいっせいに無視した。例の共同宣言を真っ向から批判したコラムなのだから、黙殺されるのが当然だったのかもしれない。結局、この本はろくに売れなかった。

私は偶然、この本の版元の社長だった人物に出会うことができた。ここ十数年、医療関係の取材が増えていた私は、ある患者会の人たちと親しくしていた。そのメンバーにその人・中山幹(柴田書店、旭屋出版の各専務を歴任)がいたのだ。中山は六〇年安保前年の五九年、三五歳でたった一人の出版社を創業した。社名は中山という姓に「房」を付け加えたものだった。中山は出版の顛末をエッセイ仕立てにした文章を私に書き送ってくれた。そこから引用させてもらう。中山は通信社に勤める高校時代の友人の勧めで須田コラムの出版を思い立ち、須田を訪ねた。

「銀座の北海道新聞東京支社を訪ね、向かいのビルの喫茶店で須田さんに会った。須田さんは、五十一歳。微笑を絶やさぬ温顔は、血色もよく、心の若々しさを物語っているように思えた。……(中略)折りから、日米安保改定を前にして、世の中は騒然としていた。……（中略）私は岸信介に好意を抱くことは出来なかったが、安保改定反対という主張には疑問を持った。安保改定反対というなら、改定しなくて現行のままの安保条約を肯定することになるが、それでいいというのか。政府の主張する改定案のどこが悪いのかを指摘し、よりよい改定案をなぜ主張しないのか。どうも反対派のいうことは、筋が通らないと思っていた。ところが、須田さんは、いち早くそのことを指摘し、社会党を中心とする反対派のいい加減さを非難していた。私は同感した」

こうして出版にこぎつけたのだが、本は売れなかった。中山は札幌、小樽にも出かけて有力書店を回って前宣伝をしたが、反応はさっぱりだった。何か明るい動きはないかと須田のもとにも足繁く通った。その時の一こま――。

「『おい、そう、売れない、売れない、と大きな声を出すな』と、いつもの喫茶店の席で、須田さんは苦笑いしながら言った。私は別に大きな声など出していなかったが、あまりの売れ行きの悪さを嘆いたのだ。普段は悠然と構えた須田さんも、これには閉口したのだろう。辺りの席を気にしながらの言葉だった。札幌の本社の労働組合にも買ってくれるように働きかけたから、と須田さんは言った。私は、全国紙のどれか一つでも書評で取り上げてくれることを願ったが、須田さんは、渋い顔をした」

全国紙が取り上げるはずがないことは、すでに述べたとおりだ。そして、中山房は経営の危機に追い込まれ、中山は会社を畳んだ。「戦闘的精神で激しく生き抜いたひとりの反権力の知識人、須田禎一。不思議な縁で、その人と、たまゆらの付き合いをしたのだった」と振り返っている。

第６章
〝鮭の回遊〟

須田は社説もコラムも東京で書き続けた。他の論説記者は人事異動で道内勤務もあるのだが、須田だけは入社以来、特別扱いを受けてずっと東京支社に居続けた。これは入社時の阿部社長のバックアップがあってのことのようだが、須田本人はその立ち位置を次のように説明している。

「コラムを東京で書くか、札幌で書くか。いずれにも一長一短がある。ぼくは、中央紙の進出を迎撃するには東京で書いた方がよい、という見解を採った。それに国内政治や国際政治の社説を担当する委員が東京にいるのだから、それらの同僚とディスカッションするためにも東京にいた方が便利である」

（須田『独弦のペン　交響のペン』）

そうは書いているが、当人にも多少の「後ろめたさ」はあったのかもしれない。六〇年安保時に東京支社の政経部デスクで、それからほどなく東京支社の論説入りをした小林金三は須田に「札幌で書くべきです」と提言した。「社説は東京で（も）書かなくてはいけないが、コラムはどうか。コラムは発想が大事だから、読者の生活に触れてそこから発想し、それを客観的なところへ引き上げるべきでしょう。須田さんが東京を離れられない人とわかっていたから、あえて、なぜ札幌で書かないのかと迫りました」という。すると須田は「だからオレは、〝鮭の回遊〟に行っているではないか」と反論したという。

「鮭の回遊」とは、須田が年に必ず一度か二度行った、二週間ほどの道内出張のことである。札幌本社のほか、旭川・釧路・函館という印刷部門をもつ発行支社三つは必ず回り、さらに稚内や知床半島まで道内をくまなく歴巡した。訪問先では本社、支社の幹部たちとも会ったが、それ以上に須田を熱っぽく歓迎する者たちがいた。労組の青年部を中心とする若手社員たちである。この中には記者だけでなく広告や営業、印刷・工務などの部門の人間もいたし、時には「マスコミ共闘」という形で他の新聞や放送関係の人間も加わった。その様子を、当時本社で組合本部の専従をしていた太田和男はこう語る。

「須田さんが来ると必ず組合で須田さんを〝拉致〟しましてね。でも、労使を問わず参加し、青年部を中心に多い時で二〇人くらい集まりました。若い人に勝手なことを言わせてニコニコ聞いているんです。若い人がよっぽどおかしなことを言ったら『キミ、そりゃ違うよ』と無知をたしなめるぐらいで、とても楽しそうでした。須田さんの話は論理的で、演説や講演は下手だし、座談が上手というわけでもない。訥弁《とつべん》ですけど、言われることが凡人と違う。的確な批判、批評をされます。教養と思考の体系の奥深さがあるんですね」

この雰囲気は支社でも同じようなものだったようだ。須田が来道する日程が明らかになると、三支社でもいっせいに「須田さんを囲む会」のポスターを張って須田の到着を待ち構えた。夕方から社内で二時間ほど話し合った後、場所を居酒屋に移し、須田はウィスキーの水割りをちびりちびりやりながら深夜までつきあった。こんな証言がある。

「テーマはその年、その時によって安保、中ソ論争、ベトナム、政党支持、マスコミ批判、青年論などさまざまだったが、それをどう解説、評論するかというよりも、自分自身がどうかかわり合い、参加するかという点を根本にしていた。須田さんの話に触発されて、ぼくたちはいつも、内部に火がつけられたような感じがした。『ペンに責任を取らなくてはいけない、実はあの時、といったことはいいわけにならない』と、よくいっていた。上からの方針、権威者のひと言でコロリと変わる精神をきらい、人間的な愛、暖かさのない理論とは無縁だった。あの博識を全くひけらかすことなく、どんな若い人の意見にでも率直に耳を傾け、論じ合い、六十代の須田さんが二十代よりもラジカルだった」(『月刊たいまつ』臨時増刊号「須田禎一　人と思想」、鈴木勝男「須田さんと青年たち」)

須田がコラム「卓上四季」を担当し始めたのはちょうど五〇歳からで、定年退職後の六三歳まで「鮭の回遊」を続けたので、「六十代」とあるのはその晩年の姿だが、青年たちに対する姿勢は一貫して変わらなかった。回遊にあたって須田は、その基点を函館と定めていた。いつも函館経由で来道し離道したのだ。小林金三がこんなエピソードを教えてくれた。

「函館支社の近くに美人女将がいるおでん屋があった。その女将が論説びいきでね。須田さんと論説で一緒だった佐藤忠雄さんが支社長をしていたので、決まってそこへ行った。そして、佐藤さんと須田さん、それに作家の船山馨がその女将を争ったという話がある。だけど須田さんはデカダンができない人だから、これが須田さんの唯一の艶ダネですね」

この女将が、深夜に出航する最終便の青函連絡船に乗る須田を、桟橋で見送ったという話もある。ロマンチックな尾ひれがついたエピソードとしてこの話を複数の人から聞かされたが、函館支社の記者だった川崎彰彦(作家)がその実際を書いている。

「最終便の青函連絡船に乗るという須田さんを、みんなで送って行った。おでん屋の女将格の『美女』も同道した。

晩秋か初冬のことで、須田さんは茶色のベレ帽を頭にのせて、茶色の外套を羽織っていた。私たちは桟橋に固まり須田さんは寒風にさらされながら一人、連絡線のデッキに立っていた。酔ってすこしだらしなくはだけた外套の胸もとで、長いマフラーが風にあふられていた。須田さんはにこにこ笑っていた。こちらでだれかが『益田喜頓（注・函館出身の喜劇俳優）そっくりだな』といった。喜頓ほどとぼけた顔ではないが、目じりのさがったところなど、そういわれてみれば似ていなくもなかった。みんなが笑っていると、向こうで須田さんが何？　何？　というふうに片耳のうしろにてのひらを当てがうゼスチャアをした。いちばん若い記者がわざわざタラップを渡って告げ口しに行った。須田さんはベレ帽をごしごし頭にこすりつけるふうにずらしてみせながら『ゲバラだよ、ゲバラ！』と叫んでよこした。みんな、いっそう笑った。須田さんも笑っていた」（『月刊たいまつ』臨時増刊号、川崎彰彦「おでん屋の須田さん」）

須田の風貌、しぐさが眼に浮ぶようだ。残念ながら「艶ダネ」の証拠をつかむには至らなかったが、むしろ微笑ましい図であり、益田喜頓視されたのを「ゲバラだよ」と切り返したところはいかにも須田らしい。ともあれ、須田はこんなエピソードを各地に残しながら、行く先々で歓迎され、交流を楽しんだ。しかし、中にはこの動きを歓迎しない者たちもいた。太田和男はこう語る。

「須田さんのことを嫌う人も編集の中にいました。須田さんは勝手なことを唱えている、信用できないというのです。須田さんが〝教祖〟のように見え、内輪のグループで楽しくやっている、と反発したのでしょうね。一方、集まってくる人たちは、自分たちで何かをやってみようと思う人たちでした。須田さんが行動の人でしたから、運動と言論を関連させて考えている人が多かったです」

太田が組合専従の時、委員長の鈴木正人を中心に「マスコミを国民のものに」との理念で北海道マスコミ共闘を作った。社会活動を新聞記者がやることが「不自然ではない時期」であり、組合では新聞研究活動が活発になされ、労働・文化・教育の分野が連携・一体化して権力をチェックするという考えが強かった。その一環として新聞労働運動もあり、須田の話を聞くのもその一つだったという。

須田はこうして回遊を続けて若手たちと交流するとともに、須田のコラムの愛読者たちが住む北海道の現状にも触れて歩いた。そして、それをコラムに反映させていった。たぶん意識的にだろう、「卓上四季」に北海道がらみの風景、風物、地名、人物などを織り込むようにしている。たとえば次のような表現だ。

「大雪山や羊蹄山の峰々に初雪がふった。ふと仰ぐ夜空に秋はすでに深く、耳をすますと、早くも冬の足おとがかすかに聞こえてくる。とうきびの葉も横雲も吹き流れ（多佳子）」（六〇年九月二八日）

「啄木の作品は必ずしもうまい歌でも、格調の高いものでもない。作品としての高さでは、現代詩人、歌人のなかに啄木以上のものがどんなに多いことか。だが、それらの作品は詩歌としてすぐれていても、啄木ほど多くの人に親しまれることはないようだ。〝しらしらと氷かがやき千鳥なく釧路の海の冬の月かな〟。〝函館の青柳町こそかなしけれ友の恋歌矢ぐるまの花〟。釧路市知人《しれと》岬歌碑と、函館公園の歌碑に刻まれた啄木の歌である。釧路の海に千鳥はいない。なにかの拍子で間違ったのだろう。が、啄木の歌にはみな一種の〝大衆性〟が潜んでいる」（六一年四月一三日、啄木没後五〇年）

「小樽の生んだ作家小林多喜二が特高警察の非道な拷問によって生命をうばわれてから、満二十八年がすぎた。毎年二月に開かれる〝多喜二祭〟に必ず元気な顔をみせてアイサツする母堂セキさんが、ことしは欠席したので、よほど弱っているのだな、と心配していたところ、十日夜とうとうなくなった。八十九歳だった。セキさんの晩年は、むすめ（多喜二の長姉）夫妻のゆきとどいた養護と、じまんのむすこの作品が国際的にも高く評価されるようになったことなどで、かなり幸福だったようだ。しかし、〝多喜二の母〟というだけで周囲から白眼視された戦時中は、ずいぶんつらいこともあったようだ」（六一年五月一二日）

「ユーカラの伝承者として知られる金成マッさんが八十五歳の高齢でなくなったのはこの四月。それから二カ月たらずで、知里真志保教授を失うことは、まことに惜しんでもあまりがある。マツさんはアイヌ叙事詩の忠実な伝承者であり、ローマ字で書き残した一万数千ページのユーカラは、マツさんがわたしたちに残してくれた大きな宝物である。それにくらべると、マツさんのオイにあたる知里教授は、まだ五十二歳で、大切な仕事の中途で倒れたのだから、さらにいたましい」（六一年六月一〇日）

「すこし前まで霧と疎林のなかに眠っていた根室原野は、パイロット・ファームの出現でグッと明るくなった。営農や経済効果の点ではいろいろ問題が多いのだが、それとは別に、開墾機械を操作する若いオペレーターたちの元気な働く姿がみられよう。知床半島の根元を横断する斜里と根室標津との間に二年前からバスが通っている。いまのところ満員になることはまずないらしい。それだけ深い森の中を走る。樹齢の尽きた老樹が若い木々とまじって立ち、汚染されない河川にかげを落としているのがいい。人の手で汚染されない河川というのは、もう全国でもこのあたりしかないといわれるが、いつまで保つ寿命だろう。せまい日本だが、サケ・マス君やクマ君のためでなく、人間のために、なんとか残しておく方法はないものか」（六一年七月一〇日）

「リンゴの実があかく、たわわな道を通ると、ふと、忘れかけていたことばが思い出された。それは『田園』ということばだった。デリシャスの熟れたのからは、北のくだもののあのうまさを思えばいいのに、なぜ田園が思いうかぶのであろう。道内の名産地のひとつ札幌近郊の平岸も、都市の膨張でこのごろはすっかり変容した。高層アパートや郊外住宅の進出でつぶされ、かつての面影はない。リンゴ園そのものは奥地へ移されただけで、面積が減っていないのは、せめてもの慰めだが」（六一年一一月六日）

早い時期の「卓上四季」から眼につくままに拾っても、こんなにふんだんに北海道がらみの文章がある。そこからも印象づけられるのは、須田の関心領域の広さだ。文学通なのは先刻承知だが、北海道の作家らにも並々ならぬ関心をもっていたことがわかる。アイヌ文化への理解もいいかげんなものではない。多喜二の母の苦労を思うくだりには、迫害され虐げられる人たちへの深いシンパシーが溢れる。さらに印象的なのは須田の詩心だ。表現の端々に詩人ならではの余情が漂う。そして、知床の自然に対する畏敬の念は、ずっと下った七〇年代、八〇年代になってこの地区の道路開発が環境破壊として大問題になっただけに、問題を先取りした須田の慧眼にはおそれ入るばかりだ。

その眼は自然だけにではなく、道内で起きた人間界の出来事にも鋭く向けられた。今では冤罪事件として知られる「梅田事件」について須田は、最高裁で有罪とされた被告に無罪の証拠が新たに出たという時点で早くもコラムに取りあげている。「シロ」との須田なりの確信があってのことだろう。事件の概要も要領よく織り込まれているので、全文を紹介しよう。

他人（相被告）の自白によって一審・二審から三審（最高裁）まで有罪とされた男に、無罪の証拠が出た――きのうの本紙社会面は注目すべき事件を報道している。十二年前に北見営林署の会計課員が殺された。二年後に他の事件でつかまった羽賀竹男という男がその犯人とわかった。ところが、羽賀は知人の梅田義光の名を共犯者としてあげた。梅田は罪状を否認したが、誘導と拷問にあってアタマをさげた。一審は羽賀死刑、梅田無期。

札幌高裁への控訴も、最高裁への上告も棄却され、梅田の無期懲役は確定した（羽賀の死刑は執行された）。しかし、羽賀は他の事件でも無関係の者を共犯者にしあげたことがある性格異常者だという。梅田の弁護人たちは、梅田にとってただ一つの物的証拠とされていたズボンが公判に提出されていないのを奇怪に思った。刑確定ののち、ズボンはようやく梅田の家族に返却された。専門家に鑑定してもらったら、血こんは検出されなかった。さらに梅田が警察での誘導と拷問について書いた手記も、刑確定ののちもどってきた。そこで弁護人たちは再審請求にふみきった、というのである。

憲法第三十八条には『なにびとも、自己に不利益な唯一の証拠が本人の自白である場合には、有罪とされない』と明記されている。ところが、問題なのは他人（相被告）の自白である。相被告が証人の資格で陳述した内容は〝本人の自白〟ではないのだから、証拠として扱うことができる、という見解が、わが法曹界の一部に存在する。わたしたちは、知らないうちに他人のうらみを買うことがあり得る（逆うらみということだってある）。〝あいつも共犯です〟といわれれば、いつ逮捕されるかもしれない。この点については、広津和郎氏が松川事件に関連してするどくついている。このほど白鳥事件対策協議会の手になる『白鳥事件』を見た。八海事件の映画『真昼の暗黒』みたいなドラマ化は避け、フィクションなしに〝事実〟をつづる手法を採っている。この事件でもやっぱり他人（相被告）の自白が焦点である。旧憲法下の旧刑事訴訟法のクセが当局者のあいだに濃く尾をひいていたように感じられるが……」（六二年一〇月一六日）

簡にして要を得た事件の説明がなされ、その上で冤罪事件を生む刑事訴訟法の大きな問題点（これは今にも通じる）をすっきりと教えてくれる文章である。人権が権力によって侵されることに須田がどれほど関心を払っていたかが、よく理解できるコラムでもある。須田自身がかつて社説に取りあげた松川事件、さらに道内で発生してこれまた冤罪が疑われる白鳥事件（五二年一月、札幌市内で札幌市警警備課長の白鳥一雄警部が射殺され、共産党の村上国治党札幌地区委員らが逮捕された。共犯者が殺害謀議をしたとの供述があるが、犯行に使ったピストルが発見されないまま高裁判決で有罪となり、六三年に最高裁への上告も棄却されて有罪が確定した。村上被告は再審請求、最高裁への特別抗告も行ったが、七五年に請求が棄却された）を引き合いに警告を発したところに、須田の持続した関心のありようがうかがえる。

「六〇年安保」問題が収束したこの頃、須田が憂慮したのは、日本の革新陣営の体制内化といってよい現象だった。挫折し、目標を見失ったのか、ふ抜けた姿勢が目立っていた。須田は容赦なく、痛烈な皮肉をこめながらそれを断罪する。

「〝梅のにおいを桜にこめて、しだれ柳に咲かせたい〟というのがある。日光市の社会党オルグ会議での江田書記長の発言を聞いて、このはうたを思い出した。江田氏いわく〝アメリカの高い生活水準とソ連の社会（保障）体制と、イギリスの議会民主制と、日本の平和憲法とを総合して……〟。まことに結構ずくめなお話である。こういう〝わかりやすい〟目標をかかげることによって、社会主義のイメージを大衆のなかに浸透させようとの意図であろう。しかし、わたしたちはここで首をひねらざるを得ない。

レーニンは革命直後、〝社会主義体制を生み育てるために、われわれはロシアのボルシェビキ精神とアメリカのビジネス精神とを結びつけねばならぬ〟といった。レーニンのことばは江田書記長のことばと似ているようだが、実はたいへん違っている。江田氏が〝目標〟を静止の姿で描いているのに対して、レーニンはその〝目標〟への道を動的にダイナミックにつかんでいる。高い理想と日常活動とをつなぐものをたくみにとらえている。アメリカのビジネス精神を学ぶことによって、帝政時代のロシア人のノンベンダラリな風習や無責任な生活意識を克服しようというのだから。

江田氏の方は、梅の香と桜の色と柳の姿とを、レディーメイドのものとして受けとろうとしている。はたして、そういう形でそろえて手にいれることができるものか。生々流動する内外の諸条件のなかで、静止した〝描いたモチ〟をスプリング・ボードとすることが、日本の勤労大衆の〝可能性〟としてどんなものであろうか」（六二年七月二九日）

レーニンが変革を目指して「動的」なのに対し、江田はレディメードの制度を接ぎ木する「静的」な捉え方しかしていない、との把握は本質を突いている。常に社会変革への動的な志とその実行を自らにも課してきた須田らしい批判である。ここで国際情勢に眼を向けると、このあたりからベトナムの戦乱がキナ臭さをいっそう増してきている。須田は「人民」の視点からこの問題を見続け、折につけコラムに書いた。

「遠いアルジェリアのことに気をとられているうちに、近くのベトナムの形勢がひどく切迫してきた。東京を起点として測れば、ユエ市（南北ベトナムの境界線近くにある）は、カムチャツカ半島のつけ根のキリチキとほぼ同じ距離にある。さいきんサイゴンから帰ってきた商社の人の話によると、ベトナムの内乱というよりも、ベトナム人とアメリカ軍との戦いという様相を呈してきたそうである。ゴ・ジンジエム政府軍にはアメリカ軍人が〝教官〟という名で参加しているが、その数は七千をこえ、空軍のごときは事実上アメリカ人によって編成されているとか。

南ベトナムを騒がしているベトコンとは、ベトナムの共産主義者を意味する〝越共〟のベトナム式発音である。ホー・チミンの党は〝労働者党〟を名乗っているから、ベトコンは自分たちのことをベトコンとはいわない。その構成分子は北から来た工作者もいるだろうが、主体は南部の土着者だそうである。

日本の商社員のなかでベトコンの検問にひっかかったもんがある。〝日本帝国主義〟の非難でもされるかと覚悟していたら、案外やわらかな物腰で、〝あなたがたがゴ政権と貿易なさるのはご自由だが、代金の延べ払いを認めることだけはおやめになった方が賢明だろう〟と忠告されたそうである。〝遊撃戦の要てい（諦）は人民に依拠することにある〟というのだから、かつて日本軍を悩ました八路軍（中国人民解放軍の前身）そっくりだ。これではどんなにアメリカ軍が注ぎこまれても点と線だけしか確保できまい」（六二年三月二七日）

たぶんこの文章が、須田がベトナム戦争にコラムで触れた最初かそれに近いものだろう。日本のメディアではまだベトナム情勢を本格的にレポートしていない時期だが、すでに須田は、やがて「ベトナム戦争」へと拡大・深刻化する事態の本質を的確につかみだし、わかりやすく説明してくれている。「遊撃戦の要諦は人民に依拠」というセオリーはまさに、かつて須田自らがその兵士を匿った八路軍の戦略に通じている。米軍の注入が「点と線」しか確保できないとの指摘は、やがて泥沼戦争となって撤退を余儀なくされた米軍の末路を予言している。

さらに、このコラムの最後を「『沖縄の基地は、日本から東南アジアへかけて弓形に横たわる同盟諸国に対し、わが国の意思と能力を保証して見せるものだ』とのケネディ声明も、ベトナム情勢と無関係ではあるまい」と締めくくっている。日本の米軍基地のベトナム関与を指摘するだけでなく、日本自体のベトナム関与を示唆しており、この視点はこの後のベトナムがらみの須田コラムの特徴にもなっている。翌年になると、ベトナム情勢はいっそう深刻化した。須田はベトナム戦乱の原点を示し、戦乱の背景をすっきりと解明してみせる。

「昨年十二月いらいベトナムの戦乱は大規模なものとなった。日本のラジオや新聞にはハデに扱われないので、無関心なものが多いが事実は朝鮮休戦いらいの深刻な局地戦争が、ベトナム人民軍とアメリカ軍（およびその指揮下にあるゴ・ジンジエム軍）とのあいだに展開されている。この六日のヌイミウ（サイゴン北方二百余キロ）の戦闘で、アメリカ軍は三たび目の手いたい打撃を受けた。しかし、ベトナム人民軍（ベトコンとよばれる）の側の死傷者も多数にのぼった。

南北ベトナムというと、東西ドイツや南北朝鮮と同じ性質のものと思いこむ人が多い。しかし実はまるでちがう。ドイツや朝鮮の分割は、戦後処理における米・ソ両大国の〝力の政策〟の所産である。全一にして不可分の国土に無慈悲な国境線が外から引かれたもの。ベトナムの場合は、一九四五年日本の敗戦の直後、ホー・チミンを主席とする独立政権が全土の統一政府として生まれた。フランスは当初の約束を破って一九四六年の暮れから武力干渉をはじめた。しかしベトナム人民は七年の抗戦ののちフランスのほこるディエンビエンフー要さい（塞）をおとしいれて一万六千のフランス〝精鋭〟を捕虜とした。

一九五四年七月、マンデスフランス（仏）・イーデン（英）・スミス（米）・モロトフ（ソ連）・周恩来（中国）の各代表に、ベトナム人民政権代表のファン・バンドンを加えてジュネーブ会議がひらかれ、インドネシア休戦協定が成立した。そのとき中国代表はホー・チミンを主席とするベトナム人民政府が全土を支配すべきだと主張したが、結局は妥協した。そして北緯十七度に休戦ラインがひかれ、二年後に全土にわたり自由選挙を行なうことが約束された。ところがその後フランスに代わって南部の実権をにぎったアメリカは、ゴ・ジンジエム政権を作り上げて、ジュネーブ協定をご破算にした。

南ベトナムがアメリカのアジア戦略にとって重要な基点であるとしても、それはベトナム民族の統一を妨げてよいという理由にはなるまい。白刃でアメリカ軍とわたりあっているベトナム人民のあいだに、毛沢東理論が歓迎されている事実も見のがすことはできない」（六三年一月一〇日）

ここまでわかりやすく経緯を明かされれば、だれにも事の理非がわかろう。視点のぶれない須田ゆえの名解説である。北海道の読者はまことに優れた国際情勢解説者を得たものである。ベトナムを舞台に今また、大国の横暴がごり押しされようとしているのだ。その片棒を日本がかついでいるのだが、日本人にはその認識が薄い。そのあたりのズレを、ニューヨークの反戦デモにからめて次のように批判する。

「ニューヨークのタイムズ広場で十五日（日本時間十六日）二百五十人の青年が〝ベトナムから手

を引け〟のデモ行進をやり、警官隊に阻止され三十人が逮捕された。二百五十人というデモの人数を少ないと評することはできない。彼らは八日にも集会を開こうとして弾圧されたが、そのときも十七人が検挙されている。

今日のアメリカは残念ながら自由の国ではない。社会的・思想的偏見のぶあつい黒い霧がひろがっている。そのなかで反戦デモを敢行するのには相当な覚悟を要する。これらアメリカの青年たちにはるかに敬意を表したい。これまでもニューヨークやワシントンではよくデモがあった。しかし、それらは宗教団体や婦人団体による静かなデモで、ホワイトハウスへ決議文を持参すると大統領が親しく面接してコーヒーをふるまったりするのが例である。こんどの青年たちのデモはそれらとは異質である。さればこそ警官隊をくりだしての大弾圧となったのであろう。

ジョンソン大統領のベトナム政策に反対した上院議員が二人あったが、そのうちの一人ウェイン・モース氏は〝わが国の軍事行動は国連憲章の原則に反する。私は北ベトナムや南のベトコンに味方するものではないが、彼らにも国際上の権利があるという事実から目をそむけてはならぬ〟と政府にせまった。それにくらべると、自分たちの国土から進発した海空軍が対ベトナム作戦に参加している事実をつきつけられても〝しあわせだから手をたたこうポンポン〟なんて九チャン（注・歌手の坂本九）といっしょに歌っているどこかの国のお役人や議員さまは、まことに〝しあわせ〟である。

朝鮮動乱当時は在日アメリカ将兵の言動が目立って粗雑になったものである。十六日に山口県岩国の基地で四十七歳の日本人従業員が刺し殺された事件はベトナム作戦と無関係だろうか。同じ基地で昨年末日本人ホステスを殺した米兵は〝ベトナム戦線で死んだ〟との理由で日本側にひきわたされていない。こんどの犯人は二十一歳の白人兵と判明した。身柄を米軍基地においたまま日本側の警察でも取り調べをはじめたが、わざわいのもとは基地にあるようだ」（六四年八月一九日）

戦争が激化してくれば米兵たちは精神的にも荒れる。その余波が日本国内の米軍基地周辺にも及ぶのだが、大方の日本人、日本メディアはそこへの関心が薄い。須田はここで、今にも尾を引く日米安保条約に伴う行政協定（地位協定）の問題、つまりは米軍基地内に露骨な治外法権が設けられている現実を、指摘しているのだ。他国の軍隊が領土内に常駐する悲哀を、須田はサンフランシスコ講和条約の締結時以来一貫して訴え続けてきた。それをまたここでも訴えざるを得なかったのである。

北海道内から国内、そして国際問題まで、須田の筆はその書く対象を自在に求めた。そして物事の理非をその根本に遡ってわかりやすく説いた。社説に増して須田の個性が存分に発揮されたのが、このコラムだった。読者の注目度も高まり、直接、須田宛てに手紙を送ってくる人も出てきた。須田はその一つを、著書で嬉しそうに紹介している。

「勇払原野の奥に住む主婦からファンレターが届いた――

あちこちの峰々に初雪がふりました。とつぜんお便りさしあげる失礼をお許しくださいませ。毎朝、新聞を手にして一番さきに『卓上四季』を読み……ぜひ一度お写真でなりとお眼にかかりたく……

この手紙には、

五指ひろげても胸混浴の灯にあまり　湯もやをぬけて蝶にも蛇にもなる血色

という妖しく美しい句もつらねてあった」（須田『独弦のペン　交響のペン』）

須田への相当な心酔ぶりがわかる。もちろん、ファンは主婦だけではなく、さまざまな層の読者が手紙を書いてきた。須田自身、「読者からは脅迫や憎悪を盛った投書もあったが、支持と激励の方がずっと多かった。小学校の女子教員から国鉄・炭鉱の労働者、由緒ある寺の老住職や北大の教授からバーのホステス、まことに『卓上四季』の支持者はさまざまであった」（同）と明かしている。その反響についてはコラムでも紹介している。

「この欄の筆者のもとへは、たくさんの読者から手紙がくる。……（中略）なかには、自分の職場や学校での悩みを訴えてくるものもある。眼に見えぬ放射能のように、自分の魂を虫ばんでくる〝大衆社会〟的な状況、それに抵抗するにはどうしたらよいか、生きてゆくための妥協、その妥協の限界をどこにおくべきか、など。〝悩めるものは幸いなり〟という聖書の言葉は、あまりに手軽に用いられ、手アカがつきすぎた。いわれたものの反感を買うのみであろう。しかし偽善者どもの指紋を洗い落として、この言葉のもつ〝純金〟を自分の手で握りしめたいものである。なぜなら、悩むかぎり、人は退廃におちいらないから。……（中略）

退廃のゆきつくところ、一切の思考を停止して大勢順応に徹してしまう。そうなったら希望はない。一見したところ模範的な社会人・家庭人である存在に、退廃の極北、いわば不毛の凍原帯

を感じて戦りつ（慄）することがある。……（中略）

きょう〝成人の日〟を迎えるものは全国で百九十三万人いるそうだ。そのひとりひとりが悩みをいだくことをこそ期待したい。この反語の意味は上述したところから理解してもらえると思う。人はそれぞれに十字架を負っている。そして自分の十字架がとりわけ重いように感じるものだ。十字架という表現が気にいらないなら、業（カルマ）とよんでもよい。自分で自分を尊敬できるような行き方にこそ、ほんとの生きがいがあるのではないか。よしんばそのために傷だらけになろうとも」（六四年一月一五日）

若者たちへの励ましのメッセージとなっている。しかしそこらの安っぽい人生論とは違う。自らに課した生き方、現実との格闘に基づくアドバイスだから、心にしみる説得力がある。このコラムが掲載されると、すぐさま別の女性読者から手紙が来た。

「あなたさまへのもとへはたくさんの読者から手紙がくるとのことでしたので、私も一筆走らせてみたくなりました。成人の日によせるあなたさまの御意見を読んでいるうち、涙がにじんできました。ほんとうに〝悩める者は幸いなり〟という言葉は、純金でありたいと思います。無関心ということは一番人間として横着な考え方です。私も無関心の世界に入りこんでしまいたいと思うこともあります。無関心の殻のなかに入りこんでみると、平和とまがう気楽さがある事を発見しました。けれども一時期そういう時を通り抜けると、私は生きているのか、生きている証拠を自分自身にきざまなければ、と退廃の生活から這い出る努力をします。勇気を出して……」（須田『独弦のペン　交響のペン』）

この読者は須田の主張の中心をしっかり受けとめ、自分の経験を重ねてより深い理解に達している。記事に対する読者の確かな反応があると、書き手の記者は強く励まされるものだが、読者とのこのキャッチボールでは、明らかに須田の筆が読者を励まし、読者をより深い考察へと導いている。青年層や女性層を念頭に置いたとき、須田の「教育者」的資質が図らずも顔をのぞかせてくるのは面白い。それにしてもなんと理想的な読者との交流が、一ローカル紙の紙面を通じてなされていたことか。

女性の投書を紹介したついでに、ここで須田の女性観について触れておこう。政治ネタを書くことが多かった須田が女性について書き残した文章は数少ないが、若い人たちと飲むときには「ぼくの好きなものは美女・美酒・革命だ」と言うのが口癖だった。ただし、美酒は必ずしも「特級酒」や「一級酒」である必要はなく、安酒を好んだ。美女も然り。これにも独自の見方があった。

須田は七〇年一一月から『月刊たいまつ』に連載したエッセイの中で、新左翼運動に献身しているうちに愛人を作った夫に悩む若い女性Xへの手紙という形をとり、自身の女性観を開陳している。大杉栄をめぐる三人の女性の話を引き合いに出す。

「堀保子と神近市子と伊藤野枝という、大杉栄をめぐる三人の女性について、あなたもご存じでしょうね。ぼくは大杉のことを思うたびに、ぼくだってやっぱり伊藤野枝がいちばん好きになるだろうな、と感じます。それは男性のエゴだ、とあなたは立腹なさるでしょう。それに反論する言葉を、ぼくは見いだせません。そうだ、男性のエゴだ、とシャッポをぬぎます。ただ、ベタニアに住むマルタとマリヤという姉妹の話を、あなたは聴いたことがありませんか。ルカ第一〇章に出てくる話です。イエスがある村に入るとマルタという女が家にお迎えした。マルタにマリヤという姉妹があった。

マリヤはイエスの足もとにすわってお話をずっと聞いていた。イエスをもてなす食卓の準備で大いそがしのマルタは、〝私がこんなにいそがしくしているのに、マリヤはすわったままです。手伝うように言ってください〟とイエスにむかって言った。イエスは答える。〝マルタよ、きみはいろいろと気を配り心をつかってくれているが、肝要なものはただひとつのことなんだよ、マリヤはそれを選んだのだからそれを妨げないように〟。

この詩の主題は、いわば日常性と革命性、この二つのものの二律背反といえましょう。あなたの夫君はもとよりイエスではない。あなたの夫君の革命性がホンモノかメッキか、それもぼくは知りません。しかし、大杉栄が伊藤野枝にいちばんひかれたのは、同じ理想への同じ情熱が彼女に持続したからです。たしかに食卓の準備をしなければ飢えてしまうし、室代を滞納すれば追い立てられます。しかしマルタのような生き方では、日常性のなかにのめりこんでしまうのです。そこには〝主婦の友〟的な、あるいは〝主婦と生活〟的な道があるのみです」（須田『人間主義をつらぬいて』たいまつ社）

須田はマルタよりもマリヤに、堀保子・神近市子よりも伊藤野枝に引かれていたはずだ。しかし、「マルタのような生き方では、日常性のなかにのめりこんでしまう」と言いながらも、現実の須田はマルタも必要とした。須田と親交のあった画家・富山妙子はそのあたりの「矛盾」を次のように指摘している。

「つねに反権力の立場に立ち、流れに抗し、厳然と孤高に生きた須田さんのかげに須田ヒサさんがおられた。……（中略）須田さんは、伊藤野枝にあこがれつつ、現実の生活では、食卓を準備する女性がいた。このことは日本の知識人たちが、どうもがいてもはいのぼれない家族制度の桎梏にあることなのだ。ふんわかとしたマイホームは拒否したものの、男にも女にもゆくべき道が容易にみつからないのが現実ではなかろうか。体制や権力に対して剛直で鋭い剣《ペン》を振りかざした須田さんも、こと女性解放については沈黙されてしまう」(『月刊たいまつ』臨時増刊号「須田禎一　人と思想」、富山妙子「須田禎一氏と女性解放」)

たしかに須田の最大の弱点がここにあり、それはまた日本の知識人男性たちに共通する「桎梏」かもしれない。妻ヒサの生活面での苦闘ぶりについては、渡辺克己(道新記者を経て、そば研究家)がヒサ本人にインタビューした(七三年一一月)文章がある。ヒサが語る禎一の姿からは、その浮世離れした一面が浮かび上がってくる。

「お金は貯金するものじゃない、使うものだ、という考えが徹底していた人でしたね。主人は、私に、台所の食費として、もう十年以上も、毎月四万五千円しか月給からさいて渡してくれませんでした。……(中略)食費を除いたほかで、主人の亡くなった弟の子供二人の学費の面倒を見てあげたし、三年前、主人の父親が九十歳で亡くなるまで、ずうっとお金を送り続けました。長男でありながら本家を継ぐことは拒んだけれど、そうした義務は果たしましたし、目上の人をうやまう気持は強かったのですね。お金といえば、私、主人からボーナスを一度も受けとったことがないんです。〝ボーナスをあてにするようなさもしい根性を出すな〟とね」

「私が体が悪くて寝込み、肉とお米の買い物を頼んだら、あり金全部でお肉を買って、肉屋さんが小一時間、切り刻んでいる間、自分は店頭で一生懸命本を読んでいる。それからというもの、くる日もくる日も醤油づけのお肉ばかり。おばあちゃんに、ぜいたくだといわれて参っちゃったワ。赤ん坊がそのまま大きくなったみたいなところがありましたネ。だから、私も、袋ものの手仕事をやって、もう二十年近くになります」

「日曜だから散歩に行こうとか、子供のお守などは絶対にやらない人。よっかかれない人。子供が病気だと、『じゃあ、ボクは旅館へ泊まってこようか』というんです。この意味わかりますか？　旅館へ行くと、君は亭主のメシの用意をしなくてすむだろうから――という論法。また、あす大掃除だというと、図書館はあいているかな、といって〝逃げ出す〟んです」（いずれも『須田禎一文集』二十五日会、渡辺克己「素顔の須田さん」）

長女の眞理子も、こんなエピソードを私に語ってくれた。

「進歩的な面と保守的な面を併せ持っていて、家庭では昔風の人でした。父は家のカギを持ちませんでした。自分が帰宅した時に母が居なくてはいけない、一分でも一秒でも前に居なくてはいけないというのです。たまたま母が私を連れて出かけた時、祖父の誠太郎が寄ったことがあり、父がお茶を入れようとしたけどお湯の沸かし方がわからない。誠太郎が台所に行くとガス台にマッチ捧がそのまま置いてある。そこへ置くと自然に火がつくと思ったらしいんですね。『俺が沸かしたよ』と誠太郎があきれ返っていました」

女性解放の視点から見れば、とんでもない男に映るかもしれない。しかし、須田が憧れた「マリヤ」「伊藤野枝」は、須田が筆を通じて追い求めた「現実変革」という理想に他ならなかった。須田は人生のすべてをかけ、人間が人間らしく生き、暮らせる社会づくりを追い求め続けた。それに〝殉死〟するために、家族との生活が犠牲にされたのだ。

第７章
晩　年

須田は六四年に五五歳となり、定年退職の期限を迎えたが、二年間延長され、職階も編集局次長待遇となった。コラム「卓上四季」の執筆を続けるとともに、単行本の執筆や他のメディアへの寄稿なども活発に行っている。出版では『歴代詩選』(倉石武四郎と共訳、平凡社、六〇年九月)と郭沫若『則天武后、筑』(翻訳、平凡社・東洋文庫、六三年一一月)、他メディアへの執筆では『エコノミスト』(毎日新聞社)にコラム「氷焔」を刀鬼のペンネームで連載開始(六四年)、大森実が毎日新聞を中途退社後に創刊した『東京オブザーバー』にコラムを一〇回ほど寄稿……と、定年後に独立した文筆家として生きるための準備に入ったかと思わせる感さえある。ところが六五年(昭和四〇年)四月三〇日、予期せぬ大事故に巻き込まれる。

須田は午前中、自宅書斎で道新学芸欄用の書評原稿(愛新覚羅溥儀の自伝『わが半生』)を書いてから、正午すぎに玉電(東急玉川線、後に廃線)の駒沢停留所に立っていた。この電車は路面電車で道路を自動車と共用していた。この日の朝刊で米国の要人が毎日新聞と朝日新聞を名指しで「アカ」呼ばわりしている記事を読んだので、早速、「卓上四季」でこれを批判的に取り上げなくてはならない、どのような角度から取りあげようか、と須田は考え込んでいた。

そこへいきなり大型トラックが飛び込んで来、停留所で電車を待っていた客一〇人を跳ね上げ、一人が即死、須田は最も出血が激しく意識も無く、いちばんの重体に見えた。通りがかりのクリーニング店の青年が血まみれの須田を抱え上げてくれた。そこへ共同通信写真部のカメラマンが車で駆けつけ、駒沢病院へかつぎこんでくれた。すぐに手術がなされ、午後二時半に手術が終わると同時に須田は意識をいっぺんに回復した。まもなく東京支社の論説室の同僚らが駆けつけ、この時には頭の働きがはっきりしていた、と本人は自覚している。だが、診断書には「脳震盪症、くも膜下出血、前額部割傷（骨膜に達す）」と書かれてあり、やはり相当な重傷である。

ここに紹介した事故の概要は、論説室に置いてある「論説ノート」（論説委員が考えたこと、感じたことなどを書きつけていたと思われる）に本人が「〝流血のあとさき〟（S）」と題して直筆で書きつけていた文章（「七月三日記」とある）をもとにまとめた。では、須田自身の心境はどうだったのか。「ノート」から引用する。

「まずアタマが心配になった。バカになって生きている甲斐はない、と思った。それで〝ふるさとは遠きにありて思うもの、よしや異土の乞食《かたい》になるとしても帰るところにあるまじや〟という犀星の詩を暗誦してみた。すらすらできた。どうやらバカにならずにすみそうだわい、と一安心した。血の気は多いのだから、いくらか消失してもそれほど心配はあるまい」

最初に案じたのがアタマ、つまりは「知性」が異常を来たしていないかだったというのは、言論一本で勝負してきた須田らしい。須田から言論を取ったら生きている意味も無くなるというのだ。この後、病状は順調に回復した。四日目から歩いてトイレに行けるようになったが、左目のすぐそばが腫れ上がっているので読書はしばらくやめるようにと言われた。そこでラジオが「唯一の友」となりクラシック音楽とニュースを主として聴いたが、「いちばん癪にさわったのはニュース解説だった」という。その理由は書いていないが、要するに中身の薄っぺらな解説内容に腹を立てたのだろう。

丸一カ月の入院後、須田は仕事に復帰し、六月二日付朝刊から「卓上四季」の執筆を再開した。しかし、それまで頭痛とは無縁だった須田が、事故後はときどき激しい偏頭痛に悩まされるようになり、コラム執筆をそれまでの週六回から五回に減らした。そして、六月三〇日付朝刊を最後に、後任の建部直文にバトンタッチすることになった。最後の「卓上四季」を須田はこう結んでいる。

「ペンは剣より強いか弱いか、それは知らない。スモッグやネオンで私たちから恒久の星空を仰ぐ幸福さえ奪いがちな今日の〝文明〟である。この〝文明〟に何かまちがった傾向があると気づいた場合には〝わがペンよ、剣より強かれ〟といのりたい。暗黒星雲が存在するからこそ、銀河のきらめきはますます美しい、ともいえる。オホーツクのなぎさにも、空知川の岸べにも、あすは新しい星がのぼるであろう」（六五年六月三〇日）

社説、そしてコラムの執筆を終えた須田に、道新内でやる仕事はもう無い。二年間延長した定年を一年残し、六五年一二月二一日付で道新を退社した。須田は退社にあたり、社報に「さよなら、みなさん」と題する一文を寄せている。そこで彼は言論人の在り方を説いた。

「権力の座にあるものが、おのれに対する批判を好まないのは、通例でしょう。言論人が権力の座にあるものから憎まれるのもまた通例でしょう。もし権力者から愛される言論人があったとすれば、権力者か言論人か、そのいずれかが異常な場合でしょう。

憎まれることは言論人にとって少しもおそれるにあたりません。おそろしいのは無視されることです。五年前の新安保のとき、いわゆる九社声明（注・一般には「七社声明」）が出されました。わが社の役員はさすがに加わらなかったが、これに加わったある中央紙の論説委員は『これで論説室は有名無実の存在になった』と口惜しがっていました。

言論人にとって、最も喜ばしいのは、読者からの支持激励です。ぼくは（とくに『卓上四季』を担当してから）数多くの読者からファン・レターをいただきました。……」（六五年一二月二二日付「北海道新聞」社報）

「権力者から愛される言論人があったとすれば、権力者か言論人か、そのいずれかが異常な場合でしょう」とは、正鵠を射ていると同時に、なんと痛烈な現状批判なのか。「憎まれることは言論人にとって少しもおそれるにあたりません。おそろしいのは無視されることです」と肝に銘じながら一文一文を紡いできたのが、須田禎一だった。憎まれることを恐れなかった須田には、「ファン」も多かったが、反発する者も多かった。「卓上四季」後任の建部は執筆準備に全道出張の旅へ出ていたが、帰ってから、先の「ノート」に出張先で聞いた須田コラムの評判をこう記している（六月二五日付）。

「須田コラムに対する評判は、社内外を通じて両極端の形で示された。これは予想どおり。なかで反発的な発言をするものに共通していた一点は、〝中国、中国、中国〟という悪口だった。これまた予想されなかったことではないが、それに対して僕は、こういう風に答えてみた。（論説）室内で須田さんの執筆ぶりをみていると、須田さん自身、むしろ意識して中国について書くのを抑制しているようにみえる。中国について書くのは①どうしてもニュースとしてとりあげざるを得ないときのほかは、②『ニュースがなく、〆切りも迫って、筆者の蓄積で作文しなければならないときに限っている。僕にはむしろ羨ましく思うぐらいだ』と。この側面的な答弁は案外キキメがあったと思う。と同時に、そういう専門の蓄積を持たない僕は、つよい不安をおぼえたことも事実である」

中国と須田とは切っても切れない関係だ。むしろ抑制的に扱っていたにもかかわらず、社内の人間でさえそうした批判をしているというのだ。このころ、ベトナム戦争の激化、東西冷戦の深刻化に加え、中ソ間の対立も深まってきた。そうした背景の中で中国の文化大革命が顕在化してきた。こんな諸々が須田の退職前後と重なっている。そして、言論人としての須田を苦しめたのが、他ならぬ中国問題であった。知り過ぎ、かつ大きな期待を抱き続けてきたがゆえの「読み違い」があったのではないかと言えるほど、須田の言論に「迷い」が目立った。それは若手・中堅層の道新記者との交流の場でもしばしば目撃されている。後で紹介しよう。

須田は退職してフリーになりはしたが、ペンを手放したわけではない。「鮭の回遊」も相変わらず続けた。また、初期の「回遊」で地方の支社・支局で須田と交流した若手がこの時期には中堅となり、東京支社に転勤して来た。支社の編集局には論説以外に、外報、政治経済、社会、写真などの部があり、須田を慕う連中が「二十五日会」（通称・須田懇）なる集まりを六六年（昭和四一年）からもつようになった。

これは毎月二五日に集まって意見交換をするものだが、ふだんは出先に出たままの記者たちが給料を取りに社に上がってくるからということで二五日にした。それ以前はアルバイト学生がオートバイで記者各人の出先へ届けていた。それが安全上の問題から廃止されて本人が直接取りにくるようにな

ある日の二十五日会。中央右が須田。

ったのだが、銀行振り込みになる前の「牧歌的」風景といえる。東京支社は銀座七丁目の並木通りにあった。銀座の外れで新橋に近かったし、新聞記者には銀座より新橋が似合う。メンバーは社から三々五々、会場の新橋のおでん屋（主に「お多幸」）へ向かった。須田は世田谷の自宅書斎からわざわざ出て来た。

会をつくった経緯からも、メンバーは「鮭の回遊」先の顔ぶれと重なる。筆者の私から見ると一回り上かもう少し上の世代であり、私が新米記者だった頃のキャップかデスク（部次長）クラスが多い。すでに本文に登場している人も含め、ここで改めて、須田を慕い薫陶を受けた人たちを紹介しておこう。

まず、二十五日会ができる前に途中退社した人たち（つまり「鮭の回遊」組）では、既に紹介した作家の川崎彰彦（早稲田大学文学部露文科で五木寛之、三木卓らと親しく、文学活動を共にした）のほか、尾瀬の長蔵小屋の三代目・平野長靖がいる。長靖は京都大学卒業後、五九年（昭和三四年）に道新に記者として入ったが、六三年（昭和三九年）に実家の長蔵小屋を継ぐために退職している。在職中は本社で組合青年部の執行委員をした。退職と同時に結婚した妻の紀子も道新で働いていた。紀子は本社論説室の〝少年さん〟（注・アルバイト生をこう呼んだ。紀子は定時制高校に通っていた）をしており、東京出稿の「卓上四季」のゲラを論説主幹や連絡部に運ぶ仕事もあり、翌日朝刊の「卓上四季」を〝盗み読み〟するのが楽しみだったという。

長靖・紀子が須田の熱烈なファンだった一方、須田も長靖の早い退職をずいぶんと惜しんだ。須田は退職後の六六年、長蔵小屋を初めて訪ねている。その時撮ったスナップ写真には、須田を中心に、長靖・紀子夫妻、さらに須田の長女眞理子と夫の杉本達夫（中国文学研究者、後に早稲田大学教授）、長男の大春が写っている。須田は何かにつけて尾瀬の自然保護運動を励ます筆を執り、七一年（昭和四六年）に長靖が厳寒の尾瀬で遭難死したのをひどく悲しんだ。翌七二年に出版した評論集『人間主義をつらぬいて』（たいまつ社）の巻頭には「尾瀬の自然を守って仆れた平野長靖君に捧げる」と記したほどだ。

二十五日会では、本文で既出の池川包男、本多貢、渡辺克己は私の直接の上司だった人たちであり、さらに塩崎義郎（道新記者を経て、北海道消費者協会専務理事）、太田和男、富井勝夫、高森伸明、酒井良一、戸原文雄ら紙面で健筆をふるった人たちが多く、他に上沢孝二（労組委員長を経て、UHB社長）、寺島昭彦（途中退社して講談社編集者を経て、キングレコード社長。二十五日会には道新退社後に参加）、小野盛四郎（途中退社後、木村経済研究所）などもいた。

二十五日会が発足したのは、当時、外報部にいた本多貢が仲間に呼びかけたのがきっかけだった。その本多に忘れられないエピソードがある。やや挑戦的に論戦を挑んだ本多に須田がカンカンに怒ったことがあるのだ。ふだんは訥弁で、若い人たちの話をニコニコして聞いていることが多い須田だが、須田の信条の根幹に触れるような議論になると激昂することもあった。この頃、本多は新婚だった。それも関係していたのか、自分なりの「幸福論」をこう展開した。

「まず自分とその周囲に幸せがあることがすべての始まりであり、その後に力が余れば社会の安定や

尾瀬にて。左より平野長靖、杉本達夫、須田、眞理子、大春、平野紀子。

世界平和のために動けばいいのではないですか」

つまり本多は『中庸』にある「修身斎家治国平天下」の考えを口に出したわけだが、これを須田はかなり激しい口調でこう批判した。

「若者のそうした考えが、日本の逆コースを促し、平和を脅かすのだ。ワラの中でうまいものを食わされ、ぶくぶくと太っているブタの幸福と同じだ。太ったブタは資本家のエサにされるために生きている」

須田が水郷地区の女子高教師だった時に生徒たちに説いた「豚の幸福論」が、ここに再び登場した。これに本多は納得せず、さらに食い下がった。

「自分の周囲を不幸にしておいて、天下を論じても始まらない。未熟な自分の勉強が第一ではないですか」

本多は今も、この時の考えを基本的に間違っていないと思っている。私の取材に「須田さんは家庭人として〝失格〟だからな」とも洩らした。そんな思いがあってのことのようだ。その一方で本多は、当時の社会情勢を考えると須田が激したのにも一理あるかと考えている。須田のことを「戦闘的楽観主義者」と規定しつつ、こんな評価も示している。

「高度経済成長を売り物に、岸に代わった池田（勇人）内閣の低姿勢が物質第一のマイホーム亭主の一群を生み出そうとしていたころだから、須田さんの指摘は当たっていたといえる。私はまだマイホームもマイカーも持たず、ウロチョロしていることからすれば、当時も口ほどでなく、須田さん流のブタの幸福論に洗脳されてしまったのかもしれない」（『須田禎一追悼文集』二十五日会、本多貢「戦闘的楽観主義者」）

二十五日会のメンバーではないが、論説室の後輩委員だった小林金三にも似た体験がある。須田が「卓上四季」で労働者はいかなる拷問にあおうとも節を曲げてはならないという趣旨のことを書いたので、小林が「それは正しいかもしれないけど、人間は弱いものです。万人にそれを求めるのは酷です。思いやりの視点が欠けているのではないですか。ぼくならひとたまりもなく何でも言いかねない」と言ったら、須田は「何を言うか。これは〝プリンシプル〟の問題だ。許せない」と血相を変えた。まさしく須田が「プリンシプル」（原理、主義）を大事にする人間であることが、浮き彫りになる話だ。といっても、「原理主義者」などと表現する場合の「原理」とはいささか異なる。むしろ須田は理念や物事の本筋を大事にしていたと考えるとよさそうだ。

そしてそれゆえに最も心を痛めたのが、新生中国の「迷走」であった。とりわけ紅衛兵たちが傍若無人とも思える振る舞いをしだした「文化大革命」から米中国交回復までについて、二十五日会のメンバーと激しい議論がなされた。毛沢東路線を根本において正しいと見、紅衛兵ら若者に未来の希望を感じようとした須田は、議論の場にあって会のメンバーらの「突き上げ」に防戦一方に回ることも少なくなかった。

ところで、そもそも文化大革命とは何だったのか。中国政治研究者の天児慧（早稲田大学大学院教授）は次のように説明している。

「プロレタリア文化大革命（文革）とは、広義には六五ないしは六六年から七六年の毛沢東の死に至る時期に見られた毛の理念の追求、ライバルとの権力抗争といった政治闘争に加えて、それらの影響を強く受けながら、大嵐のごとき暴力、破壊、混乱が全社会を震撼させ、従来の国家や社会が機能麻痺を起こし、多くの人々に政治的、経済的、心理的苦痛と犠牲を強いた悲劇的な現象の総体を称する。文革の犠牲者は、正確にはわからないが死者一〇〇〇万人、被害者一億人、経済的損失は約五〇〇〇億元とも言われるほどである。狭義には、六六年から六九年の中共第九回全国大会までの中央から末端に至る、『紅衛兵』、労働者、農民までをまきこんだ激しい政治闘争を指す」（天児『中華人民共和国』岩波新書）

すべてが終わってからまとめると、こう言える。だが、その進行中にあっては、実態が外からはまったく見えなかった。国交回復前の外国メディアが中国内部に入りこんで詳しくレポートすることは難しく、特派員は限られた情報をもとに記事を仕立てた。当時の日本のメディアでは「朝日新聞」の突出してバイアスのかかった記事が、その後問題になった。毛沢東と文革を礼賛する記事のオンパレードで、これが私たちの中国理解にも少なからぬ影響を与えたことは否めない。現実の中国国内では、天児が総括したようなとんでもない事態が起きていたのだ。

文革の前に中国では「大躍進」の時期があった。五八年五月、中共第八回全国大会第二回会議で「社会主義建設の総路線」が採択され、西洋技術と中国伝統技術「土法」を併用しての工業生産、食糧生産の大増産が図られた。その単位として人民公社が全国に作られ集団生産・集団生活による自力更生・自給自足が目指された。しかし、目標を達成できず、各地からは誇大な虚偽報告が積み重ねられ、逆に深刻な大自然災害を発生させたり、餓死者が出る食糧危機を生むなど、悲惨な「大挫折」に終わった。この政策を主唱した毛は、その失敗に対する自己批判を迫られ、政権の主役は劉少奇と鄧小平に移った。

この時期に鄧小平が語った「白い猫でも黒い猫でもネズミを取る猫が良い猫」という言は有名だ。新路線は要するに、政治・思想問題を二の次にして生産と生活を向上させる「修正主義路線」を採った。だが、毛は表面上、新たな路線に賛同しながらも、翌年の大会で「階級闘争を絶対に忘れるな」と政治・思想重視を強く訴えた。中ソ間の亀裂と武力衝突、台湾海峡をめぐる米中の緊張、中印国境紛争などの国際的緊張を背にしてのことであり、毛の「革命路線」と劉らの「修正主義路線」の深刻な対立がここに表面化。毛が後者の人脈を徹底的に打破して新路線を確立する権力闘争の過程こそが文革だったのだ。

文革は須田の退社後のことなので須田自身が文革にふれた文章はあまり多くないが、それらを拾って須田の文革に対する基本認識を確かめておく。

「お隣の大陸の紅衛兵運動のなかに〝幼稚な熱狂〟のみを見て、権威への大胆なプロテストとチャレンジのもつ意義に眼を蔽う〝文化人〟センセイたちは、しょせん腐儒《ふじゅ》（注・まったく役に立たない儒者）にすぎぬ」（六七年一月二四日号『エコノミスト』須田連載コラム「氷焔」、後に『氷焔』Ⅰ〜Ⅲとして評論社から単行本化）

「紅衛兵の中国をカラーで写した岩波映画の『夜明けの国』の試写を見た。眼の玉をつりあげているものは、まるでいない。未来を信じる明るい顔、顔……〝毛一派の蛮行〟などといきりたっているかたも、一見されよ」（六七年九月一九日号『エコノミスト』同）

二つの文章に共通するのは、紅衛兵運動の未熟な面を認めながらも、その純粋な「権威への大胆なプロテストとチャレンジ」に意義を見いだそうとする姿勢だ。しかし、二十五日会のメンバーたちからは紅衛兵の飛び跳ねた行動に対する批判も出された。その都度、須田は紅衛兵弁護に回った。彼は、あくまで紅衛兵の運動を新生中国の本筋の流れとして位置づけていたのだ。それゆえ一番苦しんだのが、須田が敬愛していた作家・郭沫若が紅衛兵に徹底的につるし上げられ、自己批判をしたことだった。

郭は六六年四月、全国人民代表大会常務委員会の席で、「私の書いてきたものは、今日の規準からすると、すべて焼き捨てられるべきだ」と語った。これは須田にとって一大ショックだった。たまたま地下鉄の駅でひどく酩酊している須田の姿を、池川包男が見かけたことがある。「どうしたのですか」と声をかけたら、「郭沫若が自己批判して全作品を否定したんだよ」と叫び、手がつけられない荒れ方だったという。しかし、須田は『エコノミスト』からこの件について執筆を依頼されると、郭作品の内容紹介をしながら、「抗日戦期に中国民族を鼓舞したこれらの作品まで焼き捨てろというのであろうか」と疑問を呈し、郭擁護の文章を書いた。最後をこう締めている。

「中国には中国の作風がある。日本には日本の作風があってもいいはずである。中国の革命思想・革命文芸を日本人が栄養素として吸収する場合にも、日本独自の作風があっていいはずである。ぼくは、屈原から夏完郭までの士大夫（注・旧中国社会の上流階層の人を指す）を描いた郭の作品が、日本人民の独立不羈の精神を鼓舞する力量をもっていることを疑うことはできない」（六六年五月二四日号『エコノミスト』、後に、須田『葡萄に歯は疼くとも』田畑書店に所収）

最後を「日本人民の独立不羈の精神を鼓舞する」と締めたところに、須田の苦しさがにじみ出ている。事件の概要自体、あるいは紅衛兵運動自体の全容とそれらの意味が須田自身にもつかめていない段階で、須田がいかに悩んだかが伝わる。その苦渋を著書で正直にこう吐露してもいる。

「郭さんの〝著書を焼く〟談話や、上海の紅衛兵がプシュキン（注・アレクサンドル・プーシキン。ロシアの詩人・作家）像をひきおろしたことや、ぼくにとってはショッキングなニュースがまず伝わった。枝葉ではなく、文革の根幹について知ることを得たのは、朝日紙上（六七年五月）の菊池昌典、本橋渥両君の報告のおかげである。〝党と人民のために〟というコミュニストの伝統的な姿勢から脱して、人民を党よりも高次元なものとするところに、文革の画期的な意味があるとぼくは考えるようになった」（須田『独弦のペン　交響のペン』、五九年二月刊行）

「六六年いらい顕在化した中国の文化革命は、当初ぼくを戸惑わせたが、その枝葉についてはなお納得できないものがあるにしても、その根幹は〝人民を党よりも高次元におく〟にあることを知り、これを支持するようになった。ただ日本の〝親中派〟のなかには、毛沢東をスターリンの延長線上に把握するものが多く、赤い表紙の語録をふりまわすだけで自分を権威化しようとするものも少なくはない」（須田『思想を創る読書』、七〇年七月刊行）

理想肌の弱点が、顔を出している。須田がここで書いたことは、須田が「こうあってほしい」と念願したことだったかもしれないが、現実ではなかった。本多貢がこうも書いている。「(郭の件について)須田さんは『敵に殺されるなら本望だが、味方に打たれるのは死に切れない』といった。わずかな情報を頼りに文化大革命をどう見るかを夜ふけまで話し合ったが、私はこんな片句だけを今でも覚えている。全体的な印象は紅衛兵の若いエネルギーに期待する、という論旨だったが、これでもか、これでもかと反論する私に、須田さんは未来を信じ若さにかける考えをトツトツと述べた」(『須田禎一追悼文集』二十五日会、本多「戦闘的楽観主義者」、七三年一一月刊行)。

紅衛兵運動をどう理解するかは、毛沢東の路線をどう理解するかということでもある。須田はこう見ていた。

「六六年にいわゆる文化大革命が顕在化して日本に伝えられた当初には、ぼくも核心をつかむのにとまどった。六七年になってから、それは〝造反有理〟、つまり末端党員も非党員大衆も、党幹部や政府官僚を批判してかまわないんだということ、コミンテルン時代には想像もできなかったことにこそ文革の本質があるのだ、と理解できるようになった。毛沢東の領導下にひらかれた党九全大会(六九年四月)は、九というナンバーをふってはあるが、それまでのレーニン的・ボルシェヴィキ的組織原理に基づく党とは、まるで異質な党であると理解できるようになった。〝大衆団体〟の運営の場合でも、フラクション会議であらかじめプログラムをきめて、その通りに〝内面指導〟をしてゆくのではなく、党外大衆の自発性を喚起する〝大民主〟の百家争鳴を思い切って

晩年の須田

やる。短い射程でみると、たいへん非能率的な、エネルギーを消耗するやりかただが、スタハーノフ運動（注・ソ連で行われた大衆的生産性向上運動）みたいな〝優等生バンザイ〟とはちがった自発性・創造性がそこからあふれ出てくる」（須田『葡萄に歯は疼くとも』、七〇年四月刊行）

〈上からの押し付け改革ではない。下からの、しかも党外大衆も巻き込み、かつその自発性を喚起する創造的な運動〉と見たようだ。たしかにその面はあったのだろうが、この改革の先に待ち受けていたものは、須田が期待したものとはかなり異なった。ただし、この党九全大会に対して、須田は冷静な批判的見方もしていた。しかし、それは活字にはならなかった。須田は七三年（昭和四八）年七月から毎日新聞学芸欄「視点」の執筆陣に加わり、毎週火曜日にコラムを書いていた。須田が亡くなった当日夕刊に掲載された遺稿で、こんな打ち明け話をしている。

「六九年の中共九全大会の直後に、ぼくはある雑誌から評論をたのまれた。ぼくは書いた。〝党章程（規約）に後継者つまり次期主席の名を指定することは、次期大会までに入党する新党員とりわけ若い党員の意思を封殺することであり、マルクス主義政党として筋が通らないと思う〟——

提稿前に、ある知人が来訪したので原稿を読んでもらった。知人は真剣な顔になって言った。『君の見解は正しいかもしれない。しかしこの段階でこれを公表したなら〝反中国〟というレッテルを貼られ、友好運動での君の発言権が失われるだろう。慎重にしてくれないか』

それが善意にあふれるものだったので、気の強いぼくもついに折れた。だが、ぼくが友好運動から追放されたにしても、それは小事である。やっぱり折れるべきではなかった。今度の十全大会では〝後継者〟ウンヌンはすっぽり削られた。ぼくは中国共産党員でもないが、隣邦人民の一人として結構だと思う」（七三年九月一八日付毎日新聞夕刊「視点」欄「潮流に抗する」）

見るべきは見ていたのである。須田は五〇年（昭和二五年）の日中友好協会創立に参加したメンバーである。同協会は六六年、文革の評価をめぐって中国政権を支持する日中友好協会（正統）と日本共産党系とに分裂し、須田は前者に属した。その内部における中国政権批判なので「慎重にしてくれないか」との忠告があったのだ。強い意志をつらぬく須田らしからぬ「配慮」だが、こんな圧力も須田の姿勢に影響したのかもしれない。文革の次に須田を悩ませたのは、米中、そして日中の国交回復問題だった。須田は決定的に見通しを誤った文章を七一年に執筆し、『エコノミスト』誌に掲載している（後に、須田『人間主義をつらぬいて』に所収)。

「(出入国管理法案反対集会の)主催者の一人が、〝われわれの進める国交回復とは違った形の国交回復もあり得る〟という意味の発言をしたので、散会後にその人に問いただした。すると〝保守勢力による、日米安保条約を残したままの国交回復もあり得る〟とのことであった。ぼくは疑問を投げた。……(中略)

ぼくは当夜の主催者の一人に、〝米国によるインドシナ干渉戦争(注・ベトナム戦争)の続いている間に、中国が米国および日本と国交回復をするはずはない〟と反論した。……(中略)日米安保条約を形式上破棄しないまでも、実質上骨抜きにすることが、日・中国交回復には不可欠な前提をなす。……(中略)中国の〝卓球外交〟は、ニクソン政権、佐藤政権および台湾の蒋政権をゆさぶるためのものであって、これらを結ぶためのものではない。……(中略)そんなアイマイな形での日・中国交回復が可能であるかのごとき幻想が、日本の〝進歩陣営〟にまでひろがっているのは情けない。しかし、そのような幻想が、日本人にひろがっていることには中国側にも責任がある、とぼくは思う。この小文の冒頭に触れたように、一九三九年スターリンはヒトラーと手を結んだ。毛沢東をスターリンの延長線上でつかんでいる日本人が、右のような幻想をもつのは、ある意味で無理もない」(「中国をめぐる日・米の幻想」七一年四月二〇日)

この論文には「付記」がつけられ、「脱稿後に、毛がニクソンと会う用意がある、とのスノー(注・エドガー・スノー）説を聴いたが、本文の論旨を改める必要をぼくは認めなかった」とある。しかし、七一年四月に名古屋で開催した世界卓球選手権に中国が初めて参加したことから始まった「卓球外交」は、大会後に中国が米国チームを中国に招待、それから七二年二月のニクソン・毛の首脳会談へと発展し、共同声明発表にこぎつけている。日本もその年九月、田中角栄首相が訪中し、米国より半年遅れで共同声明を発表、国交を回復している。

その後のこうした現実からすれば、まるで幻影を見たような、惨憺たる予想を大胆に展開したのである。戦時中に八路軍兵士を匿って以来の、革命中国への大きな期待が、須田の眼を曇らせてしまったのか。ともあれ、須田にとっては日米安保体制をそのままにしての米中、日中の国交正常化はあり得ない話、あってはならない話だった。このあたりの「読み違い」について、二十五日会のメンバーが当時を振り返って次のように分析している。

「基本的には、毛沢東・周恩来路線というものに非常な評価というよりか愛着をもっていた。基本的にはその愛着以外のなにものでもないんではないか。（笑）だから彼は中国に誤った情報をわたす人間やとり入ろうとする日本の政財界の人間をけしからんというわけですよ。中国の路線というものは一貫して変わっていないんだと、寺島（昭彦）さんに言わせればそれは知っていたというのだけれども、案外本気になってそう考えていたのかもしれませんね。少なくとも表面的にはずっとそう言っていました」（『月刊たいまつ』臨時増刊号「須田禎一　人と思想」、座談会「ジャーナリスト・須田禎一を語る」酒井良一発言）

「中国問題に話がおよぶとき、私たちは須田さんを〝中国〟と見たてて攻撃を試みた。『米中復交後、中国がベトナム解放勢力への支援を激減させたのは、日頃主張している理屈に反するではないか。ハイフォン港が海上封鎖され、米軍機に中国船が破壊され、船員が殺されても米中親善を最優先させるとは、どういう毛沢東思想なのか』『佐藤栄作が首相の時は、日本が危険な軍国主義、帝国主義の国だったはずだが、田中角栄が首相になったら、急に〝友好国〟扱いするのはどういうことか。日本にいつそんな大革命があったのか。だいたい中国では〝ニクソンと田中角栄はいい政治家、ブレジネフと宮本顕治は悪い政治家〟という意味のことを国民に教育しているが、そんな理屈がアジア・アフリカで通用するか』——等々。

無遠慮に須田さんの神経を逆なでするような設問であった。須田さんの尻が座ぶとんから浮き上がったことはいうまでもない。ときには『黙れ、半可通《はんかつう》!』とか『お前のいっているのは悪質なデマゴギーだ』と言葉が荒くもなった。しかし、昔、上司から聞かされたような『政治とはそういうものだ』といういい方は決してされず、〝中国側の論理〟を精一杯説明されることが多かった。それだけに声を荒げても大変愉快な論争であった。

いま、全くあつかましい憶測を許してもらえるならば、須田さんは激昂されながら〝中国側の論理〟で、私たちに立ち向われたが、それが、私たちを納得させられるものでないことを重々承知されていたのではなかろうか。もっと乱暴にいえば、近ごろの中国の政治動向を疑問に思ってもいられたのではないか、とさえ思う。日中友好=親中国というメガネだけで須田さんを追いかけすぎたように思う」(『須田禎一追悼文集』二十五日会、寺島昭彦「二級酒三本」)

須田がどこまで本気だったのかという点で酒井と寺島の見方は相反するが、須田が「中国側の論理」

をその中心で受けとめ、必死に代弁しようとしたことは間違いない。須田は公然と「毛沢東を支持する」と表明したが、それは決して毛の思想に盲従するということではない。須田自身がこう書いている。

「毛という人はスターリンと違ってきわめて謙譲な人物と聞いている。それにしては、最近の神格化に近い毛思想至上主義は何を意味するのだろう。『毛沢東思想は、現代のマルクス・レーニン主義の最高峰である』（『人民日報』五月一日社説）といった表現は、最近とくに頻発されている。日本にも（ぼくをふくめて）毛思想を高く評価する者は多いが、アプリオリにこのようにのたまわれると胸につかえる者も、かなり出るだろう。無限定な礼賛は、それこそ毛の弁証法にそむくのではなかろうか」（須田『葡萄に歯は疼くとも』、七〇年四月刊行）

毛沢東礼賛の大合唱には、他ならぬ須田自身が厳しい批判の目を向けているのだ。当時の須田の胸中を今、二男の春海がこう推し量る。

「文革のころ、いちばん悩んでいましたね。お前のオヤジはマオイストかと聞かれたこともありますが、禎一が書いたものの中で思想的な面でマオイズムのものはほとんど無い。実践論や矛盾論がすばらしいとかは無く、毛の思想そのものについて何も言っていません。むしろグラムシを読んだりして、思想を多角的に捉えようとしたのは間違いない。毛を礼賛したものはなく、政治家としての毛沢東を倫理観で支持し、そのいいところを紹介してはいるけど、完全にのめり込んでいるところは全くありません。紅衛兵の運動にしても、いいところを拾ってやろうとしていたけど、相当に悩んでいたと思います」

道新を退職してからの須田は、以前にも増して執筆に精力的に取り組んだ。主な業績を拾うと、次のようになる。

退職の六五年には『風見章とその時代』(みすず書房)を出版、六八年からは札幌に『北方文芸』が創設されると創刊号からコラム『刃影――日本の窓――』の連載を始めた。七〇年は三月に『宋代詞集』(倉石武四郎と共訳、平凡社)、四月に『葡萄に歯は疼くとも――革命と人民についての覚書――』(田畑書店)、七月に『思想を創る読書』(三省堂新書)と立て続けに出し、さらに一一月から『月刊たいまつ』に一年間のコラム連載を始める。七一年は、七月『ペンの自由を支えるために』(評論社)と『氷焔Ⅰ』、一二月に『氷焔Ⅱ』(同)の各出版。七二年になっても勢いは衰えず、二月に『人間主義をつらぬいて』(評論社)を出版し、月刊『ぱれるが』に「新聞月評」を連載開始。一一月に『郭沫若史劇全集・全四巻』(翻訳・講談社)と郭の『李白と杜甫』(翻訳、講談社)を出版。没年となった七三年も六月に『新聞月評――1972』(評論社)を出版し、須田のライフ・ワークであった「評伝・尾崎秀実」の執筆準備にとりかかり、新人物往来社の片桐軍三とともに甲府、京都へ取材旅行に出かけている。そして七月からは毎日新聞学芸欄の「視点」執筆を始めた。

六五年(昭和四〇年)から七三年(昭和四八年)までの八年間に、一一冊もの著書・訳書を単行本出版し、コラム・評論の連載執筆も新たに四本始めている。さらに、日中友好協会、AA人民連帯委などの活動や各種集まりで講演活動などを活発に行っている。こうまとめた形で振り返ると、生き急いだのではないかという思いが募る。

事実、須田は交通事故に遭ってからというもの、その後遺症で時々ひどい偏頭痛に悩まされるようになった。体力にも自信を失っていった。それもあり、六六年一二月に妻ヒサと相談の上、遺書を書いた。さらに六八年一一月に追記をし、その後も書き直しをしている。何か予感があったのだろうか。その書き急ぎ、生き急ぎっぷりを見ると、須田が自らの文筆人生の総決算をしようと必死だったのではないか、と思える。

だが、精神の若々しさは失わなかった。ベトナム戦争が日増しに激しさを加えるようになり、日米安保の次なる改定期に向けた「七〇年安保闘争」が視程に入ってきた。ここでも現実の政治に果敢に異議を申し立てるのは若者たちであり、須田は彼らにエールを送り続けた。

時の宰相は、あの岸信介の実弟・佐藤栄作だった。六七年(昭和四二年)一〇月八日、佐藤は東南アジア・オセアニア訪問の旅へ出た。その日程には南ベトナム訪問も入っており、これを阻止しようとした反代々木系(新左翼)全学連各派の学生たちが羽田空港に結集、警視庁機動隊と衝突した。この衝突で京都大学生・山崎博昭が死亡、公務執行妨害で七五人が検挙された(第一次羽田事件)。

羽田事件は新左翼が単独で起こした最初の暴力を伴うデモだったが、フリーになった須田はだれはばかることなく、若者たちを公然と支持した。「この闘争は、日本人民の先頭に立つものが既成の〝革新政党〟ではなく、未熟ながらも鮮烈な未来性をもつ新左翼であることを示したものとして、画期的な意義をもつ」(須田『思想を創る読書』)という眼で、事件を見ていたのである。

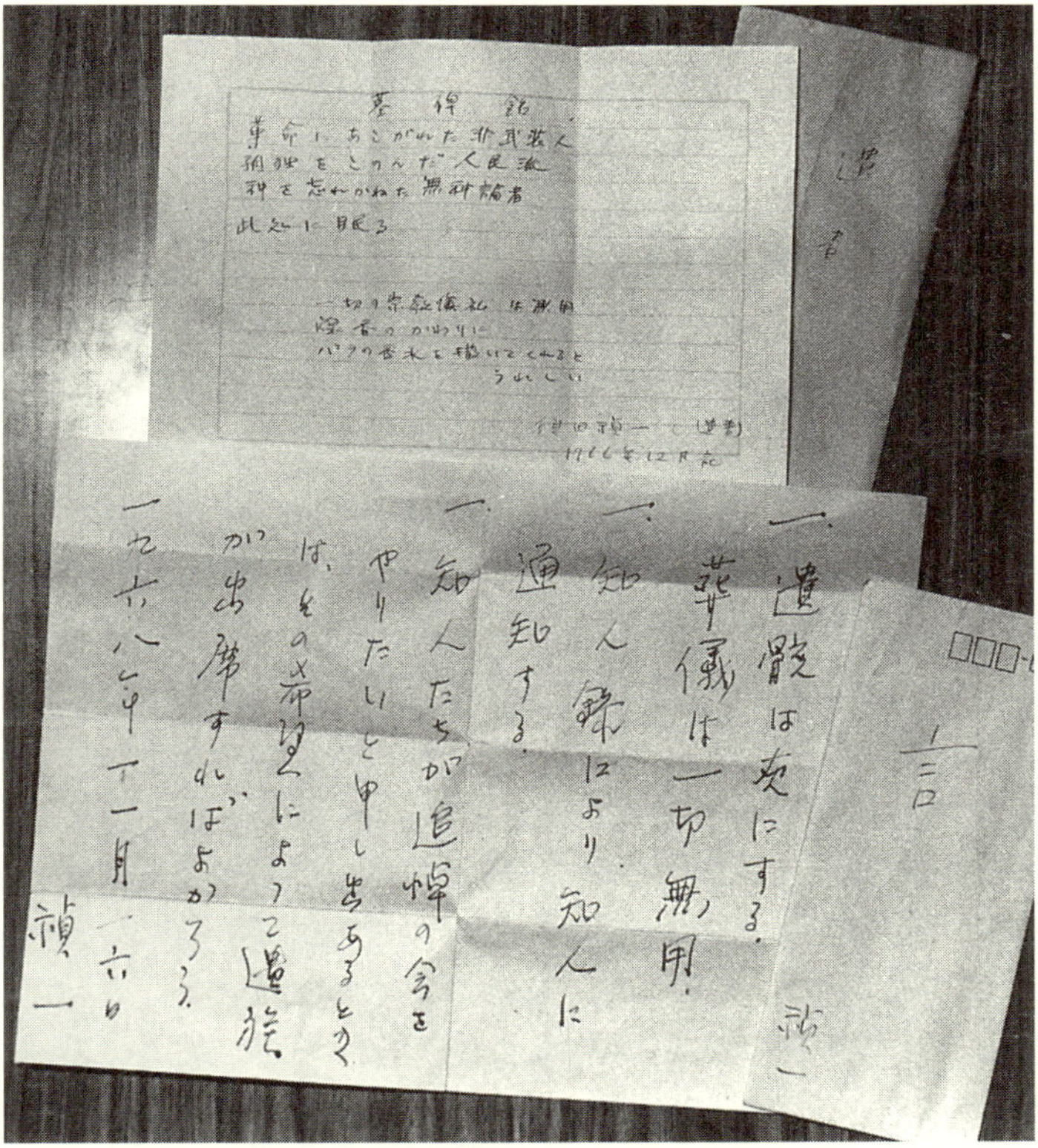

上は66年12月に書いた墓碑銘。下は68年11月6日に書いた遺書追記。

さらに一一月一二日には佐藤首相の訪米を阻止しようとした第二次羽田事件（デモ隊三四七人検挙）が起き、国内の政治情勢は一気に緊迫度を高めていく、そして須田の表現を借りれば、「六七年一〇月に突出した新左翼は、六八年一月の佐世保闘争、三月の三里塚闘争、四月の王子闘争、六月以降の日大・東大闘争、一〇月の新宿闘争へと拡大し深化し、六九年四月の沖縄デーには学生群のほかに、反戦青年委員会の労働者たちがヘルメットと角材で進出し、警備当局を驚かせた。新左翼が〝労働者の革命運動〟としての性格を濃くするようになったのである」（同）となる。

須田は六八年に創刊された『北方文芸』の連載コラム「刃影」の第一回（六八年一月号）で早速、羽田事件を取り上げ、佐藤内閣の暴力性を徹底批判した。

「ここまで書いてきたら、佐藤首相のサイゴン訪問に反対する羽田デモ（十月八日）で学生一人が死んだことを、ラジオが報じた。学生群は高速道路の交通をとめたり、警官隊に投石したりとも報じている。

それは〝暴力〟行為であろう。しかし佐藤さんたちの側の行為は〝暴力的〟でないのだろうか。けさ雑誌『みすず』で読んだ科学者バナール博士（ロンドン大学教授）の自伝のなかの一節をすぐ想起した。アイルランド人を父として生れたバナール博士はつぎのように語る――

〝暴力の脅威によってのみ人民が自由を辛うじて確保でき、そのために一命を賭すという認識によってのみ、（アイルランドは）ついに勝利が得られたのである〟

暴力を否定する〝良識の言〟をなすのはやさしい。しかし、この時点で抽象的に〝暴力否定〟を説くことは、いずれの陣営に味方することになるであろうか。肝要なのは、この学生を死なせた国家権力が、まぎれもなく一つの〝暴力〟であることを指摘することではなかろうか。……（中略）ぼくは二年前に輪禍に遭っていらい、ひどく身体が弱くなって疲れやすく、新安保のときみたいに自らデモに参加する元気はない。しかし一〇・八のようなニュースを聞くと、為政者に対する憎しみが胸にたぎる。学生群の戦術の巧拙を論じるのは後日に譲りたい」（『北方文芸』六八年一月号「刃影」、執筆は六七年一〇月八日、『葡萄に歯は疼くとも』に所収）

六八年一〇月二一日の「一〇・二一国際反戦デー」には、反戦運動の諸団体、新左翼各派などが全国で集会、デモを繰り広げ、新宿駅で駅構内に乱入したデモ隊と機動隊が衝突した。デモ隊が電車のシートをはがして火をつけるなどし、騒擾罪が適用されて約四五〇人が逮捕されている。世の「識者」たちが学生を非難するのに対し、須田は逆にマスコミ、識者、体制側を俎上に乗せて斬り捨てた。商業新聞という「軛《くびき》」から解き放たれたゆえか、須田の筆鋒はますます鋭さを増している。

「日本では、右から左までの既成組織や〝有識者〟による急進学生群に対する非難がますますエスカレートしてきた。東大の〝やせたソクラテス〟（注・大河内一男総長が六四年三月の卒業式で「太った豚になるよりやせたソクラテスになれ」と訓辞したといわれるが、実際には話さず、報道配付原稿にそうあった）先生も、それより半世紀あとの雄弁学校長イソクラテス程度であったことを暴露した。……（中略）

急進学生群を〝暴力的〟と非難するのは、ナンセンスであろう。マルクーゼも言っているように、暴力を合法的に独占しているのは体制側なのだ。この暴力メカニズムに対して、人民の側は抵抗の義務（権利ではなく義務だ！）を対置する。人民の抵抗の歴史がなかったなら、人類は今日なお野蛮未開の段階にとどまったであろう。

一〇・二一新宿事件に際しての、全マスコミの足なみをそろえた〝秩序擁護者〟ぶりは、まことにミゴト（！）なものであった。あそこの国鉄区間が米軍タンク車の常用路線であり、げんに昨年八月八日には衝突事故で米軍タンク車のほかに機関車が燃え大騒ぎをしたではないか。そんなことに唇をぬぐって、ただ〝学生の暴力〟を批判するシュプリンガー（注・戦後ドイツの新聞・出版経営者。反共イデオロギーを有し、業界で独占的地位にあった）的新聞にわざわいあれ」（同、六八年一一月号「刃影」）

新宿騒乱と言えば、翌六九年（昭和四四年）の「一〇・二一」を須田は郷里で迎えている。一〇月一九日、須田の父・誠太郎が亡くなったのだ。享年八八歳。牛堀町名誉町民で藍綬褒章、県功績章も受章した名士であり、「治水の父」として名高い。町葬となり小学校も休みとなった。禎一も葬儀のため、一週間帰郷した。遺産相続については「自分が働いて得たものではないから」と拒否している。それはともかく、ちょうどこの時、「一〇・二一国際反戦デー」にかかった。帰郷中でも、須田はその動向が気になってならない。そこで、二一日夜に実家をそっと抜け出して隣家へテレビのニュースを見に行ったら、「喪主として不謹慎だ」と一部の人から非難された。さらに、学生の行動に対する非難を交えて

「なんであんな乱暴なことをするのか」という質問が須田に浴びせられた。須田はこう答えた。

「日本の支配層はいま軍国主義復活に全力をあげている。それに反対する有効な方法が残念ながら無い。学生・青年たちの活動だけが、ともかく軍国主義化への歯どめになっている現状だ。学生・青年たちの活動を非難するのなら、それに代わる有効な代案を出してくれ」（同、六九年一一月号「刃影」）

中国問題でやや守勢に立たされていた須田が、前にも増して息を吹き返した感がする。須田自らが率直な気持を次のように告白している。

「還暦をすぎたいま、心情のみならず理性の上でもいちばん共鳴弦にひびいてくるのは、不屈の闘いを続ける新左翼の諸君であることを、告白できるようになった。……（中略）既成左翼が〝歴史的必然性〟を仏神化したレアクションとして、新左翼のなかに心情至上主義の濃くなった事情はわかるが、心情だけではダメだ。新しい論理の構築、新しい思想の鍛錬がどうしても必要だ、と思う。

ラディカルであれ、

ファナティックであるな。

それは若い世代に与える言葉というよりも、ぼく自らをいましめる言葉である」（須田『思想を創る読書』）

歳を重ねるほどに須田は、その言葉の正しい意味でのラディカルさ（根源的であること）を強めているのだ。自らの原点に戻り、それをよりいっそう強化しているかのようである。もう一つ印象的なのは、最晩年においても須田は変わらず若者たちに希望を託し続けていることだ。その期待は若いジャーナリストたちに対しても変わらない。須田は若手ジャーナリストたちと積極的に交わり、ジャーナリズムを語り、彼らを育てようとした。

須田が道新を退職後に精力的に書いた著書の中には、須田ジャーナリズムの要諦をわかりやすく説く文章が豊富にある。それらを参照しながら、その要諦が具体的にはどんなものだったのかを明らかにしていこう。

私は「須田ジャーナリズム」を「人間主義ジャーナリズム」と称びたい。須田自身、彼の評論集『人間主義をつらぬいて』のあとがきで、「この評論集に収録されたものは、題材があまりに多岐にわたっているので一見まとまりがないように思われるかもしれないが、賢明な読者は、そこに一貫して流れる〝赤い糸〟を発見してくれるであろう。〝赤い糸〟とは、いうまでもなく〝貫徹された人間主義〟である。人間を他のなにものかの手段に供しようとする権力に、ぼくは強く抵抗する」と書いている。人間を人間として見ない、「他のなにものかの手段」として利用する権力に徹底的に対決してきたというのだ。これが須田のジャーナリスト人生を最後まで貫いた「赤い糸」なのである。

この「貫徹された人間主義」という言葉は、マルクスの『経済学・哲学草稿』の第三章に出てくる。

マルクス自ら、この草稿における思想を「貫徹された自然主義あるいは人間主義」と呼び、「それがこれら両者を統一する真理である」「同時に〔このような〕自然主義だけが世界史の行為を概念的に把握する能力をもつ」（城塚登・田中吉六訳、岩波文庫）と説き、それに続くくだりでは人間を自然存在と規定してこう述べる。

「人間とは、ずばり言って自然存在である。自然存在として、しかも生きている自然存在として、一方では自然諸力を、生命諸力を具備しており、一つの行動的な自然存在である。これらの諸力は人間のなかに諸素質、諸能力として、また諸衝動として実存する。他方では、人間は自然的な、肉体的な、感性的な、対象的な存在として動物や植物がそうであるように、一つの受苦的な、被制約的な被制限的な存在である。つまり、人間の諸対象は、人間の外部に、人間から独立な諸対象として実存する。だが、これらの諸対象は、人間の諸欲求の諸対象であって、人間の本質的な諸力を活動させ、自己確証させる上で欠くことのできぬ本質的な諸対象なのである」

須田はこれを、『人間主義をつらぬいて』の巻頭に掲げている。この訳文は岩波文庫版と異なり、ずっとこなれた、わかり易い日本語になっている。須田の他の著書でも『経済学・哲学草稿』が引用されており、それらがいずれも岩波文庫版をそのまま用いていることから推測すれば、この巻頭言に限って須田自身が訳出し直したのではないかと思われる。そうだとすれば、このくだりへの思い入れがそれほど強いといえよう。

このくだりを、須田はこうつかみ直す。「〝人間が肉体的で自然力のある、生きた、現実的で感性的で対象的な存在であるということは、人間が現実的な感性的な諸対象を、自分の本質として、自分の生命発現の対象としてもっているということ、あるいは、人間がただ現実的な感性的な諸対象によってのみ自分の生命を発現できるということを意味する〟と、若き日のマルクスは強調している。それこそが〝観念論とも唯物論とも異なる、貫徹された自然主義あるいは人間主義〟の思想である。日本の既成左翼はもとより、ひろくコミンテルン系の政治には、この思想が欠落しているのではなかろうか」（須田『人間主義をつらぬいて』）

現実と、感性的な諸対象と向き合うことが必要だ、なぜなら自分もまた現実的で感性的な対象的存在であるからであり、そうすることで人間は自己発現できる、ということだろう。要するに、瑞々しい感性を大事にせよというのだ。しかし、現実の政治や社会活動ではその面がないがしろにされ、人間が人間らしさを失わされてきたのではないか、と須田は見ている。だが、ジャーナリズムの仕事はそこにこそ斬りこんで行かなくてはいけない。「貫徹された人間主義」の好例として、須田は作家でジャーナリストのジョージ・オーウェルの仕事を見ている。彼のスペイン戦争ルポ『カタロニア讃歌』が無かったら、「スペイン戦争についてぼくたちはコミンテルンの公式文書にまどわされてしまったかもしれない」（同）と強調する。

この感性的アプローチの須田流実践が「公私未分の文章」であった。「卓上四季」の執筆姿勢・文体を、須田自ら「公私未分」と称し、「連日自分の日記をつけるようにして書いた。公私混同ではなく、〝公私未分〟の心情であった。〝肉声をもつ文体の強さ〟と評してくれた同僚もあった」（須田『ペンの自由を支えるために』)。須田がこうしたのも、無署名の新聞文章が陥りがちな没個性的な文章になるのを避けるためでもあった。

須田はミニ・スカートが流行し始めると「電車のなかで、わかわかしい膝小僧がこぼれるのを鑑賞するのは愉しい」と書き、佐世保で原潜反対のデモと警官隊が衝突して暴力が大きな問題になると「原潜こそ大きな暴力ではないか」と書いた。常に庶民の立場から見ることを心がけたゆえではあるが、それは「庶民の常識」べったりではなかった。「なぜなら、階級社会ではつねに支配階級に都合のよい常識が支配的になっているのだから。ぼくは庶民の眼から鱗の落ちるのをお手伝いしたのである」。そこに須田の感性が働いていたのである。この感性を大事にした「公私未分」の姿勢こそが、「卓上四季」とその後のコラム・評論作品で多くの読者を魅了した源かもしれない。

つまるところ須田ジャーナリズムの要諦とは、「貫徹された人間主義」をその根底に据え、感性を大事にした「公私未分」の姿勢で対象に迫ることといえる。さらに須田は、新聞記者・ジャーナリストにとって何が大事であるかを、きわめて具体的に説いている。その第一は「誰の眼で見るのか」という視点の問題だ。

これについて須田は、「金嬉老事件」を引き合いに説明する。この事件は六八年二月、静岡県清水市で起きた。暴力団から借金返済を求められた在日韓国人二世の金嬉老が、暴力団員二人を猟銃で射殺、その後、寸又峡温泉に逃げ、旅館の経営者・宿泊客ら一三人を人質にして籠城したものである。須田はこう論じている。

「まず金嬉老に前科のあることが記者にも一般社会人にも〝躓きの石〟となった。殺された二人は暴力団員であるにしても、金もまた暴力常習者ではなかったか。〝社会通念〟からみれば、そう思うのが当然だ。しかしペンをにぎるものは、そのような〝常識〟〝社会通念〟に流されてはならない。各新聞社ともずいぶん多数の記者を現場に派遣したようだが、そのうちの一人か二人を割いて、前科をふくむ彼の経歴を冷静に（警察の眼ではなく）調べることができなかったものか。

昨夏のこと清水市の路上で、日本人と朝鮮人とがケンカしているのを、このケンカとは無関係の金がノコノコと見物に出かけたら、清水署の一刑事が〝テメエたち朝鮮人は日本へやって来てロクなことをしやがらねえ〟と罵った、その恨みが骨髄にしみこんだ、と金は言う。これは事実であろう。今度の事件で金が寸又峡温泉で刑事の謝罪を要求したとき、刑事は〝相すまない〟とあやまっている。

ところが金が逮捕されたあとで、刑事は〝そんな失言をした記憶はない〟と言い、清水署の責任者も〝調書にはそんな記録は残っていない〟と言う。路上での放言なのだから記録されているはずはない。また刑事の記憶にないこともあり得る。つまり、そういう失言を特別の意識なしに気軽にしておれば、気軽に忘れるだろうから。

ぼくは末端の刑事が失言したことよりも、そういう失言が特別の意識なしにおこなわれている空気（一清水署ではなく、佐藤体制の空気）を、ずっと重視したいのだ。

佐藤政府は、こんどの国会で外国人学校法案を成立させて、朝鮮総連系の民族教育を弾圧しようとしている。〝朝鮮人には乱暴者が多い、犯罪者が多い、オレたちの税金を食う被保護世帯が多い、そのうえ自分たちの学校では日本人の悪口を教えている、けしからん〟——という〝素朴な感情が、警察署といわず、総理官邸といわず、ひろく日本人の社会に流れているのは、残念ながら否定できない。まことに、一時代の支配的思想は、支配階級の思想である！」（須田『独弦のペン交響のペン』）

事件の背後には、抜きがたい「朝鮮人・韓国人蔑視」という差別があったのだ。さらに「前科者」だという先入観・社会通念もあった。須田は、多くの記者が「刑事の眼」で事件を見ていること、その刑事が持つ「素朴な感情」（思想）が支配階級の思想に染まっていながらそのことに無自覚であることを指摘している。「若いジャーナリストへの提言」との副題をつけ、より直截的に記者の心がまえを説いている著書『ペンの自由を支えるために』では、この金事件のエピソードに触れるまえにこんな文章を置いている。

「新聞記者は、書く前に、まず見なければならぬ。誰の眼で見るのか。

警察担当の記者は刑事の眼で、平河クラブ（注・自民党本部内の記者クラブ）の記者は自民党の眼で、労働記者は総評常幹の眼で——といったようにならぬことを、ぼくはなによりさきに忠告したい」

この事件から四〇年余も後の現在でも、須田の指摘する差別意識、先入観、支配層のイデオロギーに、私たちは自らの目を曇らされていないだろうか。昨今の北朝鮮問題におけるマスコミの異常な煽動などに、容易にその悪弊を見ることができよう。わがジャーナリズムは後退はすれど、いっこうに前進はしていない、と私には思えてならない。

次に須田が説くのは、記者たる者、己の思想を鍛えよということである。古今東西の具体例を挙げながら「思想」の大切さを訴える。

「〝公害第一号〟といわれる足尾鉱害にしても、山県有朋から原敬にいたる為政者の古河鉱業会社との〝因縁〟という角度からのみでなく、日清戦争から日露戦争への軍国日本の高度成長にとって〝足尾の銅〟が果たしたかけがえのない役割という視点から考察せねばならない。公害問題を追及してゆけば、どうしても体制そのものにぶちあたってしまう。それだけに新聞記者の強靭な思想が要請される。

それには新聞記者はおのれの思想を鍛えねばならない。単純な〝根性〟だけではダメだ。〝食いついたら放さない〟まむしの周六といわれた『万朝報』社長黒岩周六（涙香）が、日露開戦の直前になって一八〇度転向し、内村鑑三や幸徳秋水らを孤立化させたのは、桂内閣に買収されたゆえ、とは僕は解釈しない。つまりは黒岩の思想的バック・ボーンが弱かったのだ。

中年のヴェテラン記者たちは、新人に対して〝記事はイデオロギー抜きにして書け〟と説く。……（中略）〝イデオロギーを棍棒のように降りまわすな〟という意味なら、ヴェテラン記者の忠告を受け入れてよい。しかし、一般に日本では、〝イデオロギー〟を〝思想〟と同じ意味に使っている。思想抜きの新聞記者なんて、デクの捧にすぎない。
左翼的な思想を持ちながらブルジョア新聞で働くことができるのか、という質問もよく受ける。この問題についてはは日共の諸君とジャーナリスト会議などで論争したことがある。日共の諸君には石あたまが多い。若いマルクスが主筆をした『ライン新聞』は、ライン川の工業家たちの出資によるブルジョア新聞であることを、この諸君は忘れている。
敢て言えば、ぼくたちはミケランジェロを学ぶべきだ。ミケランジェロの作品の多くは、ローマ教皇庁やメディチ家の資金で制作された。歴代教皇が反動思想の支柱だったことも、もとより否めない。しかし一六世紀イタリアでは、教皇庁とメディチ家は人民に対しても最も影響力をもつメディア（マス・メディアと言ってもよい）だった。ミケランジェロは、これを人民のために活用したのだ。しかし肝心カナメの点においては、ミケランジェロは決して妥協しなかった。システィン礼拝堂の天井画を描き終ったとき、予言者たちの像を教皇は〝貧乏くさい〟と非難した。しかしミケランジェロは〝予言者たちはみんな貧乏でした〟と、金襴の教皇衣装を見据えながら言い放ったのである」（須田『ペンの自由を支えるために』）
須田が「鍛えねばならない」と説く「思想」とは、権力の買収や脅しをも敢然と撥《の》ね除ける勁《つよ》さをもち、記者自身を支えるバックボーンになるものである。今でもよく聞かれる単純で硬直化した「ブル新」批判にも、きわめて妥当な再批判を加えている。問われるのはジャーナリスト本人の「思想」の強さであり、それを権力の座に連なるために用いるのではなく、権力を批判する「人民の友」の立場を貫徹するために用いるべきだと主張している。どんな権力とも対峙するのだから、よほどの覚悟を決めて鍛えなければ得られないものである。須田自身のジャーナリストとしての足跡自体が、その歴史だったといえる。

上記の文章に続けて、須田は「新聞記者〝七つの戒め〟」を掲げている。いずれも今に通じるものばかりだ。並べてみよう。

第一戒　知ったかぶりをするな。自ら調査もせずに、常識で事件を解釈するな。
第二戒　先入見をもつな。
第三戒　取材先に気に入られることなど考えるな。
第四戒　部長やデスク（次長）の思惑など気にかけるな。
第五戒　あらゆる人間を差別するな。
第六戒　事件の頻度に鈍感になるな。
第七戒　権力に追従するな。

改まった説明は不要だろう。すでに須田が実践してきたことばかりであり、本書をここまで読んできた読者にはすべてがすんなりと理解できるのではなかろうか。むしろ大事なのは、なぜ須田がこうしたストイックな戒めを自らに課し続けてきたかである。

須田は「ペンをもつことを、むしろ十字架を背負うように感じるがよい。〝よい〟というよりも、それがぼくの三十余年にわたる実感である。ペンの重さとペンの空しさとに二重にさいなまれ続けたのが、ぼくの生涯である。しかし、ぼくはこれを悔やんではいない」と回顧している。須田は「十字架」を背負ってきたのである。ペンは権力や社会の不正に対抗するときだけに用いるべきであり、使い方を誤ればペン自らが権力に変じてしまう。そのためにもストイックであり、かつ戦闘的であるべきなのだ。

この新聞記者論の中で、須田は文章のあり方についても触れている。これも須田らしい主張にあふれ、須田コラムの魅力の源泉を教えてくれる。文筆に携わる者が参考にすべき点が多い。同書から抜き出してみよう。

「ジャーナリストは必ずしも言語の芸術家（文芸家）ではない。しかし、やはり言語の像を駆使するのを職分とするものである。だからぼくは、ただ〝読みやすく、分りやすく、親しみやすく〟だけを強調する『マスコミ文章論』に反対したいのである」

「ぼくがまず注意を喚起したいことは、羯南（注・陸羯南《くがかつなん》。明治期のジャーナリスト）の文章も大杉（注・大杉栄）の文章も、きわめて個性的であると同時に、すぐれて論理的であることだ。……（中略）体制内的な古い論理と対決するためには、狂気や錯乱ではなくして、新鮮な体制否定の論理こそが必要なのだ。そして、そのような論理のためには、ただ分りやすいだけの平板な表現ではなく、思想の像をはっきりイメージさせ得る表現こそが必要なのだ」

「社説やコラムは特にスラスラと読めるようなものは落第である。ある場合には読者の反感をさそうような書き方をするのも、一つの技術として必要である。そういう格闘（魯迅は掙扎・チョンチャアという言葉をよく使った）こそ、彼我の思想の成長のために役立つのだ。一般の記事だって、〝分りやすい〟が至上命題ではない。達意の文章であることは肝要だ。しかし現代には〝分りにくい〟事象がたくさんある。それをスッパリと社会通念で割り切って記事にすることは危険である。むしろ社会通念なるものに疑問を投げかけることこそが大切なのだ。〝分りにくさ〟がどうしても解けない場合には、〝分りにくさ〟をそのまま読者に伝えるのが良心ある記者の態度であろう」

「わかりやすさ」のみを説く文章論を否定する、その根拠となっているのは、やはり論理であり、思想である。となれば、須田のコラム・評論の内容、文章表現のすべてが須田自身の思想に裏づけられたものであったことが、看取できる。社会通念への疑問は「七つの戒め」の第一（常識への疑い）、第二（先入見の排除）と重なる。「〝分りにくさ〟をそのまま読者に伝える」という主張に、私はもろ手を挙げて賛同する。昨今の、とりわけテレビ・ニュースショーのコメンテーターたちの解説の、なんと平板でわかりやすいことよ！　そのすべては疑うべき「素朴な感情」や「社会通念」に寄りかかっている。

須田のジャーナリスト人生は権威・権力との格闘だったことが、改めてわかる。義憤の人だったと言える。その義憤あふれる格闘は、だれのために？　何のために？　すべては、権力の対極にある「人々」、ちょっと古めかしい須田の言葉でいえば「人民」のため、その人たちが安心してそれぞれの生活と人生を全うできるために——と言えるだろう。己のすべてをそのために捧げたジャーナリストがここに居たのだ。

須田の最期は壮絶だった。そして、あまりにあっ気なかったとも言える。直接的な原因は、南米チリで起きた軍事クーデターだった。

チリでは七〇年に同国史上初の自由選挙により、サルバドール・アジェンデを大統領とする社会党政権が誕生した。しかし、これには米国など西側諸国が経済封鎖を発動し、国内でも反共的な富裕層が自主ストを始め、露骨な圧力をかけた。だがそれも奏功せず、七三年実施の総選挙ではアジェンデが率いる人民連合が逆に支持票を伸ばした。反アジェンデ勢力はこの状況を一気にひっくり返そうともくろみ、米国の支援を背に軍とともに大統領官邸を襲撃、アジェンデは殺害された。九月一一日のこと（つまり「九・一一」）である。この軍事クーデターにより首謀者のピノチェトが大統領に就任、軍事政権が出現した。

「人民」の「自由」に対する抑圧に対して人一倍強い関心がある須田は、このニュースに強烈な衝撃を受けた。早速、この問題について毎日新聞学芸欄「視点」用に原稿を書き出し、一七日夜に書き終えている。その翌朝、須田は帰らぬ人となり、これが絶筆となった。「アジェンデ・ショック」と題し、文章の前半でその衝撃がいかに強かったかを正直に告白している。

「アジェンデ・ショックは、ぼくにとって強烈だった。さまざまの試行錯誤のうちに下からの意思をくみとって行けば、新しいタイプの社会主義政権ができるだろう、と予想していた。

あんな露骨な破廉恥なかたちで反革命がおこされようとは。第一報のあった翌日、ぼくは都心のある会合に出て、アジェンデを語るうちに涙があふれてきた。やたらに片手にウィスキーのグラスをあおり、おかげでまた胃潰瘍になってしまった。

アジェンデの悲劇は、多くの同志たちを道連れにしたのだから、金大中の悲劇より大きい。いまいましい限りである。米国（CIA筋）は事前に察知していたというが。いったい真相はどうなるのか。

昨週は『潮流に抗する』を書いた。その気持に変わりはないが、健康への自信を失った。……（以下略）」（七三年九月二二日付夕刊毎日新聞「視点」）

文中にある「都心のある会合」とは、月刊雑誌『東風』が東京・六本木の中華料理店で開いた集いのことで、そこで須田はある人物とアジェンデ政権崩壊をめぐって激論を交わした。家族（長女・眞理子、長男・大春、二男・春海）の話によると、須田はこの一件の三週間ほど前から体調不良を訴えていたという。ライフワークの「尾崎秀実伝」をはじめ、あれこれの原稿執筆によっぽど根を詰めて取りかかっていたのだろう。ずっと白い顔をしていて、一〇日間位は寝ていた時期もあったそうだ。ここで医者にかかっていたら悲劇は防げたのだろうが、本人は「飲みすぎだ」と言ってついぞ医者には行かなかった。自身でもコラムに「健康への自信を失った」と書くほどだから、よっぽど悪い体調だったのだろう。そこへアジェンデ・ショックがあり、さらに反革命勢力を弁護する論客まで目の前に現れたのだから、悪いことが重なりすぎた。激した須田はウィスキーをあおった。その結果、二日酔いどころか、三日酔い、五日酔いの状態となり、九月一八日午前八時三五分、洗面中に突然倒れた。心臓破裂により、ほぼ

在りし日の須田禎一

即死状態だった。壮絶な最期であった。
須田は小田急線・生田の駅から近い墓地・春秋苑（川崎市多摩区南生田。墓地内の場所は西三の九一の二）に眠る。墓には須田の遺書に書かれた「墓碑銘」が直筆のままに刻まれてある。

墓碑銘

革命にあこがれた非武装人
孤独をこのんだ人民派
神を忘れかねた無神論者
此処に眠る

一切の宗教儀礼は無用
線香のかわりに
バラの香水を撒いてくれると
うれしい

須田禎一

〔完〕

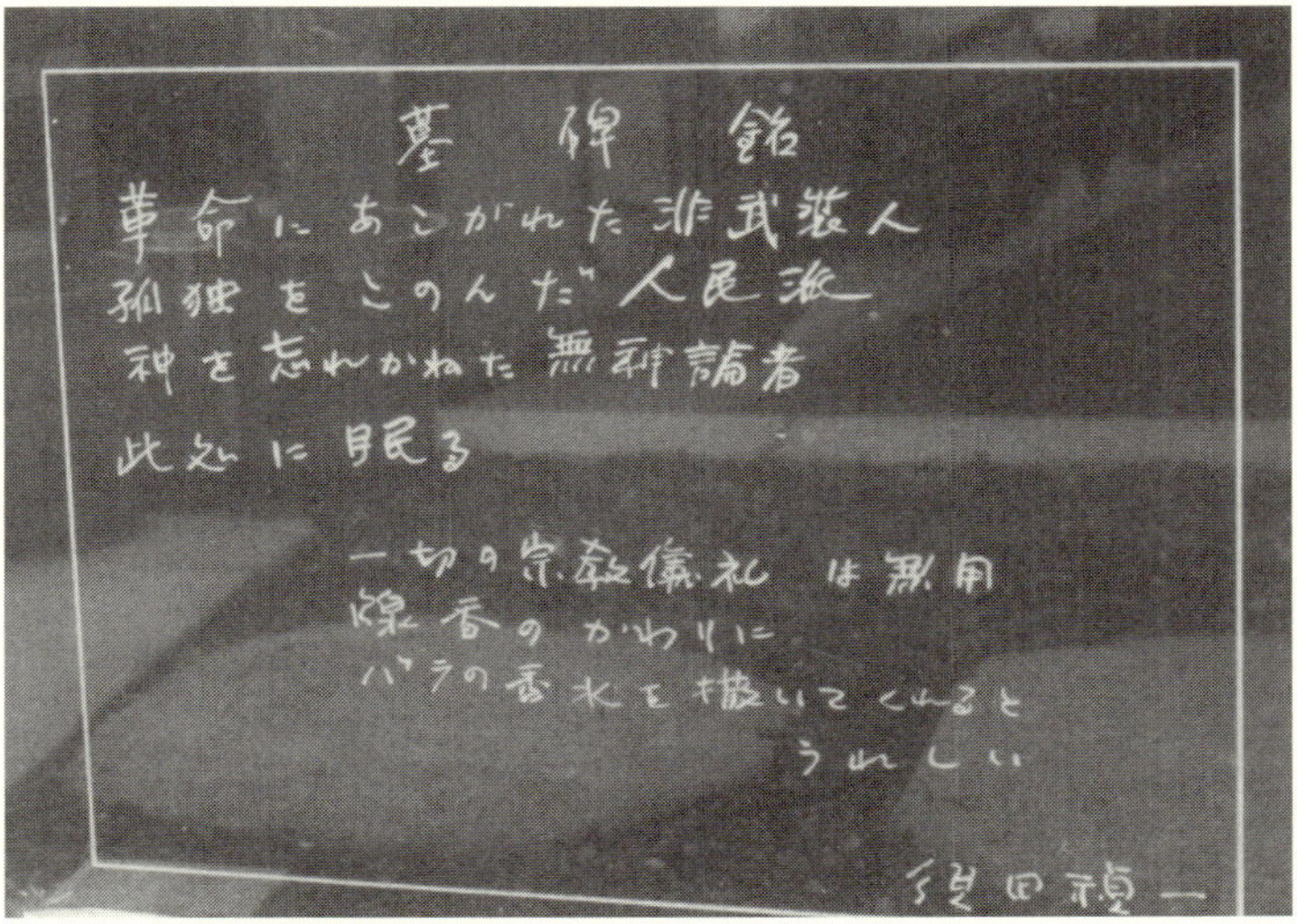
墓碑銘
革命にあこがれた非武装人
孤独をこのんだ人民派
神を忘れかねた無神論者
此処に眠る
一切の宗教儀礼は無用
線香のかわりに
バラの香水を撒いてくれると
うれしい
須田禎一

須田禎一の墓碑銘

☆須田禎一の著書・訳書・関連資料（カッコ内の年月は初版の発行年月）

[著書]

・『印度五千年通史』（白楊社、一九四二年九月）
・『世界文化史読本』（第一巻・古代編、黄土社、四九年）
・『オリオンの盾』（中山房、六〇年七月）
・『風見章とその時代』（みすず書房、六五年一〇月）
・『独弦のペン　交響のペン』（勁草書房、六九年二月）
・『思想を創る読書』（三省堂新書、七〇年七月）
・『ペンの自由を支えるために』（評論社、七一年七月）
・『氷焔　Ⅰ』（評論社、七一年七月）
・『氷焔　Ⅱ』（評論社、七二年二月）
・『人間主義をつらぬいて』（たいまつ社、七二年二月）
・『新聞月評一九七二』（評論社、七三年六月）
・『氷焔　Ⅲ』（評論社、七四年四月）
・北海道新聞社編『卓上四季　第三巻』（北海道新聞社、八六年三月）

[訳書]

・『郭沫若詩集』（未来社、五二年一〇月）
・郭沫若『屈原』（未来社、五二年一〇月、後に岩波文庫）
・郭沫若『虎符』（未来社、五三年六月）
・欧陽予情『忠王李秀成』（南方書店、五七年六月）
・郭沫若『蔡文姫』（新読書社、五九年一一月）
・『歴代詩選』（倉石武四郎と共訳、平凡社、六〇年九月）
・郭沫若『則天武后・筑』（平凡社・東洋文庫、六三年一一月）

・『郭沫若史劇集』(第一〜第三巻、海燕社、六六年)
・『宋代詩集』(倉石武四郎と共訳、平凡社、七〇年三月)
・『郭沫若史劇全集』(全四巻、講談社、七二年三月)
・郭沫若『李白と杜甫』(講談社、七二年一一月)
・『郭沫若詩集』(未来社、七二年一一月)

[須田禎一を取り上げた本・資料]
・『市民運動・同志　須田禎一の屍を越えて』(七三年一〇月、市民に権利の回復を!市民連合)
・『北方文芸・須田禎一特集・遺稿』(七三年一一月、北方文芸刊行会)
・『追悼文集　須田禎一さんをしのんで』(二十五日会、七三年一一月)
・『月刊たいまつ　臨時増刊号・須田禎一　人と思想』(七四年三月、たいまつ社)

☆本書執筆で主に参考にした本・資料

[中国・戦争関連]
・天児慧『中華人民共和国史』(岩波新書、九九年一二月)
・加藤陽子『満州事変から日中戦争へ』(岩波新書、二〇〇七年六月)
・平松茂雄『中国人民解放軍』(岩波新書、八七年一一月)
・保阪正康『蔣介石』(文春文庫、九九年四月)
・エドガー・スノー著、松岡洋子訳『中国の赤い星』(筑摩書房、七五年一二月)
・李志綏著、新庄哲夫訳『毛沢東の私生活　上・下』(文春文庫、九六年一二月)
・『尾崎秀実　ゾルゲ事件上申書』(岩波現代文庫、二〇〇三年二月)
・増田弘『マッカーサー』(中公新書、二〇〇九年三月)

[ジャーナリズム]
・『北海道新聞四十年史』(北海道新聞社、八三年九月)

・今西光男『占領期の朝日新聞と戦争責任』(朝日新聞社、二〇〇八年三月)
・前坂俊之『太平洋戦争と新聞』(講談社学術文庫、二〇〇七年五月)
・『笠信太郎全集　第七巻』(朝日新聞社、六九年一月)
・扇谷正造『現代ジャーナリズム入門』(角川文庫、七二年五月)

[六〇年安保]

・小和田次郎・大沢真一郎『総括　安保報道』(現代ジャーナリズム出版会、七〇年五月)
・日高六郎編『1960年5月19日』(岩波新書、六〇年一〇月)
・小林金三『論説委員室　六〇年安保に賭けた日々』(彩流社、二〇〇五年九月)
・原彬久『岸信介』(岩波新書、九五年一月)
・TIM・WEINER『LEGACY of ASHES』(PENGUIN BOOKS、二〇〇七年)

[その他]

・舟田次郎『千島問題を考える』(たいまつ新書、七九年四月)
・和田春樹『北方領土問題』(朝日選書、九九年三月)
・後藤允『尾瀬——山小屋三代の記』(岩波新書、八四年四月)
・飛鳥井雅道編『大杉栄評論集』(岩波文庫、九六年八月)
・有島武郎『惜しみなく愛は奪う』(岩波文庫、五四年三月)
・岩田宏編『小熊秀雄詩集』(岩波文庫、八二年九月)
・マルクス著・城塚他訳『経済学・哲学草稿』(岩波文庫、六四年三月)
・ジョージ・オーウェル著、都築忠七訳『カタロニア讃歌』(岩波文庫、九二年五月)
・加藤周一『日本人とは何か』(講談社学術文庫、七六年七月)
・その他、北海道新聞社説、朝日新聞社説、毎日新聞「視点」など多数の新聞、雑誌記事、歴史関連資料、上記以外の単行本

あとがき

おのれの非力を顧みず私が須田禎一の評伝を書こうと思い立ったのは、激動の「昭和」という時代と格闘し、終生、ペンの自由を守り抜いた、硬骨のジャーナリストがいたことを、多くの人に知っていただきたかったからだ。そして、須田が論説記者として最も脂が乗っていた時には紙面を通じて読者との理想的なコラボレーションさえ成り立たせていた、その様子も伝えたかったからである。

そう思ったのは、とりもなおさず、今日のマスメディア状況が須田の実践の対極にあるからだ。最も影響力のあるテレビはもはや論外。中心となるべき新聞も腐敗・堕落を極め、報道・言論があまりにもやせ細っているのである。そこで働く、心あるジャーナリストたちに、ジャーナリズムの本来の姿を再認識してもらいたい。とりわけ若い記者たち、これからジャーナリズムを目指す人たちには、いわば「テキスト」的に読んで、自らの取材・執筆活動の参考にしていただきたい。そんな気持が私にペンを執らせた。

須田禎一の言論活動は、汲めども尽きぬ泉源だと私は思う。その泉源からは、今なお新鮮な自然水が滾滾《こんこん》と湧き出し、その水は豊富なミネラル分を含んで滋養に満ちている。だから私は本書の中盤以降で、須田自身の社説、コラム、雑誌発表文章などの原文をできるだけ多く、まとまった文章として引用した。前後に一行ずつの空白をあけて2字下げて組んである、それらの作品群をぜひ熟読していただきたい。本書を通読した後でも須田の文章をかんたんに拾い読みできるよう、そんな工夫もしておいた。

須田の文章は硬派の文章である。論理の筋が際立って通っている。だが、その論理はけっして現実から浮いていない。いつでも私たち国民、庶民の視線で考えるからだ。的確な現状認識の上に立ち、論ずべき問題の過去から将来までを見渡し、鋭くその本質に迫る。そうして、何が大事かをわかりやすく示してくれる。その際に大きな〝武器〟となっているのは、卓越した文章力に加え、古今東西の歴史・社会・文化に通じた博識、巧みなアナロジーなどであり、それらが相俟って説得力ある魅力的な文章を生んでいる。

そのいずれの才も凡人には真似できないものだが、こと言論活動に携わる以上は、少しでも近づくよう努力すべきだろう。そんなことを私は心ひそかに思い、自身に課してきた。須田のジャーナリストとしての生き方、遺した文章は、まちがいなく私たちの「お手本」なのである。こんな思いを私と共有するジャーナリスト仲間も、少数ながらいる。

たとえば、私と同じく道新を途中退社してフリーの道へ進んだ大沼安史（欧米のフリースクール、チャータースクール運動に関する第一人者で、最近は中東問題にも関心を深めている）は、須田の筆に憧れて道新に入った。しかし、入ってみたら、もはや須田から学ぼうとする空気は社内にほとんどなかった。それが彼の退社の遠因という。そして、それはまた私自身が道新に見切りをつけた理由でもある。一ローカル紙の内部のことではあるが、すでに二〇年、三〇年も前から、今日の状況につながる腐敗が静かに進んでいたのである。

私は古巣の道新に自ら三行半《みくだりはん》を叩きつけて飛び出してきた。そんな私がなぜ、本書で道新の報道・

論説をこれほどまで褒めるのか、と驚かれるかもしれない。かつてはそんな魅力や優れた点が多々あったのである。最たるものが須田の言論だった。「一大山脈」を築いた須田が去った後、道新はこの貴重な財産を眠らせたまま、顧みようとしない。ならば、須田から池川包男（＝舟田次郎）へ引き継がれ、そして池川から私に伝えられた大事なことを、今度は私から全国の読者に紹介してみようと思った次第である。そうすることで、きっと須田の遺産は多くの人々が共有できるものになるだろう。

須田禎一が在京大手新聞社の「七社共同宣言」に真っ向から鋭い批判を加えてその筆名を高めた「60年安保」から、まもなく半世紀になる。あの時、須田が筆をとった一面下コラム「卓上四季」は読者から圧倒的に支持されると同時に、少なからぬ異論や反論も寄せられた。それらも含め、筆者と読者とのキャッチボールが日常的になされ、それが紙面を活性化させ、世論の形成にも与った。

そんな時代があったのだ。争点のある重要な社会問題について、新聞が確かな見方や考えるための材料を提供する。それを読者がしっかりと受けとめ、日々を生きるための糧とする。そんなやりとりを可能にするジャーナリズムがあったのだ。私が「読者との理想的なコラボレーション」と述べたのは、こんなことを指している。

半世紀がたち、私たちはそこからずいぶん遠くに来てしまった。メディアの状況はいよいよ絶望的と思える。しかし、安易に絶望してよいのか。私は本書をジャーナリズム再生の「希望の書」として世に送り出そうとしたのではなかったか？　須田もまた、戦時中の中国・上海で、あるいは敗戦後の日本で、何度も絶望に陥りかかったに違いない。今よりもっと困難に満ちた時代・社会だったはずだ。

だが、彼はそのつど必死に闘い、状況への怒りをペンに込めた。その不屈の闘志が、読者を励まし続けたのだ。私たちも果敢に立ち向かわなければならない。絶望するには早過ぎる。

私に須田のことを教えてくれた池川包男が亡くなって一〇年。須田禎一・生誕一〇〇年。この年回りに本書を世に送り出すのも、何かの縁かもしれない。本書の出版に際し、偉大な大先輩お二人にまず感謝申し上げる。

取材に際して多くの方々のお世話になった。とりわけ須田禎一のご遺族である杉本眞理子、須田大春、須田春海の三氏には貴重なお話と写真や資料を提供していただいた。北海道新聞関係では、小林金三、本多貢、渡辺克己、塩崎義郎、太田和雄、山本伸夫ら諸氏のご協力を得た。さらに朝日新聞関係者にも快くご協力いただいた。上記以外にも多くの方のご尽力があって本書は成り立っている。今回も、利益の出そうにない出版を緑風出版の高須次郎社長に引き受けていただいた。言葉が無い。改めて皆さんに深く感謝申し上げる。

なお、執筆に際して登場人物のお名前はすべて敬称を略させていただいた。この点、ご寛恕を乞う。

二〇〇九年一〇月二七日

小笠原信之

［著者略歴］

小笠原信之（おがさわら　のぶゆき）

新聞記者を経てフリージャーナリスト。1947年、東京都生まれ。北海道大学法学部卒業。医療・生命・環境・労働・アイヌ差別などの問題に関心をもち、著述活動を続けている。著書に『医療現場は今』（緑風出版）『アイヌ近現代史読本』（同）『しょっぱい河』（記録社）『塀のなかの民主主義』（潮出版社）『「がん」を生きる人々』（時事通信社）など。共著に『チンチン電車と女学生』（日本評論社）など。訳書に『操られる死』（共訳、時事通信社）『がんサバイバル』（緑風出版）などがある。

ペンの自由《じゆう》を貫《つらぬ》いて——伝説《でんせつ》の記者《きしゃ》・須田禎一《すだていいち》

2009年11月25日　初版第1刷発行　　定価2500円＋税

著　者　小笠原信之
発行者　高須次郎
発行所　緑風出版 ©
〒113-0033　東京都文京区本郷2-17-5　ツイン壱岐坂
［電話］03-3812-9420　［FAX］03-3812-7262
［E-mail］info@ryokufu.com
［郵便振替］00100-9-30776
［URL］http://www.ryokufu.com/

装　幀　斎藤あかね
制　作　R 企 画　　印　刷　シナノ・巣鴨美術印刷
製　本　シナノ　　用　紙　大宝紙業　　E1000

ISBN978-4-8461-0913-4　C0036

◎緑風出版の本

■全国どの書店でもご購入いただけます。
■店頭にない場合は、なるべく書店を通じてご注文ください。
■表示価格には消費税が加算されます

アイヌ近現代史読本

小笠原信之著

A5判並製
二八〇頁
2300円

アイヌの歴史、とりわけ江戸末期から今日までの歴史を易しく書いた本は、ほとんどない。本書は、様々な文献にあたり、日本のアイヌ支配の歴史、アイヌ民族の差別との闘い、その民族復権への道程を分かりやすく書いた近現代史。

プロブレムQ&A

アイヌ差別問題読本

［シサムになるために］

小笠原信之著

A5判変並製
二六八頁
1900円

二風谷ダム判決や、九七年に成立した「アイヌ文化振興法」など話題になっているアイヌ。しかし私たちは、アイヌの歴史をどれだけ知っているのだろうか？　本書はその歴史と差別問題、そして先住民権とは何か、をやさしく解説。

医療現場は今

小笠原信之著

四六判並製
二七六頁
1900円

いま、日本の医療が大きく揺れている。そこには、医療費削減や高齢社会へのシフト転換が背景にある。本書は、そんな医療周辺の問題に敢然と踏み込み、ていねいな現場取材を通してそれぞれの課題を鋭くあぶりだしていく。

プロブレムQ&A

許されるのか？　安楽死

［安楽死・尊厳死・慈悲殺］

小笠原信之著

A5判変並製
二六四頁
1800円

混乱する日本の安楽死論議。高齢社会が到来し、終末期医療の現場では安易な「安楽死ならざる安楽死」も噂される。本書は、安楽死や尊厳死をめぐる諸問題について、その定義から歴史、医療、宗教・哲学までQ&Aで答える。